制造业数字化转型与区域绿色偏向型技术创新

ZHIZAOYE SHUZIHUA ZHUANXING YU
QUYU LVSE PIANXIANGXING JISHU CHUANGXIN

刘阳　张萌　代晶晶 ◎ 著

中央民族大学出版社
China Minzu University Press

图书在版编目（CIP）数据

制造业数字化转型与区域绿色偏向型技术创新 / 刘阳，张萌，代晶晶著 . -- 北京：中央民族大学出版社，2024.6. -- ISBN 978-7-5660-2371-1

Ⅰ . F426.4-39

中国国家版本馆 CIP 数据核字第 2024EC8277 号

制造业数字化转型与区域绿色偏向型技术创新
ZHIZAOYE SHUZIHUA ZHUANXING YU QUYU LVSE PIANXIANGXING JISHU CHUANGXIN

著　者	刘　阳　张　萌　代晶晶
策划编辑	赵秀琴
责任编辑	于秋颖　高明富
封面设计	舒刚卫
出版发行	中央民族大学出版社
	北京市海淀区中关村南大街 27 号　邮编：100081
	电话：（010）68472815（发行部）　传真：（010）68933757（发行部）
	（010）68932218（总编室）　　　　（010）68932447（办公室）
经 销 者	全国各地新华书店
印 刷 厂	北京鑫宇图源印刷科技有限公司
开　本	787×1092　1/16　印张：17
字　数	251 千字
版　次	2024 年 6 月第 1 版　2024 年 6 月第 1 次印刷
书　号	ISBN 978-7-5660-2371-1
定　价	78.00 元

版权所有　翻印必究

目 录

第一章 绪论 ·· 1
　第一节 研究背景与意义 ······················· 1
　第二节 内容结构 ································ 2

第二章 文献综述 ··································· 4
　第一节 绿色技术创新偏向性相关研究 ········ 4
　第二节 制造业数字化转型相关研究 ··········· 6
　第三节 创新网络的相关研究 ··················· 7
　第四节 环境政策效应的相关研究 ·············· 8
　第五节 评述 ····································· 10

第三章 绿色技术创新的偏向性特征 ············ 11
　第一节 区域绿色技术创新的偏向性测度方法 ··· 11
　　一、指标构建 ·································· 11
　　二、测算方法 ·································· 12
　　三、数据来源 ·································· 13
　第二节 制造业绿色技术创新偏向性的总体识别 ··· 13
　　一、总体发展特征与趋势分析 ··············· 13
　　二、区域特征 ·································· 15

第四章 绿色技术创新偏向性的区域空间关联 ··· 16
　第一节 研究方法与数据来源 ·················· 16
　　一、网络构建 ·································· 16

二、社会网络分析方法 ……………………………………………17
　　三、QAP 回归分析 …………………………………………………18
　　四、数据来源 ………………………………………………………18
第二节　制造业绿色技术创新偏向性的空间网络关联特征 ………18
　　一、空间关联整体网络的特征和演变趋势 ………………………18
　　二、空间网络整体结构特征 ………………………………………23
　　三、小世界网络特征 ………………………………………………27
　　四、中心性特征及趋势 ……………………………………………29
　　五、核心边缘结构演变特征 ………………………………………46
　　六、块模分析 ………………………………………………………48
　　七、网络结构影响分析 ……………………………………………52
第三节　数字化驱动因素分析 ………………………………………54
　　一、制造业数字化转型测度 ………………………………………54
　　二、其他变量设定 …………………………………………………56
　　三、相关分析 ………………………………………………………57
　　四、回归分析 ………………………………………………………58
第四节　本章小结 ……………………………………………………59

第五章　制造业绿色技术创新的数字化驱动机制 ………………61
　第一节　理论分析与研究假设 ………………………………………61
　第二节　研究方法与数据来源 ………………………………………63
　第三节　模型构建与描述性统计 ……………………………………64
　第四节　实证结果 ……………………………………………………65
　　一、基准回归结果 …………………………………………………65
　　二、内生性处理 ……………………………………………………67
　　三、稳健性检验 ……………………………………………………69
　第五节　作用机制与异质性分析 ……………………………………71
　　一、机制路径的识别检验 …………………………………………71
　　二、异质性分析 ……………………………………………………73

  第六节 空间溢出效应 …… 77
  第七节 本章小结 …… 80

第六章 区域绿色技术创新的政策效应 …… 82
  第一节 理论分析与研究假设 …… 82
  第二节 数据来源与变量度量 …… 85
   一、数据来源 …… 85
   二、变量度量 …… 85
  第三节 模型设定 …… 88
  第四节 实证结果 …… 89
   一、基准回归 …… 89
   二、处理内生性 …… 91
   三、稳健性检验 …… 93
  第五节 机制分析 …… 95
   一、机制效应检验 …… 95
   二、异质性分析 …… 97
   三、门槛效应 …… 100
  第六节 空间溢出效应 …… 102
  第七节 本章小结 …… 105

第七章 结论与启示 …… 107
参考文献 …… 109
附录一 全国部分省（区、市）2012—2021年绿色技术创新偏向特征图 …… 123
附录二 2012—2021年全国城市间绿色技术创新投入偏向中心度数据分析 …… 207
后 记 …… 262

第一章　绪论

第一节　研究背景与意义

我国政府高度重视绿色创新与数字化的发展，党的二十大报告指出，要"推动绿色发展，促进人与自然和谐共生"，这为新时代推进数字化和绿色化协同发展指明了方向。2023年中央经济工作会议明确提出，要以科技创新推动产业创新……广泛应用数智技术、绿色技术，加快传统产业转型升级。推进制造业数字化绿色化协同转型，是助力"双碳"数字化治理新征程、打造绿色数字产业化新生态，进而推动经济高质量发展的重要举措。

从环境层面看，全球市场大幅萎缩，美国科技禁令放大了我国制造业关键产品研发能力的短板，"双碳"目标下，制造业绿色转型发展任务紧迫，我国制造业面临前所未有的挑战。随着绿色技术创新的加速和要素市场的不断完善，制造业的绿色技术创新模式日益多元化。由于技术和生产要素不断耦合，技术创新呈现不同方向的改变，尤其是绿色技术创新呈现偏向性特征。因此，通过对偏向性特征的识别，引导绿色技术创新与区域产业经济发展特征相耦合，应当是实现中国制造业可持续发展的关键。

从政策层面看，发挥数字化驱动引领作用是实现绿色低碳发展的重要路径，是推进中国式现代化的必然选择。2022年国家发展改革委、科技部等部门联合发布了《关于进一步完善市场导向的绿色技术创新体系实施方案（2023—2025年）》。该方案旨在加速数字化与绿色技术的深度整合，推动数字产业化、产业数字化以及数字化与绿色化的深度融合，加快绿色技术创新的步伐。可见数字化与绿色化之间的作用路径是值得深入探索的研究课题。

从实践层面看，数字化转型为传统制造业转型升级赋能，也为加快制造业高质量发展奠定基础。数字技术有助于促进数据要素与现代工业的深度融合，如监测资源能源利用效率并及时优化调整，引导生产生活绿色低碳变革。数字化转型通过引入先进的信息技术和数字工具，如大数据、人工智能（AI）、物联网（IoT）等，不仅能够优化生产流程，提高效率，还能够促进绿色技术的创新和应用。可见，基于数字技术的数字化转型与基于绿色技术的绿色转型的协同发展，能够推动我国制造业提质增效。

基于此，通过引导技术创新与产业特征、区域特征相结合，探究绿色偏向型技术创新的空间网络结构特征、关联关系以及驱动因素，可以为区域绿色技术创新协同发展提供科学支撑。进一步探究制造业数字化转型和绿色技术创新的关系及其作用机制和空间效应，对协调制造业要素优化配置与纵深发展，促进制造业数字化与绿色化融合发展具有重要的现实意义。

第二节 内容结构

本书共设七章，第二章为文献综述，对绿色技术创新偏向性、制造业数字化转型、创新网络和环境政策效应的相关研究进展进行了梳理和评述，以总结本书的研究目标和研究贡献。第三章从区域制造业绿色技术创新偏向性测度和特征分析入手，采用Malmquist-Luenberger分解指数，对2012—2021年的10年间，省级维度和地级市维度的绿色技术创新偏向性进行了识别，确定了深化研究的方向。第四章采用修正后的引力模型构建了绿色技术创新投入偏向的空间矩阵，使用社会网络方法分析了各区域绿色技术创新的空间网络结构特征、趋势和关联关系。然后利用QAP回归分析绿色技术创新投入偏向空间网络的相关驱动因素，从而阐明了这些空间相关网络的数字化作用机制及环境政策影响。第五章进一步通过理论和实证检验，探究了数字化转型影响绿色技术创新的机理及空间效应。第六章进一步从成本黏性视角实证了环境政策对绿色技术创新的作用机制和空间溢出效应。

第二章 文献综述

第一节 绿色技术创新偏向性相关研究

绿色技术创新正成为全球新一轮工业革命和科技竞争的重要新兴领域。对于绿色技术创新的研究最早是由 Braun 和 Wield（1994）提出的，他们将绿色技术创新定义为能够减少环境污染、降低能源及原材料消耗的技术、工艺或产品的总称。根据 Aguilera-Caracuel 和 Ortiz-de-Mandojana（2013）的研究，这种创新不仅促进了企业的经济效益，也加强了环境保护和可持续发展的实践。特别是在产品设计、生产过程、消费者体验和市场定位等领域，绿色技术创新展现出其对环境保护的贡献，体现了创新与绿色理念的有机结合。因此，在当前全球面临环境挑战和可持续发展的需求下，绿色技术创新已成为推动制造业企业可持续发展的关键动力。

技术进步的偏向性是经济学中一个长期被探讨的主题，早期由 Hicks（1932）提出，并随后被多位学者进一步发展。这些研究不仅探讨了技术创新如何偏向于特定的生产要素，比如劳动力或资本，而且还分析了这种偏向性对经济结构和经济增长的深远影响。特别是 Acemoglu 的系列研究，深入探讨了劳动力和资本偏向型技术进步对边际产出的不同影响，为理解和解释技术进步的复杂性提供了重要视角。

随着经济增长的重心从数量扩张转向质量提升，技术创新的研究也逐渐关注到能源效率和环境友好型的技术创新，即所谓的绿色偏向型技术创新。这种新的研究方向认为，注重能源节约和减少环境污染的技术创新，不仅符合可持续发展的要求，而且也代表了技术进步方向性研究的新趋势。此外，学者们如张俊和钟春平（2014）还对绿色技术创新与绿色偏向型技术创新进行了区分，进一步细化了这一领域的理论框架。

为了准确衡量绿色偏向型技术创新，学术界采用了包括CES、超越对数成本函数和非相关回归法在内的多种方法。David和Klundert在1965年的研究中使用CES生产函数评估技术要素偏向，这成为技术创新方向评估的一个重要里程碑。随后，Klump在2012年采用标准化的供给侧系统方法来量化技术创新的取向。然而，随着投入因素的复杂性增加，CES函数的固定替代弹性不再受青睐，而采用Translog生产函数成为学者们衡量技术进步方向性的首选工具。例如，Karanfil等（2010）利用Translog生产函数评估了法国的能源聚焦技术创新，确定了能源价格是方向性偏向的关键决定因素。随后的研究，以Fare等（1997）为起点，开始采用非参数方法来衡量方向性偏差，分析随时间非比例变化的生产前沿，导致各种因素的边际产出比率发生变化。一个常见的技术是DEA-Malmquist指数方法，它从投入和产出两个维度评估技术进步，检验其方向性组成部分对全要素生产率的影响。Malmquist指数方法减轻了由生产函数假设产生的主观偏差，并揭示了技术创新方向对不同投入要素的影响。然而，当涉及绿色技术创新时，必须认识到投入因素的多样性和可能产生的环境不利产出。中国的研究者如杨翔等人（2019）通过将SBM方向距离函数与Malmquist-Luenberger指数相结合，创新了一种衡量绿色技术进步的新方法。这些方法各自有其特点和应用场景，但也存在局限。例如，CES生产函数通过固定的替代弹性假设，为技术偏向性提供了一种量化方法，但可能无法完全捕捉技术变革的动态性和复杂性。超越对数成本函数则提供了更多的灵活性，允许分析不同生产要素间的替代与互补关系，但计算过程较为复杂，对数据的要求也较高。非相关回归法通过放宽对函数形式的假设，为研究提供了更大的自由度，但可能面临模型设定和参数选择上的挑战。

在此基础上，本书借鉴前人的方法，考虑了非期望产出，然后对Malmquist-Luenberger指数进行了全面的分解。这使我们能够将资源和环境影响纳入统一的分析框架，同时考察投入和产出，以此衡量绿色技术创新的群组间偏差。这种多维度的方法为绿色创新方向的影响提供了更为细致的理解，反映了技术创新与环境治理之间的复杂平衡。

第二节　制造业数字化转型相关研究

数字化转型的研究大概聚焦于两类视角：一类是动机视角，即企业数字化转型的影响因素，另一类是结果视角，即企业数字化转型的经济影响。从数字化转型的影响方面看，学者主要围绕企业数字化转型对企业经营发展的影响展开讨论，比如数字化转型对企业债务违约风险、企业创新、企业专业化分工、企业出口质量和企业成长的影响，而制造业企业数字化转型则是云计算、大数据等信息技术与制造业各环节的深度融合，是具有更强指向性的经济后果。党琳等（2021）通过构建可用于国际比较的行业数字化转型指标，研究了制造业行业数字化转型对其出口技术复杂度提升的效应；吴友群（2022）认为制造业数字化通过成本效应、配置效应和协同效应促进全球价值链竞争力的提升；曹裕（2023）采用纵向单案例研究方法对数字化驱动制造企业绿色转型的内在机理进行了深入研究。Oztemel and Gursev（2018）通过回顾相关文献研究出从机器制造成功转型到数字制造的经验路线，旨在帮助提高对最佳数字化路线图经验的认识；Frank 等（2019）通过对 92 家制造企业的数字化转型技术实施的实证分析，为那些寻求技术升级的公司作出了贡献；Sjödin 等（2018）通过对两家领先的汽车制造商的五家工厂进行案例研究，分析并确定实施数字化转型所需的关键步骤，为其提供了一个初步的成熟度模型。一些研究已初步讨论和分析了数字化与制造企业绿色技术创新之间的关系，但目前尚未形成更多共识。一些学者认为，企业使用数字化技术有助于促进绿色技术创新。赵宸宇（2022）发现，数字化转型显著提高了企业的绿色创新能力，提高了企业的产品附加值和市场竞争力；许旭等（2019）通过构建制造业数字转型能力的评价指标体系，为数字技术加速绿色智能制造业提出了政策指导和实践指导。然而，Dou & Gao（2022）认为，绿色创新与传统概念中的企业之间不存在简单的线性相关性，而是呈现出先促进后抑制的倒U形关系。

从已有研究看，这些研究通过实证和案例对企业数字化转型所带来的结果进行了多维度分析，由于如何准确度量企业数字化转型的程度尚有争议，学者们对数字化概念作用等进行了定性研究，比如陈剑等（2020）总结了数字化"赋能"和"使能"企业运营管理的路径方法，后来部分学者开始尝试对企业数字化转型进行定量分析。Ferreira等（2019）采用"当年是否进行数字化转型"的"0—1"虚拟变量进行衡量，但这种方式未能很好地刻画企业数字化转型的强度，对于企业数字化转型的经济后果的估计结果并不可靠。随着网络爬虫技术的发展，越来越多的学者开始利用python提取上市公司年报中数字化转型相关的词频统计，以此来刻画企业数字化转型水平，本书也借鉴参考此类方法通过完善词库来提高企业数字化转型水平的衡量精度。

第三节　创新网络的相关研究

空间网络分析领域源自Castells的"流空间"理论，该理论认为社会是由各种要素流动构成的空间形态。在此基础上，通过将基础设施和企业组织等元素与空间数据联系起来，区域网络，尤其是城市网络进一步深化了空间网络的研究范围。学者如Rogers（2004）和Feldman（2016）通过将创新引入空间网络研究，进一步丰富了这一领域，揭示了网络结构对创新扩散的重大影响。Huggins等（2023）研究了特定行业内创新主体的区域集中与分散与其创新能力之间的关系。在绿色创新的空间效应研究方法上，学者们通常采用空间计量方法，例如，使用莫兰指数、核密度估计和泰尔指数等工具，研究绿色创新的时空演化。研究表明，绿色技术创新存在持续的核心-边缘结构，绿色技术创新要素的定向投资与创新成果之间存在显著关系。

关于绿色创新的空间特征研究主要依赖于"属性数据"，不能充分捕捉区域间的互动机制。从关系视角分析空间关联网络，比仅通过传统空间计量方法检验"属性数据"能获得更有洞察力的发现。大量研究表明空间网络的结构和关系能够对节点主体的创新效率产生较大影响，通常在创新效率高的地区其"马太效应"也较为普遍。这一关系视角揭示了文献中的共识：创新效率较高的区域通常在这些网络中占据中心位置，这些区域利用地理优势获取广泛的创新资源，提高了它们的创新效率。相反，创新效率较低的区域较少受益于网络效应，导致区域创新发展不均衡。在中国可持续发展目标的背景下，平衡的区域绿色创新分布至关重要。

传统的空间探索分析和计量模型主要关注由于地理邻近性造成的空间分布异质性，然而却忽略了对内部偏差和区域整体视角的分析，因此限制了对空间相关网络特征和生成机制的理解。面对绿色创新效率的不均衡和空间相关性的加强，研究者采用社会网络分析对区域间关系进行了更全面的探索。这种方法可以从全局对地区间绿色技术创新方向性特征的关联关系进行深入探讨，不仅揭示了空间关系的机制，还支持更合理的创新资源导向，为促进绿色创新的平衡发展提供了科学参考。

第四节 环境政策效应的相关研究

大量文献表明了绿色技术创新的政策驱动因素所产生的重要影响，并且政策影响主要聚焦于环境政策领域。针对环境问题制定的规则、政策、约束措施即环境规制对绿色发展至关重要。在探讨环境保护政策与经济发展之间的关系时，新古典经济学的观点提出了一个重要的论断，即环境保护政策通过提高企业的生产成本，可能会降低其竞争力，从而对经济增长产生负面影响。这种观点基于成本-效益分析，认为环境保护措施的直接经济代价可能会抵消其带给社会的潜在好处。然而，这一观点并非没有争议。波特假说（Porter Hypothesis）首次由Porter和Linde在1995年提出，为这一讨论带来了新的视角。波特假说认为，恰当设计的环境规制不仅不会削弱企业的竞争力，反而可以成为推动企业创新、提高其生产效率和市场竞争力的催化剂。这种创新活动可以帮助企业抵消因环境保护措施而增加的成本，并最终提高其盈利能力。基于波特假说，众多学者展开了深入的研究和实证分析。

关于环境规制对绿色技术创新的影响，学术界呈现出多元化的观点。廖文龙等（2020）的研究表明，市场型环境规制尤其是碳排放交易对绿色创新具有显著的促进作用，并能进一步推动经济增长。这些研究强调了市场型环境规制通过激发创新补偿效应，促使企业开展绿色技术创新，从而提高生产效率和绿色经济增长效率。

环境政策强度的测算中，学者们常采用两种主要方法来衡量环境规制的强度和效果：多指标综合法和单一指标法。多指标综合法通过综合多个相关指标来提供对环境规制的全面评估。常见的做法包括综合考量各类环境治理投资额、污染治理效率的各项指标。这种方法能够从多个维度捕捉环境规制的复杂性和多样性，但以产出端指标的综合衡量会导致损失一部分政策供给的准确性。

单一指标法依赖于一个具体的量化指标来反映环境规制的程度。这些指标通常是直接可观测的数据，例如排污费、环境税、污染物排放指数等。例如，通过计算排污费用占工业总产值的比重或者使用污染物排放的综合指数，学者们能够提供对环境规制直观的量化度量。其他单一指标还包括企业治理污水投资与产值之比、省级环保类行政处罚案件数，以及通过政府工作报告中环保相关词汇的词频来反映环境规制的强度。这种方法的优势在于其简洁性和直接性，使得研究者能够快速获取环境规制的量化度量。本书中涉及的环境政策强度评价就是采用这种文本分析方法。

第五节　评述

通过对已有文献的梳理可以看出，制造业数字化转型、绿色技术创新都是目前极具理论和现实价值的研究问题。但从目前的研究进展看，一方面绿色技术创新呈现的有偏倾向，没有在数字化转型视角下得到深入分析；另一方面空间网络方法的引用对于绿色技术创新及数字化驱动的研究是对区域间关系更全面的探索，对于区域均衡可持续发展问题至关重要。在此基础上，对于这一问题的讨论不能离开环境政策背景，尤其是对企业绿色技术选择的政策效应有必要作进一步探讨。

第三章 绿色技术创新的偏向性特征

第一节 区域绿色技术创新的偏向性测度方法

一、指标构建

根据相关文献，本章将制造业生产的关键要素定义如下：投入要素被确定为四个关键要素——资本、土地、劳动力和能源。预期产出的概念主要是经济产出指标。不过，本章也将技术创新纳入期望产出，这反映了一种更符合当代需求的现实方法。非期望产出通常包括废物排放，即一系列污染物，如化学需氧量（COD）、氨、二氧化碳、二氧化硫、氮氧化物、废水和固体废物。详细指标如表3-1所示。

表3-1 绿色技术创新偏向性测算指标体系

目标	指标	代理变量
投入要素	资本投入	制造业固定资产投资（亿元）
	劳动力投入	制造业就业人数（百万人）
	土地投入	工业用地面积（平方公里）
	能源投入	单位工业增加值综合能耗（吨标准煤/万元）
期望产出	经济产出	工业增加值占国内生产总值的比例（%）
	技术产出	制造企业的绿色专利数量（件）

续表

目标	指标	代理变量
非期望产出	化学需氧量	单位工业增加值化学需氧量排放量（吨/亿元）
	氨氮	单位工业增加值氨氮排放量（吨/亿元）
	二氧化硫	单位工业增加值二氧化硫排放量（吨/亿元）
	氮氧化物	单位工业增加值氮氧化物排放量（吨/亿元）
	废水	单位工业增加值废水排放量（吨/亿元）
	固体废物	单位工业增加值固体废物产生量（吨/亿元）

二、测算方法

借鉴丁黎黎等（2020）的方法，对非期望产出施加弱可处置约束，并与Malmquist-Luenberger（ML）指数法结合，用于计算绿色技术创新的偏向性。首先，将ML指数分解为效率变化和技术变化，仿照Fare（1997）的研究，将技术变化进一步分解为中性绿色技术创新、投入偏向型绿色技术创新（GIIM）和产出偏向型绿色技术创新（GIOM）。GIIM＞1，表示绿色技术创新向投入端偏向；GIOM＞1，则表明绿色技术创新向产出端偏向。

此外，在投入偏向测度中，可根据Weber等（1999）和杨翔等（2019）提出的要素边际替代率的变化来衡量。绿色技术创新的组内偏向指数（ESB）的测算方法是，首先计算两期的要素替代率。以资本和能源要素为例，用下一期的资本要素与能源要素的比值除以本期的两者比值，来表示两阶段要素边际替代率之比，比值大于1，则偏向型技术创新是由资本要素驱动的，可称为能源要素节约型技术创新。然后用要素变化率减去1，去乘以投入偏向型GIIM减去1的值，来衡量资本-能源的ESB，即ESB＞0时，为节能偏向绿色技术创新。

三、数据来源

本部分的数据来源于《中国统计年鉴》《中国能源统计年鉴》《中国环境统计年鉴》《中国科技统计年鉴》《中国生态环境统计年报》《中国城市统计年鉴》以及各省市政府工作报告。

第二节　制造业绿色技术创新偏向性的总体识别

一、总体发展特征与趋势分析

通过对ML指数进行多维分解，我们得到了中国30个省份2012年至2021年[①]的投入偏向性创新指数。然后，根据全国各地投入偏向性创新水平的地区差异对这些指数进行分解，特别关注东、中、西部地区之间的差异（如图3-1所示）。

[①] 之所以选择2012年作为研究的起点，是因为中国政府在2012年的政策文件中首次提出了绿色制造的含义。

图 3-1 绿色技术创新的投入偏向性总体特征

从图3-1可以看出，中国绿色技术创新的趋势非常明显，尤其是在2015年之前。在此期间，创新主要由投入端驱动。这一趋势的一个显著特点是地区差异：中国中部和东部地区的绿色技术创新水平明显高于西部地区。造成这种差异的主要因素有两个。首先，东部和中部地区拥有较强的创新基础和能力。其次，这些地区在节能技术创新方面表现突出。这一战略导向旨在减少能源消耗，最大限度地降低企业成本。

从2012年到2021年的十年间，中国绿色技术创新领域有两大明显特征。一是全国绿色技术创新明显转向重视投入方向。二是不同地区绿色技术创新的效率日趋一致，表明该领域正朝着更加均衡的方向迈进。

如图3-2所示，从各省绿色技术创新偏向性特征的趋势图来看，绿色技术创新投入偏向和产出偏向均呈现出整体波动上升的轨迹，表明中国绿色技术创新效率持续提升。值得注意的是，各年投入要素替代效率的提高是主要驱动因素，但2016年明显例外。这一反常现象主要归因于2015年发布的"中国制造2025"倡议，该倡议提出了以创新驱动增长和环境可持续发展为中心的目标。随后，各地区纷纷实施激励政策，特别强调减排创新。

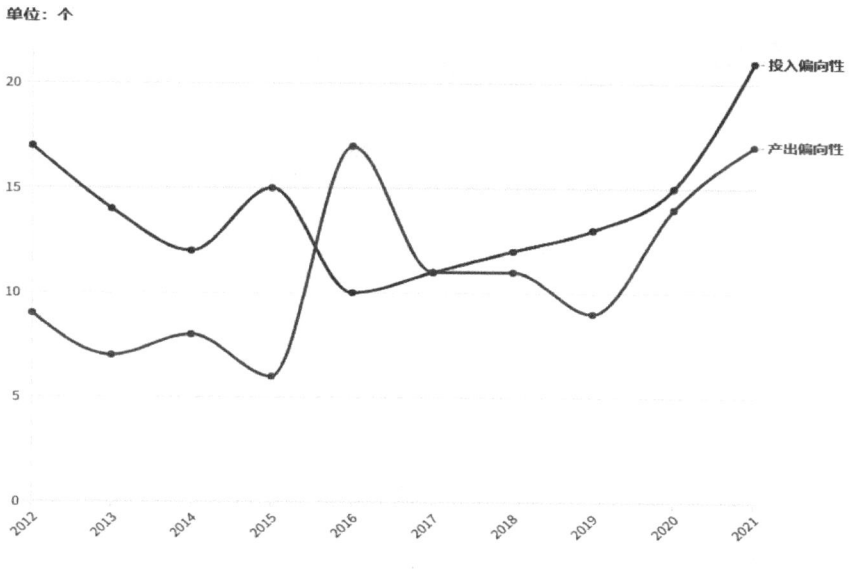

图 3-2 绿色技术创新偏向性整体趋势

二、区域特征

尽管存在这些动态变化，但综合分析显示，中国大多数省份的绿色技术创新都呈现出以投入为导向的主导趋势。我们对绿色技术创新投入偏向进行了比较分析（见附录一），结果表明，相邻区域之间的创新偏向具有相似性，且范围明显扩大。这一观察结果表明，中国制造业绿色创新发展的偏向具有很强的空间相关性，显示出一种复杂而相互关联的网络关系。因此，必须深入研究这一空间网络的结构特征，以了解其对未来绿色技术发展的影响。

第四章 绿色技术创新偏向性的区域空间关联

第一节 研究方法与数据来源

一、网络构建

关联关系的确定是通过社会网络分析中国绿色技术创新偏向性空间关联网络的关键。考虑到空间关联关系会受到地理距离的约束发生距离衰减，即地理距离越近，关联关系越强，因此运用引力模型构建关联网络能够将绿色技术创新偏向性与经济地理距离结合起来，能较好地揭示空间关联特征。与此同时，使用加入人口和经济规模考量的引力模型，可以更加精准地刻画空间演变趋势。本部分在参考前人研究的基础上，对引力模型进行修正，用以确定地区间制造业绿色技术创新偏向空间关联网络，具体计算公式如下：

$$F_{ij} = K_{ij} \frac{\sqrt[3]{P_i G_i M_i} \sqrt[3]{P_j G_j M_j}}{D_{ij}^2}, K_{ij} = \frac{M_i}{M_i + M_j}, D_{ij} = \frac{d_{ij}}{g_i - g_j} \quad (4-1)$$

式中：F_{ij} 表示省份 i、j 之间的绿色技术创新偏向性的空间关联强度

（引力值）；M_i、M_j 分别表示省份 i、j 的绿色技术创新投入偏向；K_{ij} 表示 i 省对 F_{ij} 的贡献率；D_{ij} 为省份 i、j 之间的地理距离；G_i 和 G_j 表示省份 i、j 的经济发展水平，用 GDP 总量衡量；g_i、g_j 分别为两地的人均 GDP。

在此基础上，考虑到空间关系的关联强度存在阈值，本部分以基于引力模型得到的关联强度矩阵中各行平均值为阈值，以是否存在关联关系构建 0—1 矩阵，最终形成有向二值空间关联矩阵。

二、社会网络分析方法

社会网络分析在管理学、经济地理学等领域广泛应用，是研究空间网络关系属性的定量方法。本章基于社会网络分析法对绿色技术创新投入偏向空间关联网络的整体特征、个体特征、块模进行研究。整体结构特征中，网络密度表征绿色技术创新偏向性关联网络关系的复杂度，网络节点数、关系数表征网络关联度，网络关联度反应绿色技术创新偏向性发展网络结构的稳定性，网络效率表征绿色技术创新偏向性关联渠道的数量特征。网络等级度表征非对称可达程度，小世界特征可用来衡量资源的传播效率和通达程度。通过对度数中心度、中介中心度、接近中心度等个体特征的度量，量化节点位置和作用。同时，本章通过块模分析，利用迭代相关收敛法进一步研究制造业绿色技术创新投入偏向空间网络的内部结构和溢出路径。块模分析是主要的空间聚类方法，用以揭示网络内部结构状态，据此判断各个板块在整体网络中的位置和作用，分类依据如表 4-1 所示。

表 4-1 四大板块分类依据

板块内部关系	板块间关系	
	≈0	>0
≥$(g_q-1)/(g-1)$	双向溢出	净溢出
>$(g_q-1)/(g-1)$	净受益	少关系

三、QAP回归分析

本部分基于关系数据构建绿色技术创新投入偏向空间关联网络，由于关联网络的影响因素间存在多重共线性，为满足变量独立性假设，因此使用QAP回归而不使用计量模型进行驱动因素的分析。这是由于QAP回归以关系数据为研究对象，放宽了变量间的独立性要求，可以提高结果的稳健性。因此，本章采用QAP回归分析法，重点考查创新驱动的绿色技术创新投入偏向影响，添加了控制变量，以对绿色技术创新投入偏向发展空间关联网络的驱动因素进行研究，揭示各地区制造业绿色技术创新投入偏向关联关系的形成机制。

四、数据来源

与第三章第一节中的数据来源相同。

第二节 制造业绿色技术创新偏向性的空间网络关联特征

一、空间关联整体网络的特征和演变趋势

根据修正的引力模型，本部分建立了制造业绿色技术创新的投入偏向空间关联关系矩阵，在中国各省制造业绿色投入偏向性的基础上进一步测算出投入偏向性绿色创新中的组间偏向（节能偏向）并将节点赋予其属性。如图4-1至图4-6所示，存在节能偏向的节点标注为蓝色，反之为红色，并与各个节点的度数中心度相结合，得到更为清晰的制造业绿色技术

创新的投入偏向空间关联关系。利用UCINET可视化工具Netdraw绘制出各省、市制造业绿色技术创新的投入偏向水平的空间关联网络图。

1.省际空间关联特征

如图4-1至图4-3所示，2012—2021年，绿色技术创新投入偏向关联网络的地区差异显著，但其分布特征没有明显的变化。从节点大小可知，与上一章的绿色技术创新偏向性特征相类似，呈现东高西低的特征。从边的数量和厚度可见，线条最为稠密的省份大多分布于东部，如山东、江苏、广东等形成了多级支撑的关联网络。而线条最为稀疏的城市大多分布于西部，如云南、贵州、四川等则以次级联系为主体，且联系较弱。尤其是东北、西南和西北地区，由于处于绿色创新网络边缘，与其他省份在初期联系较少，随着时间的推移，网络变得更加密集，表明各省之间的绿色技术创新联系变得更加紧密。

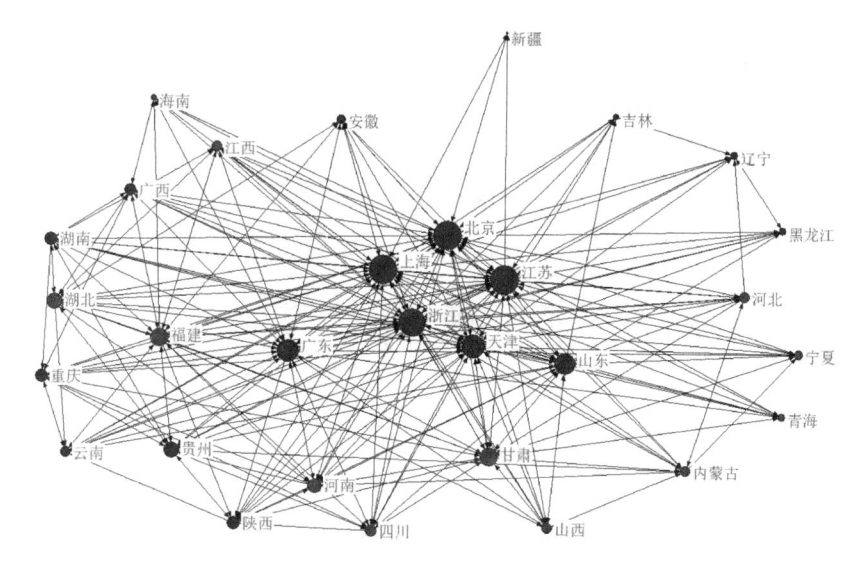

图4-1 2012年各省绿色技术创新的投入偏向空间关联网络

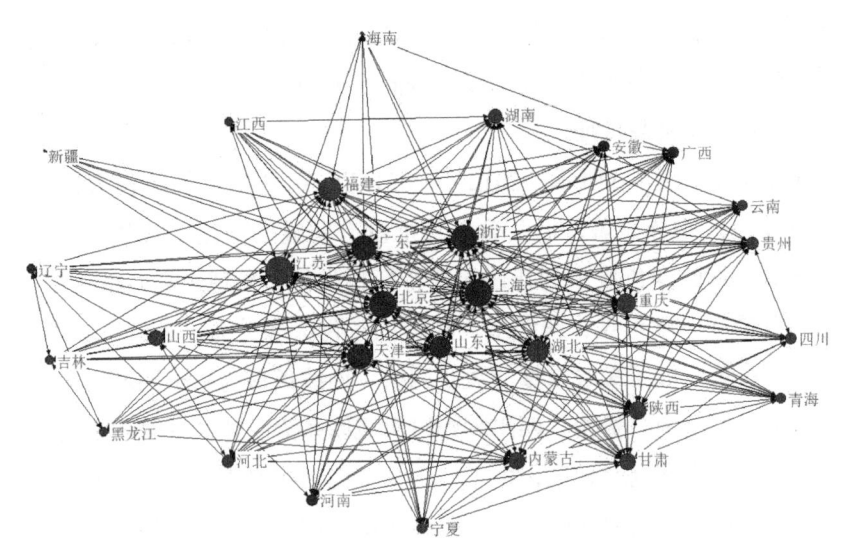

图4-2 2016年各省绿色技术创新的投入偏向空间关联网络

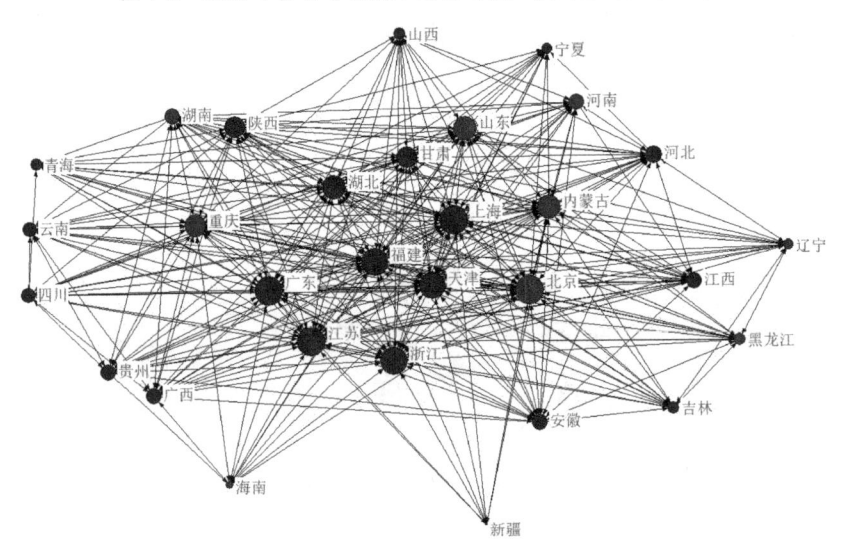

图4-3 2021年各省绿色技术创新的投入偏向空间关联网络

2016年可以看作是绿色技术创新偏向的关键节点，因此，本部分选取2012年、2016年和2021年作为代表性年份进行对比分析。由此可以发现中国制造业绿色技术创新的投入偏向动态关联整体网络关联性显著，各个省份之间均无孤立点呈现出更为明显的网络结构，节点之间的关系存在显著差异。从节点属性趋势来看，北京、上海、江苏、浙江、天津和广东等地区的关联强度始终较高，并且节能偏向的驱动力不断加强。三个时间节点中，主要联系网络范围逐渐扩大，次级变化较小。2012年，关联网络主要分散分布于直辖市和江浙地区；2016年，增加了湖北、陕西、甘肃等且以能源替代的偏向创新为主要特征，主要节点均保持一级关联强度并逐渐向周围地区延伸。2021年，基本形成以北京、上海、江苏、浙江、天津和广东为枢纽辐射至周围省份的网络结构，整体网络联系紧密度越来越高。

2.城市空间关联特征

进一步聚焦城市维度，如图4-4至图4-6所示，整体网络中，中心节点省份的省会城市在城市绿色偏向性创新空间网络中处于核心节点位置，与周围城市的关联线稠密。从节点颜色特征看，投入偏向性创新中的能源替代创新占据关联网络的主要位置，可见绿色技术创新的要素偏向性替代特征明显增加。随着时间的推移，绿色技术创新偏向网络中，中心节点省份中的多个城市都呈现中心性特征，与其他城市的交互变强。

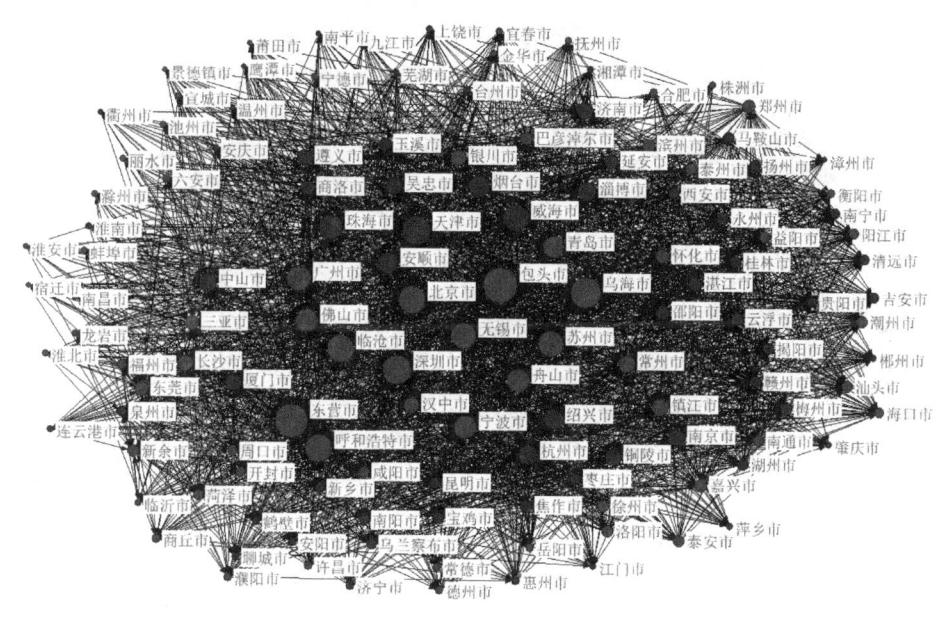

图4-4 2012年城市绿色技术创新的投入偏向空间关联网络

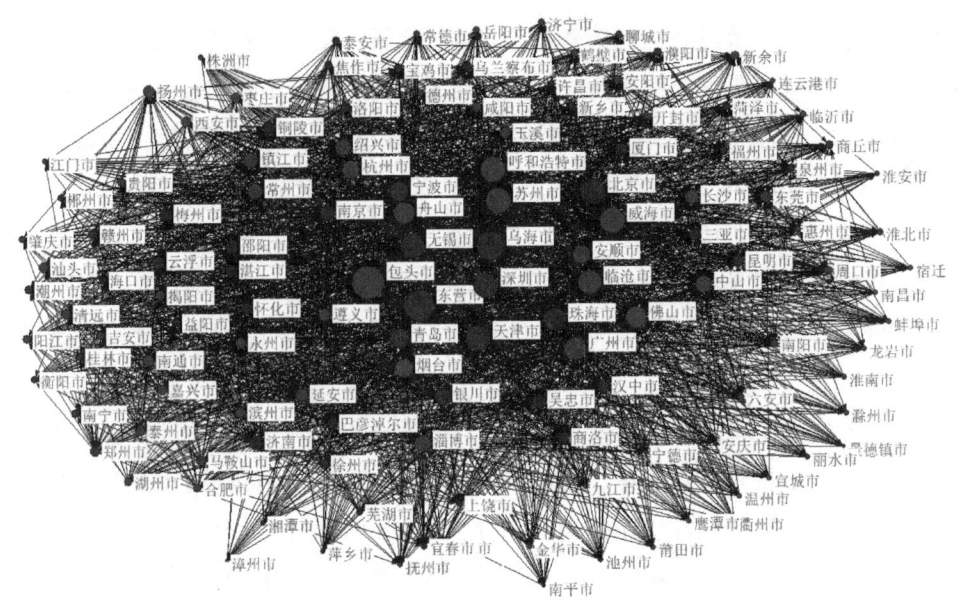

图4-5 2016年城市绿色技术创新的投入偏向空间关联网络

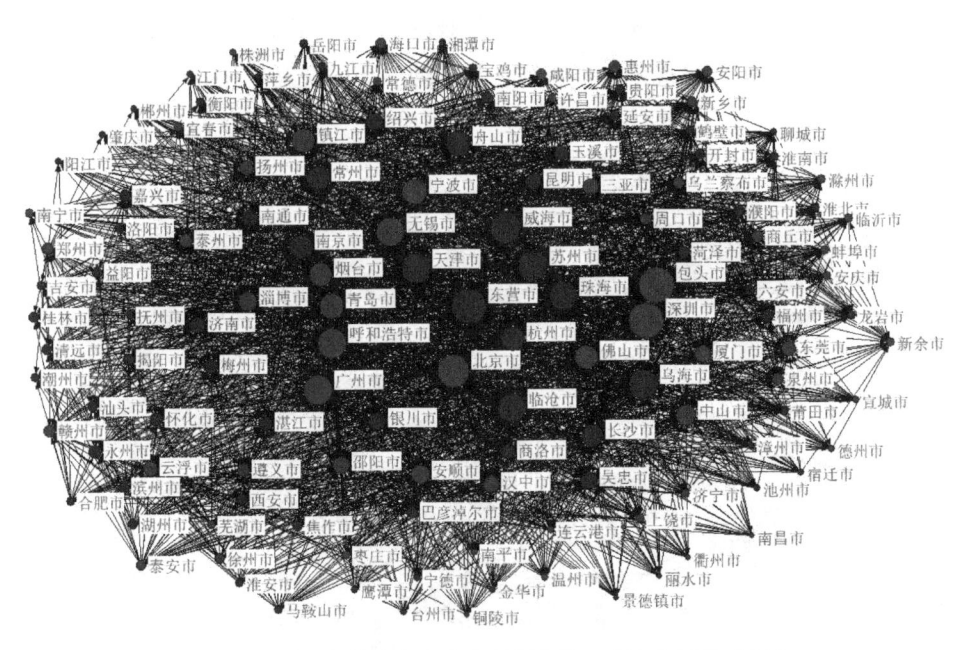

图4-6 2021年城市绿色技术创新的投入偏向空间关联网络

二、空间网络整体结构特征

利用图4-7所示的各项指标,进一步探讨了2012—2021年制造业绿色技术创新投入偏向的空间关联网络的发展趋势和潜在的结构性变化。

1.省际空间网络整体结构特征

图4-7首先揭示了这一时期各省(区、市)制造业绿色技术创新的投入偏向空间关联网络密度和关系数量的持续增长。具体来说,网络密度的增长从0.4563到0.6793,显著地表明网络中潜在连接的实际利用率的提高。网络密度是评估网络连接紧密程度的重要指标,它表示网络中实际关系数量与可能的最大关系数量之比。

这一增长说明各省(区、市)之间在制造业绿色偏向性技术创新方面的合作或者相互影响在增强,表明一个趋于紧密的合作网络正在形成,这不仅有助于绿色技术创新,也有助于地区之间扬长避短,发挥各自的优势,从而提升合作层次与广度。合作中,既要注意红利共享,又要注意风险共担,同时也要处理好竞争与合作的关系。同样,关系数量的增长也是显著的,从427个增加到621个,说明各个省份之间在制造业绿色偏向性技术创新的交流和合作关系日益增多。虽然与潜在的最大关系数870存在差距,但这种增长仍然揭示了一个日益复杂和互联的网络结构。

然而,值得注意的是,2016—2017年之间不管是网络密度还是关联数量均存在小幅度的下降,与前文的分析呼应。这种下降可能也暗示了在技术创新的过程中,不同地区可能会遇到资源瓶颈、政策限制或市场饱和,导致合作关系在短期内减少。但从长期来看,这些挑战可能会激发更有效的合作模式、更为紧密的网络关系,以及出台新的创新措施,找到新的创新路径。

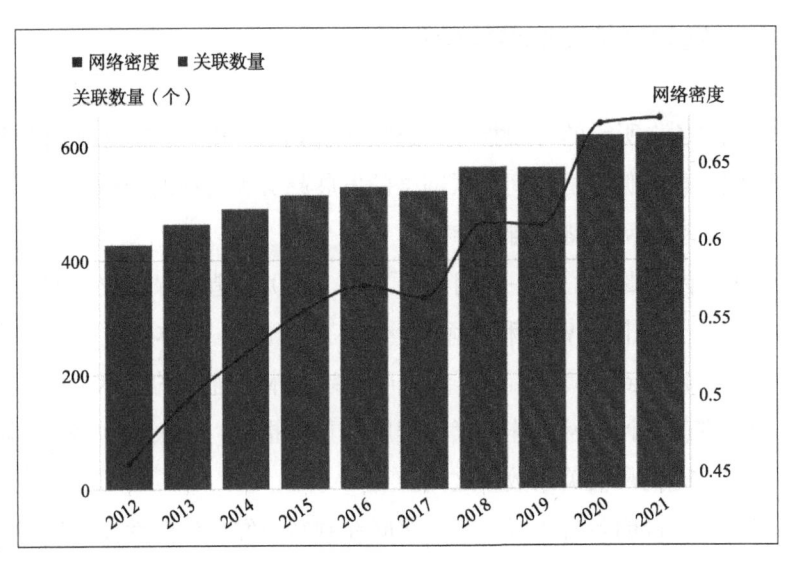

图4-7 省际网络密度及关联关系图

表4-2通过网络关联度、网络等级度和网络效率来衡量中国制造业绿色技术创新的投入偏向空间关联网络的相关性。网络关联度是评价网络中节点间直接相连情况的指标，在研究期内，网络关联度均值为1表明在整个研究期内，网络保持了完全的关联状态，即每个省份至少直接或间接与网络中的其他省份相连。这种情况表明，尽管关系数量有小幅波动，但整体网络结构相对稳定。省份之间的通达性良好，反映出强烈的空间关联和溢出效应。

这意味着多数省份间可能已经形成稳定的合作模式，对制造业绿色技术创新的投入偏向产生了积极影响。网络等级度的均值为0说明这个网络没有明显的中心化倾向，也就是说，没有特定的省份或者省份群体占据控制性的地位，而是形成较为平等的合作关系。这种扁平化的网络结构有助于促进信息和资源的有效流动，避免了信息孤岛的产生。因此，制造业绿色技术创新的投入偏向在不同省份间能够更加自由地流动，协同效应因此得到了凸显。

可见，制造业绿色技术创新投入资源在不同省份之间应该且也能够自由流动，流动中呈现出合作与协同，这对于区域经济发展是有利的，对于整个国家的发展也大有益处。

表4-2 省际制造业绿色偏向性空间网络效率

年份	2012	2013	2014	2015	2016	2017	2018	2019	2020	2021
网络关联度	1	1	1	1	1	1	1	1	1	1
网络等级度	0	0	0	0	0	0	0	0	0	0
网络效率	0.5394	0.4901	0.4557	0.4286	0.4187	0.4212	0.3768	0.3842	0.3227	0.3128

2.城市间空间网络整体结构特征

如图4-8和表4-3所示，从网络密度看，从2011年的0.2399增长到2022年的0.2535，表明城市网络中的连接数量相对于可能的连接数量有所增加。这种增长可能是由于新的基础设施投资增长、城市化进程加快、技术进步或社会经济活动增加等因素驱动的。

与省际数据相比，城市网络的密度增长虽然较为缓慢，但这可能是因为省际级别的网络由于其更广泛的地理范围和更多样的连接可能性而更容易实现密度的增加。网络关联度在整个时间段内保持为1，表明无论是城市还是省际网络，任意两个节点之间都至少存在一条路径，这说明了中国城市和省际网络的高度连通性。这种高度的连通性可能是由于强有力的国家级和地方级交通和通信基础设施的建设，促进了区域间的联系和合作。

网络等级度中，2019年达到峰值的0.2041后有所下降的趋势，可能反映了城市之间的竞争和合作关系的变化，以及某些城市在网络中心性的提升或降低。城市网络的等级度比省际网络更为明显，可能是因为城市之间在经济、文化和行政上存在更细致的分工和层级差异。网络效率方面，从2011年的0.6869增长到2013年的0.7691后开始波动，但2016年后趋于稳定，表明城市网络在经历了一段时间的快速调整和优化后，已经达到一个相对稳定的状态。城市网络数量从2011年的4111增长到2022年的4351，城市间的连接更为紧密。

上述结果表明，在推进实施绿色技术创新策略时，需兼顾省际、城市之间的资源条件，以实现彼此共赢。

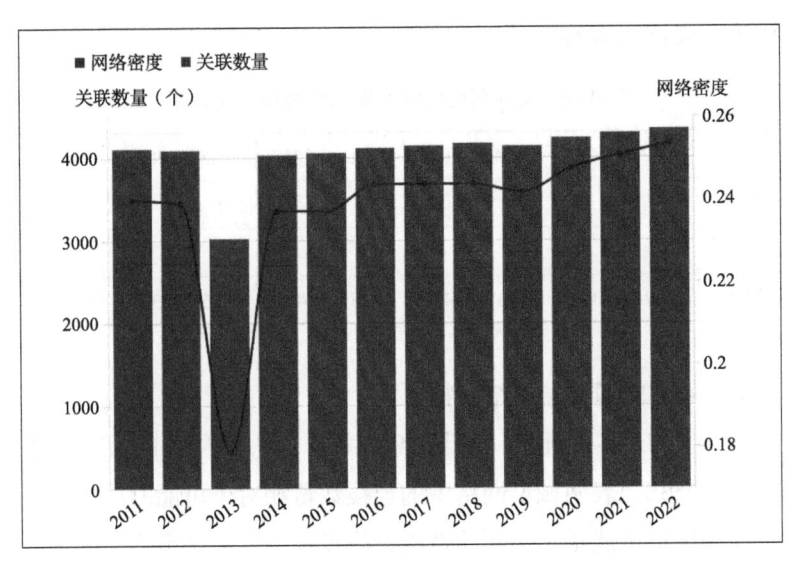

图 4-8 城市间网络密度及关联关系图

省际与城市网络在结构和发展趋势上存在差异，省际网络显示出更快的增长和更高的密度，而城市网络在等级度上有所增长，表明城市网络中可能有更多的中心节点出现。然而，省际网络的效率下降，这可能需要进一步的分析来了解其背后的原因。

表 4-3 城市间制造业绿色偏向性空间网络效率

年份	2011	2012	2013	2014	2015	2016
网络关联度	1	1	1	1	1	1
网络等级度	0.1277	0.1007	0.1667	0.1007	0.1007	0.1143
网络效率	0.6869	0.6890	0.7691	0.6926	0.6916	0.6855
年份	2017	2018	2019	2020	2021	2022
网络关联度	1	1	1	1	1	1
网络等级度	0.1408	0.1538	0.2041	0.2282	0.1793	0.1538
网络效率	0.6815	0.6775	0.6825	0.6736	0.6703	0.6705

三、小世界网络特征

我们创建了一个随机网络，该网络与每年真实世界关联网络的规模和密度相匹配。利用网络聚类系数、平均距离和网络直径等指标表征网络节点间的联通情况。

1.省际小世界网络特征分析

网络聚类系数是衡量节点邻近地区之间相互连接程度的指标。如图4-9所示，各省的绿色技术创新偏向性网络在2012到2021年间，聚类系数在0.6到0.8之间波动表明了较高的局部紧密性。这意味着在绿色技术创新投入偏向的空间关联网络中，省份间的合作不是随机的，而是倾向于形成紧密的集群。这可以促进节能知识和资源的共享，从而提高整个网络的绿色技术创新能力。网络的平均路径长度是指网络中任意两个节点之间路径的平均距离。数据显示，这一指标逐年下降，说明省份间的联系变得更加直接，信息和资源可以更快地在省份之间流通。这种趋势的持续下降反映了网络冗余度的降低，即网络在扩张的同时提高了效率，减少了不必要的中间步骤。网络直径是网络中任意两个节点之间最短路径长度。该指标在研究期内一直为2，远低于省份总数30，这表明省份之间的距离很短。在空间关联网络中，任何省份到其他省份的距离都非常近，这有助于快速传播绿色技术创新。上述指标共同指向一个结论，即绿色技术创新投入偏向的空间关联网络表现出"小世界"现象，这是指一个网络虽然具有高聚类系数，但仍然维持着较短的平均路径长度。这种网络特性有助于快速地信息传播，同时维持稳定的局部集群，而这对于复杂的合作和创新活动特别重要。

绿色技术创新投入偏向的空间关联网络的结构优势明显。其高度的连通性和"小世界"特性意味着绿色技术创新的概念和实践可以在省份之间迅速传播，从而促进了创新的协同效应和区域发展的均衡。此外，这种网络结构的特点还凸显了在不同省份和区域之间建立合作关系以实现绿色技术创新投入偏向的重要性。通过这种跨省份、跨区域的合作，可以更有效地应对环境挑战，促进可持续发展。此外，还应持续监测网络结构的演变，以便在必要时调整合作策略，优化网络结构，提高整个系统的效率和创新能力。

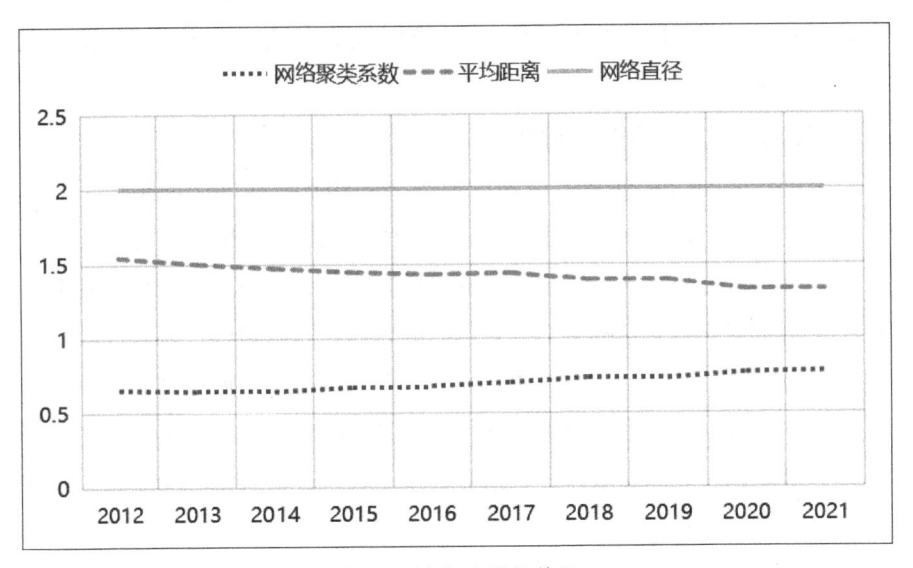

图4-9 省际小世界特征

2.城市间小世界特征分析

如图4-10所示，从2011年到2022年，城市的网络聚类系数呈现缓慢下降的趋势，从0.183降低到0.151。这个变化可能表明城市中的网络结构变得较少集群化。在2011年至2022年间，平均距离有轻微的波动，总体上看起来是上升的，从1.806增加到1.812。这个轻微的增长可能表明城市网络的广度在缓慢增加。城市网络的直径保持不变，为3。这意味着从2011年到2022年，网络中任意两个节点之间最多只需通过两个其他节点就能连接起来。这一恒定的网络直径表明，尽管其他指标有所变化，但网络的最大距离保持稳定，网络的基本连通性没有显著变化。

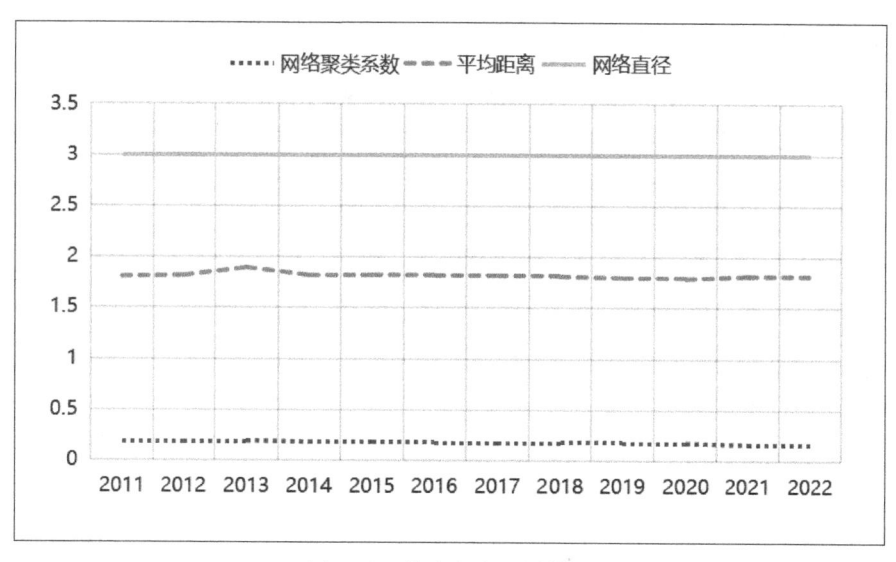

图4-10 城市间小世界特征

与省际特征对比可知，省际的网络特征显示了更强的集中化趋势、更紧密的内聚性，以及更低的分裂度。这可能反映了省级政策、经济和社会活动的集中性以及更强的资源整合。与此同时，城市网络特征可能更反映了多样化的内部社会经济结构。

四、中心性特征及趋势

1.中心度分析

在绿色技术创新投入偏向的空间关联网络分析中，中心度指标是衡量省份在网络中地位和作用的重要参数。度数中心度、中介中心度和接近中心度是中心度指标的三个主要维度，分别反映了网络中节点的活跃程度、控制信息流动的能力和效率以及节点到其他所有节点的接近程度。

（1）省际中心度分析

本部分对各省2012—2021年的度数中心度、中介中心度和接近中心度三个网络特征指标进行了测度。选取可以代表动态趋势的2012年、2016年、2021年为例进行分析，表4-4至表4-6报告了2012年、2016年和2021年的指标情况。

表4-4 2021年绿色技术创新投入偏向的空间关联网络中心性分析

省份	度数中心度 点入度	度数中心度 点出度	度	中介中心度 介数	接近中心度 内接近	接近中心度 外接近
北京	30	29	100	2.6608	100	96.6667
天津	28	27	93.1034	2.6426	93.5484	90.6250
河北	19	21	68.9655	0.4421	72.5000	76.3158
山西	16	16	51.7241	0.0799	67.4419	67.4419
内蒙古	26	23	86.2069	2.0612	87.8788	80.5556
辽宁	14	15	48.2759	0.1190	64.4444	65.9091
吉林	16	13	51.7241	0.1511	67.4419	63.0435
黑龙江	16	16	51.7241	0.1511	67.4419	67.4419
上海	29	30	100	2.6608	96.6667	100
江苏	30	30	100	2.6608	100	100
浙江	28	29	96.5517	2.6426	93.5484	96.6667
安徽	19	20	65.5172	0.4133	72.5000	74.3590
福建	29	28	96.5517	2.6426	96.6667	93.5484
江西	19	18	62.0690	0.2027	72.5000	70.7317
山东	22	26	86.2069	1.8853	78.3784	87.8788
河南	18	19	62.0690	0.1899	70.7317	72.5000
湖北	26	26	86.2069	1.8853	87.8788	87.8788
湖南	17	20	65.5172	0.3455	69.0476	74.3590
广东	26	30	100	2.6608	87.8788	100
广西	19	19	62.0690	0.3722	72.5000	72.5000
海南	13	11	41.3793	0.0623	63.0435	60.4167
重庆	24	25	82.7586	1.6037	82.8571	85.2941
四川	16	18	58.6207	0.1741	67.4419	70.7317
贵州	18	19	62.0690	0.3722	70.7317	72.5000
云南	17	16	58.6207	0.1516	69.0476	67.4419

续表

省份	度数中心度 点入度	度数中心度 点出度	度	中介中心度 介数	接近中心度 内接近	接近中心度 外接近
陕西	23	23	79.3103	0.9683	80.5556	80.5556
甘肃	24	21	79.3103	0.8717	82.8571	76.3158
青海	16	13	51.7241	0.1089	67.4419	63.0435
宁夏	15	12	48.2759	0.0799	65.9091	61.7021
新疆	8	8	27.5862	0.0182	56.8627	56.8627
平均	20.7	20.7	70.8046	1.0427	77.5247	77.7762

表4-5 2016年绿色技术创新投入偏向的空间关联网络中心性分析

省份	度数中心度 点入度	度数中心度 点出度	度	中介中心度 介数	接近中心度 内接近	接近中心度 外接近
北京	29	29	96.5517	4.5566	96.6667	96.6667
天津	26	25	86.2069	3.4745	87.8788	85.2941
河北	14	16	51.7241	0.3375	64.4444	67.4419
山西	18	17	58.6207	0.5501	70.7317	69.0476
内蒙古	19	15	65.5172	1.6996	72.5000	65.9091
辽宁	13	11	41.3793	0.1623	63.0435	60.4167
吉林	13	11	41.3793	0.1878	63.0435	60.4167
黑龙江	13	12	41.3793	0.1878	63.0435	61.7021
上海	29	29	96.5517	4.5566	96.6667	96.6667
江苏	30	30	100.0000	4.5654	100.0000	100.0000
浙江	27	27	93.1034	4.3550	90.6250	90.6250
安徽	12	15	48.2759	0.2260	61.7021	65.9091
福建	22	25	82.7586	3.2460	78.3784	85.2941
江西	12	13	41.3793	0.1990	61.7021	63.0435
山东	22	24	79.3103	2.3649	78.3784	82.8571
河南	15	15	48.2759	0.2084	65.9091	65.9091
湖北	20	24	79.3103	2.0367	74.3590	82.8571

续表

省份	度数中心度 点入度	度数中心度 点出度	度	中介中心度 介数	接近中心度 内接近	接近中心度 外接近
湖南	15	17	55.1724	0.3927	65.9091	69.0476
广东	20	26	86.2069	4.0106	74.3590	87.8788
广西	14	15	48.2759	0.5245	64.4444	65.9091
海南	8	8	24.1379	0.0298	56.8627	56.8627
重庆	19	21	72.4138	1.3451	72.5000	76.3158
四川	14	15	48.2759	0.2094	64.4444	65.9091
贵州	16	15	51.7241	0.3092	67.4419	65.9091
云南	13	13	44.8276	0.2318	63.0435	63.0435
陕西	19	21	68.9655	0.8271	72.5000	76.3158
甘肃	20	18	65.5172	0.6621	74.3590	70.7317
青海	14	7	44.8276	0.1930	64.4444	55.7692
宁夏	14	8	44.8276	0.1930	64.4444	56.8627
新疆	7	5	20.6897	0.0294	55.7692	53.7037
平均	17.5667	17.5667	60.9195	1.3957	71.6532	72.1438

表 4-6 2012年绿色技术创新投入偏向的空间关联网络中心性分析

省份	度数中心度 点入度	度数中心度 点出度	度	中介中心度 介数	接近中心度 内接近	接近中心度 外接近
北京	28	29	96.5517	8.9327	93.5484	96.6667
天津	24	24	79.3103	5.2392	82.8571	82.8571
河北	10	12	37.9310	0.3792	59.1837	61.7021
山西	10	9	34.4828	0.1760	59.1837	58.0000
内蒙古	10	11	37.9310	0.2893	59.1837	60.4167
辽宁	9	8	27.5862	0.1314	58.0000	56.8627
吉林	8	7	24.1379	0.0610	56.8627	55.7692
黑龙江	9	7	27.5862	0.1280	58.0000	55.7692
上海	29	29	96.5517	8.9327	96.6667	96.6667

续表

省份	度数中心度 点入度	度数中心度 点出度	度数中心度 度	中介中心度 介数	接近中心度 内接近	接近中心度 外接近
江苏	28	29	96.5517	8.6855	93.5484	96.6667
浙江	25	27	93.1034	6.6329	85.2941	90.6250
安徽	10	10	31.0345	0.1206	59.1837	59.1837
福建	16	19	62.0690	2.0011	67.4419	72.5000
江西	11	11	34.4828	0.1206	60.4167	60.4167
山东	15	22	72.4138	3.2688	65.9091	78.3784
河南	12	15	48.2759	0.4132	61.7021	65.9091
湖北	15	16	51.7241	0.6489	65.9091	67.4419
湖南	12	14	44.8276	0.2909	61.7021	64.4444
广东	17	23	75.8621	3.8368	69.0476	80.5556
广西	13	11	41.3793	0.4268	63.0435	60.4167
海南	8	6	24.1379	0.0225	56.8627	54.7170
重庆	14	12	44.8276	0.3930	64.4444	61.7021
四川	11	13	41.3793	0.1845	60.4167	63.0435
贵州	16	14	51.7241	0.5941	67.4419	64.4444
云南	12	9	37.9310	0.2288	61.7021	58.0000
陕西	13	10	44.8276	0.2316	63.0435	59.1837
甘肃	19	15	62.0690	1.4027	72.5000	65.9091
青海	9	6	27.5862	0.0561	58.0000	54.7170
宁夏	10	6	31.0345	0.1032	59.1837	54.7170
新疆	4	3	10.3448	0.0088	52.7273	51.7857
平均	14.2333	14.2333	49.6552	1.7980	66.4335	66.9823

在度数中心度方面，从表4-4的数据可见，北京、上海、江苏和浙江在研究期间的度数中心度始终处于领先地位。这些地区的经济发展水平、科研能力和政策支持等因素可能是它们能够占据中心地位的原因。由于这些地区在网络中的中心位置，它们可能在绿色技术创新的推动和资源分配

中扮演关键角色，有能力影响其他省份的绿色技术创新方向。点出度和点入度分别指向外和向内的连接数。2021年的数据显示，各省份的点出度和点入度相比于2012年和2016年都有所增长或保持稳定。点出度的增加表明省份在推动绿色技术创新方面的积极性增强，它们在向其他省份提供更多的信息、资金或技术方面起到了更大的作用。点入度的增长则表明省份在吸引外部资源以促进本地绿色技术创新方面变得更加有效。2021年点出度的平均值为20.7，高于这个平均值的省份数量在增加，这意味着越来越多的省份在网络中扮演着资源产出者的角色，对外界产生着明显的溢出效应。北京、天津、上海、江苏和浙江等地区的点出度持续高于平均值，显示了它们在绿色技术创新的推动上具有领导作用。特别是甘肃省，尽管它的点出度低于点入度，显示其是一个净资源接收者，但它的点出度增长表明该地区在绿色技术创新方面逐渐增强了对外界的影响。北京和天津的点入度较高，这揭示了它们强大的资源吸引力。这些地区通过"虹吸效应"吸引其他节点地区的资源，这可能包括资金、人才和技术等，以此来推动本地的绿色技术创新投入。这种资源聚集的能力使得它们成为绿色技术创新的主导力量和主要受益者。

在中介中心度方面，2021年各省份中介中心度的均值（1.0427）小于2016年的均值（1.3957）和2012年的均值（1.7980），这表明各省份之间在绿色技术创新投入偏向的相关性上的两极分化问题正在减弱。这种变化可能是由于省份之间的直接联系增多，不再那么依赖某些关键的中介省份来转接信息或资源。因此，资源和信息的流动可能变得更加直接和分散，减少了对中介节点的依赖。随着两极分化问题的减弱，各省在绿色技术创新方面的合作与交流有了增加的空间。这可能有助于资源和知识的更加平等分配，促进省份间的相互学习，提高整个网络的绿色技术创新能力。尽管中介中心度整体下降，但江苏、北京和上海依然保持在前三的位置，这说明这些城市在绿色技术创新投入偏向的网络中仍然扮演着重要的角色。这些城市可能因其地理位置、经济实力、政策优势以及对外开放程度较高等因素，成为绿色技术创新的关键枢纽，它们在网络中的位置使它们能够有效地控制和分配绿色技术创新相关的资源。各省份在绿色技术创新投入偏向的网络中的角色正在经历变化，整个网络正在变得更加去中心化，这有助于实现资源的均衡分配和省份间的协同创新。同时，位于网络核心的省份，如江苏、北京和上海，依然保持其重要性，它们的地位和作用在促进绿色技术创新方面仍然不可或缺。这种结构变化可能对促进区域经济的均衡发展和提升整个国家的绿色创新能力产生积极影响。

在接近中心度方面，其排名与度数中心度（包括点出度和点入度）的排名高度一致，这表明在绿色技术创新投入偏向的网络中，那些中心节点不仅在资源的产出和投入上占据中心地位，同时也能更快地与其他省份进行交流。这种一致性指出，网络中的"中心行动者"不仅在关联度上占据中心地位，同时也在地理或路径上处于优势位置，这增加了它们在绿色技术创新投入偏向的合作和交流中的作用。溢出效应和受益效应分别指的是一个省份的绿色技术创新对其他省份的正面影响与该省份从其他省份获取的正面影响。接近中心度高的省份如北京、上海等，不仅有能力影响其他省份（溢出效应），而且还能够有效地整合来自其他省份的资源和创新（受益效应），从而提升自身的绿色技术创新水平。此外，接近中心度有明显上升的趋势，说明更多的省份能够通过较短的路径与其他省份建立联系。这种趋势表明，绿色技术创新投入偏向的网络正在变得更加紧密和高效，资源和信息的流动速度加快，有利于绿色技术创新的快速扩散和合作。整体来看，接近中心度的提升意味着网络中的节点之间的联系正在变得更加直接和紧密，这对于促进省份间的绿色技术创新合作和知识的快速流动是非常有益的。中心行动者在这个过程中扮演着关键角色，它们不仅可以有效地推动本地绿色技术创新的发展，还能通过其网络位置优势促进区域间的技术合作和知识共享，进一步推动整个国家绿色技术创新水平的提升。

（2）城市间中心度分析

接下来，我们细化到城市层面考察中心度指标的变化规律和趋势，具体数据表详见附录二。从2012年到2021年，度数中心度的均值从32.14增加到33.98，表明在整个研究期间城市间在绿色技术创新方面的合作连接数量整体上有所增加，也表明越来越多的城市开始重视绿色技术的研发和应用。这导致城市之间在绿色技术领域的合作更加频繁。随着网络中城市数量的增加和合作案例的成功，网络效应开始显现，促使更多城市加入绿色技术创新的合作网络中。一些城市可能将绿色技术创新作为其经济转型和可持续发展战略的核心部分。这些城市通过与其他城市建立合作关系，共同研发和应用绿色技术，以提高自身在绿色技术领域的竞争力和影响力。

接近中心度的均值从2012年的60.25增加到2021年的60.72，表明城市间的平均连接距离缩短，网络的整体效率提高。在2012年数据中，可看到一些城市的接近中心度相对较高，如威海等城市，这些城市在绿色投入偏向的技术创新网络中处于较为核心的位置，能较快地与其他城市建立联系，获取和分享信息。到了2016年，一些城市的接近中心度有所提升，如池州、福州等城市，这可能与这些城市在绿色技术创新方面的持续投入和政策支持有关，提高了它们在网络中的中心性和影响力。在2021年，一些原本接近中心度不高的城市可能因为特定的绿色技术创新项目或政策推动如无锡等城市，开始在网络中占据更重要的位置，成为新的重要节点。

从2012年到2021年的数据中，我们可以看到中介中心度的整体变化趋势。2012年的均值是0.518，2021年略有下降到0.504。整体来看，中介中心度呈现微降的趋势，这可能反映了网络中的信息和资源流动路径在这段时间内经历了一定的优化和调整。在2012年的数据中，一些城市如北京、天津的中介中心度较高，这些城市因为其经济和技术的领先地位，在网络中扮演了重要的桥梁角色，促进了技术和信息的流动。到了2016年，随着一些城市如深圳、广州在绿色技术创新方面的快速发展，这些城市的中介中心度显著提升，开始在网络中扮演更加重要的角色。2021年的数据中，一些以往中介中心度不高的城市如南京、扬州的中介中心度有所上升，这可能与这些城市近年来在绿色技术领域的快速发展和区域影响力扩大有关，它们开始在连接周边城市和促进区域内信息、技术流动中发挥更重要的作用。

特征向量中心度，2012年、2016年、2021年均值分别为11.695、11.753

和11.813，显示了持续上升的趋势，反映出在这段时间内，一些城市在增强与其他重要城市的联系方面取得了进展。与中介中心度的情况相反，北京、无锡等城市在2021年的特征向量中心度提升较大，说明这些城市开始与更多重要节点建立联系，其在网络中的重要性有所增加。随着城市间合作的加深，特征向量中心度高的城市在促进绿色技术创新和可持续发展方面发挥着越来越重要的作用，这对于整个网络乃至全国的绿色转型具有重要意义。

2. 结构洞分析

结构洞理论认为，网络中的所有行动者都或多或少存在弱联系现象或联系中断现象，将两个不直接相连的个体连接起来的第三方具有更大的信息优势与控制优势。为对网络中结构洞的位置进行准确衡量，本部分利用有效规模和限制度两个指标加以综合测量。其中"有效规模"是衡量某省份对整体绿色技术创新投入偏向的关联网络的影响程度，"限制度"则体现了各省份占据关联网络中结构洞位置的可能性。

（1）省际结构洞分析

表4-7体现了2012年、2016年、2021年各省结构洞指标的动态趋势，大多数地区的限制度有所下降，这可能表明各地区在绿色投入偏向的创新网络中依赖性减少，网络自由度提高，反映了网络结构可能变得更加开放和多元化。综合来看，北京、上海和江苏等地有效规模较大，但逐年减小，限制度较低且略有下降。这意味着这些省份在绿色技术创新投入偏向的关联网络中处于有利位置，虽然在网络中的独立联系减少，但整体上仍保持较低的依赖性和较高的网络自由度。这些省份通过结构洞获得的优势，有助于它们在绿色技术创新方面领先，并可能对其他省份产生显著的影响。另一方面，内蒙古和重庆在2016年和2021年的有效规模显著增长，表明这些地区在网络中的独立联系显著增加。新疆、海南和辽宁等省份的有效规模小而限制度大，且变化不大，这可能表明这些地区的网络位置相对固定，与外界的联系相对封闭，依赖于网络中的其他省份。这些省份需要建立更多的直接联系，以减少对结构洞优势节点省份的依赖，增强自身在绿色技术创新投入偏向方面的能力。

表4-7 省际网络结构洞指标的动态变化

年度	2012		2016		2021	
指标	有效规模	限制度	有效规模	限制度	有效规模	限制度
北京	17.1228	0.1442	13.7931	0.1382	10.4492	0.1313
天津	14.7917	0.1745	12.6373	0.1552	10.9273	0.1409
河北	3.9545	0.3076	4.0500	0.2359	4.1875	0.1825
山西	3.3158	0.3388	4.8714	0.2101	2.3750	0.2337
内蒙古	3.6667	0.3124	8.8235	0.2138	9.3163	0.1532
辽宁	2.3824	0.3950	2.8750	0.2874	2.5517	0.2493
吉林	2.1000	0.4368	3.3542	0.2891	2.8621	0.2381
黑龙江	2.7188	0.4018	3.4800	0.2843	3.0000	0.2331
上海	17.2069	0.1433	13.7931	0.1382	10.4492	0.1313
江苏	16.7281	0.1464	13.4333	0.1335	10.3000	0.1315
浙江	15.4423	0.1510	13.5556	0.1456	10.6053	0.1360
安徽	2.9000	0.3550	3.7222	0.2517	4.0000	0.1907
福建	8.6143	0.2153	12.0532	0.1643	10.6053	0.1360
江西	2.7273	0.3277	3.6200	0.2863	3.0405	0.1995
山东	10.7162	0.2008	10.2391	0.1697	8.9167	0.1545
河南	4.4444	0.2504	3.4667	0.2476	2.9865	0.1995
湖北	4.8226	0.2365	9.3295	0.1705	9.1538	0.1511
湖南	3.4808	0.2671	4.0938	0.2231	3.7568	0.1927
广东	12.1125	0.1879	12.7609	0.1639	10.1339	0.1334
广西	4.0208	0.2856	4.4310	0.2511	4.0000	0.1986
海南	1.7857	0.4489	1.8750	0.4337	2.2500	0.2869
重庆	4.0577	0.2688	7.9500	0.1801	8.2959	0.1576
四川	3.3125	0.2848	3.3966	0.2507	3.0000	0.2109

续表

年度	2012		2016		2021	
指标	有效规模	限制度	有效规模	限制度	有效规模	限制度
贵州	4.8667	0.2369	4.0968	0.2340	3.9189	0.2005
云南	3.7381	0.3107	3.7692	0.2686	2.9091	0.2117
陕西	3.5000	0.2726	5.9500	0.1849	6.1848	0.1620
甘肃	7.3529	0.2049	5.8816	0.1915	5.7778	0.1626
青海	2.4333	0.4055	3.5476	0.2801	2.7069	0.2378
宁夏	2.7500	0.3739	3.6364	0.2781	2.6111	0.2526
新疆	1.7857	0.7344	2.1667	0.5020	2.0938	0.3990

（2）城市间结构洞分析

如表4-8所示，59个城市的有效规模在2012年到2021年间呈现连续上升的趋势，表明这些城市在其社会网络中的独立联系逐渐增加，可能在绿色技术创新的投入偏向方面扮演着越来越重要的角色。在这些城市中，福州市的有效规模增长最为显著，从2012年的23.35增长到2021年的60.69，增长了约37.34。南通市和扬州市也显示出显著的增长，分别以约35.08和29.41的增长位列前茅。泉州市和泰州市的有效规模增长分别约为28.53和26.19，这些城市的有效规模增长明显，标志着它们在网络中的地位显著提升。在2021年有效规模最大的城市中，北京市位居榜首，有效规模达到89.22点，其次是无锡市、苏州市、深圳市和乌海市，有效规模分别为79.60、78.78、76.63和76.13点。这些城市在网络中的中心位置突出，反映了它们在绿色技术创新的投入偏向方面的领导地位。

从限制度指标看，32个城市在2012年至2021年间限制度持续下降。这种下降表明这些城市在网络中的依赖性减少，与更多的节点建立了联系，可能在绿色技术创新投入偏向的网络中获取资源和信息的自由度有所提高。在这些城市中，漳州市的限制度下降最为显著，从2012年的0.292下降至2021年的0.126，下降了约0.166。这可能意味着漳州市在这段时间减少了对某些特定联系的依赖，增加了与其他节点的直接联系，从而提高了其在网络中的自主性和资源获取的多元性。南平市、湘潭市、许昌市和景德镇市也显示出显著的限制度下降，分别下降了约0.091、0.084、0.081和0.080。表明这些城市的网络结构变得更加开放，有利于促进信息和资源的流动，这对于推动绿色技术的创新尤为重要。

表4-8 城市间网络结构洞指标的动态变化

年度	2012		2016		2021	
指标	有效规模	限制度	有效规模	限制度	有效规模	限制度
安庆市	18.60606	0.176329	21.43056	0.158706	23.65151	0.175673
安顺市	54.08333	0.065122	49.41111	0.07405	51.75258	0.07539
安阳市	25.375	0.156378	28.15686	0.141142	39.98026	0.096319
巴彦淖尔市	31.87179	0.086672	31.18939	0.11978	40.65244	0.129401
蚌埠市	18.15151	0.179453	23.13889	0.146548	23.59375	0.171924
包头市	98.71469	0.043719	92.92332	0.055377	72.28629	0.079164
宝鸡市	28.9661	0.169724	28.36842	0.185615	25.42391	0.196423
北京市	85.96233	0.080534	85.83562	0.071673	89.2204	0.048308
滨州市	31.5	0.103509	26.04255	0.106886	25.72727	0.120849
长沙市	47.97561	0.115819	59.25595	0.106117	39.20339	0.16337
常德市	23.79487	0.205524	26.60256	0.222628	25.14516	0.269668
常州市	53.2268	0.122303	65.43578	0.098246	73.46154	0.07048
潮州市	28.07627	0.1255	27.05455	0.160115	33.91549	0.114953
郴州市	23.17021	0.185291	23.67391	0.209432	27.39216	0.177229
池州市	17.15	0.198053	19.29688	0.180707	18.5	0.18156
滁州市	16.76389	0.166146	21.1875	0.143454	24.47222	0.122957
德州市	22.475	0.143075	20.67143	0.197286	27.16304	0.17139
东莞市	31.09231	0.110371	37.18571	0.121424	32.5164	0.13739
东营市	95.1372	0.04788	90.01974	0.054385	75.37698	0.072422

续表

年度	2012		2016		2021	
指标	有效规模	限制度	有效规模	限制度	有效规模	限制度
佛山市	68.0787	0.096897	64.32674	0.11776	53.60588	0.137962
福州市	23.35294	0.125086	33.78226	0.142248	60.69271	0.104964
抚州市	19.25	0.165795	25.56383	0.148282	24.11957	0.143075
赣州市	29.95968	0.115206	31.81061	0.114921	30.05932	0.128223
广州市	72.77391	0.085184	76.8375	0.069045	62.61856	0.105078
贵阳市	26.92593	0.169937	25.78182	0.113443	27.69231	0.200637
桂林市	28.19298	0.142031	28.26271	0.158905	37.84	0.11481
海口市	29.22414	0.147736	29.15254	0.13543	29.48361	0.142697
汉中市	40.38415	0.096221	42.8647	0.095653	42.10714	0.122283
杭州市	57.43564	0.099527	64.99029	0.094995	65.82381	0.083752
合肥市	22.72857	0.13106	24.20588	0.16355	31.85156	0.200169
菏泽市	25.09804	0.13392	30.275	0.106259	34.44355	0.117267
鹤壁市	24.82051	0.190109	25.93421	0.192865	29.35	0.161954
衡阳市	25.73077	0.158939	26.00926	0.178774	29.17308	0.160877
呼和浩特市	87.33904	0.082875	80.50741	0.079891	34.41875	0.084122
湖州市	25.07692	0.130193	23.15	0.131345	28.37037	0.193217
怀化市	36.32394	0.100002	35.84782	0.111037	44.16071	0.090491
淮安市	16.08928	0.180642	19.26667	0.142177	29.53922	0.201105
淮北市	20.69444	0.163672	24.47561	0.13527	26.23529	0.164436
淮南市	18.87037	0.212705	22.19565	0.13722	25.5	0.144245
惠州市	20.82222	0.130937	25.85455	0.108463	23.62245	0.1248
吉安市	26.68868	0.129255	26.35714	0.146547	24.2375	0.174223
济南市	47.53448	0.156025	46.92169	0.147798	49.98913	0.142771
济宁市	20.77143	0.153593	24.05263	0.152113	24.80263	0.170809

续表

年度	2012		2016		2021	
指标	有效规模	限制度	有效规模	限制度	有效规模	限制度
嘉兴市	32.83636	0.143874	30.34483	0.158224	48.71177	0.14977
江门市	20.97826	0.238081	23.62245	0.271107	22.95833	0.188266
焦作市	24.1625	0.120784	22.92857	0.129604	30.04762	0.175897
揭阳市	31.63433	0.110833	32.41667	0.127943	35.42308	0.103594
金华市	15.63793	0.153291	16.44828	0.14541	15.41379	0.160517
景德镇市	14.9375	0.252967	17.5	0.238083	24.52778	0.172573
九江市	18.16667	0.21711	24.25676	0.207492	20.8871	0.161255
开封市	27.51042	0.143815	28.98889	0.140295	31.30612	0.144397
昆明市	32.92537	0.098825	36.4026	0.08136	40.17901	0.075935
丽水市	15.77586	0.200047	16.81034	0.212866	19.57813	0.191124
连云港市	18.75	0.191112	19.74242	0.153914	24.58108	0.117456
聊城市	23.24359	0.167196	22.81081	0.1935	39.28289	0.0974
临沧市	66.46722	0.054114	66.43145	0.052678	64.3375	0.055707
临沂市	21.34615	0.15112	23.125	0.149664	27.07692	0.141337
六安市	19.34444	0.152345	23.89796	0.123583	27.4186	0.128644
龙岩市	15.125	0.163074	20.11905	0.130648	32.64407	0.187076
洛阳市	24.70513	0.11413	25.52857	0.151988	27.37179	0.132179
马鞍山市	25.13158	0.121611	18.46667	0.139154	28.72414	0.201332
梅州市	35.65754	0.095365	36	0.096826	38.38691	0.094225
南昌市	14.88461	0.15469	13.5	0.180471	16.5	0.238041
南京市	53.17708	0.123491	64.68981	0.102056	73.22689	0.070526
南宁市	28.19298	0.142031	26.34259	0.208949	38.2027	0.120378
南平市	15.57143	0.241182	20.37879	0.203582	19.1875	0.149693
南通市	33.96429	0.145433	46.13068	0.143747	69.04425	0.092241

续表

年度	2012		2016		2021	
指标	有效规模	限制度	有效规模	限制度	有效规模	限制度
南阳市	29.25455	0.145065	32.49152	0.127826	35.05384	0.13092
宁波市	65.43913	0.094516	67.83945	0.105271	73.5	0.075692
宁德市	17.125	0.208065	19.69697	0.205179	28.30769	0.178611
萍乡市	20.73611	0.235341	22.93243	0.245022	26.0125	0.18216
莆田市	15.74242	0.195062	18.90278	0.144259	22.79787	0.119579
濮阳市	25.71875	0.147079	25.6383	0.142328	34.26613	0.118758
青岛市	67.86864	0.107907	71.3375	0.10133	70.21429	0.084561
清远市	29.2459	0.125153	30.30952	0.143837	32.91428	0.135192
衢州市	15.35185	0.220002	15.07692	0.191236	16.39286	0.144112
泉州市	22.5	0.124295	29.49153	0.115312	51.03049	0.127184
三亚市	34.0411	0.091553	36.51948	0.085407	37.83333	0.085563
汕头市	30.07692	0.115742	29.46552	0.146716	31.73846	0.134035
商洛市	40.71951	0.093963	40.30488	0.102398	49.01052	0.087277
商丘市	23.625	0.131643	28.5	0.11214	34.14844	0.101654
上饶市	19.65116	0.144909	20.40217	0.139856	25.94792	0.131048
邵阳市	41.08125	0.087482	43.72561	0.081669	42.54268	0.089838
绍兴市	55.5	0.10687	47.31325	0.135794	60.12121	0.113383
深圳市	81.18604	0.061955	86.62044	0.049685	76.62712	0.058315
苏州市	81.69531	0.07201	81.03543	0.073255	78.77734	0.064939
宿迁市	17.20968	0.197313	19.5	0.179992	21.15625	0.136015
台州市	16.08333	0.147836	15.69643	0.151828	22.13636	0.13943
泰安市	22.53846	0.130206	23.09211	0.12106	26.91111	0.157347
泰州市	28.69767	0.126899	36.53247	0.149872	54.89063	0.122913
天津市	84.82534	0.080288	80.16666	0.0759	52.10606	0.115858

续表

年度	2012		2016		2021	
指标	有效规模	限制度	有效规模	限制度	有效规模	限制度
铜陵市	43.23171	0.131255	14.9	0.167729	19.96667	0.153592
威海市	84.98202	0.074175	82.91482	0.075554	65.33036	0.10406
温州市	17.16667	0.210698	18.28788	0.179403	19.24286	0.131434
乌海市	91.99687	0.065014	81.3688	0.077531	76.12878	0.073641
乌兰察布市	29.01667	0.13238	31.86364	0.140341	46.13736	0.092238
无锡市	79.68	0.07216	77.20492	0.0747	79.60465	0.063041
吴忠市	43.12069	0.088532	46.7043	0.085049	47.89674	0.092703
芜湖市	16.92857	0.147909	20.80303	0.133716	27.87719	0.2044
西安市	26.45238	0.101004	24.51111	0.107365	22.98571	0.143489
厦门市	47.97619	0.110934	46.30769	0.144988	57.66667	0.123659
咸阳市	33.13433	0.132944	29.13793	0.176367	36.125	0.163013
湘潭市	19.53448	0.231464	19.42857	0.198359	17.93333	0.147302
新乡市	27.53125	0.151085	29.80392	0.135495	31.33654	0.143336
新余市	29.43636	0.160346	24.67778	0.18969	14.42593	0.170181
徐州市	23.07895	0.109833	22.41429	0.121988	24.12162	0.118647
许昌市	23.13636	0.18071	24.59091	0.167981	25.45238	0.099659
宣城市	16.93333	0.190089	17.93548	0.175633	18.56667	0.150624
烟台市	63.80804	0.130767	65.88053	0.106304	62.61009	0.106928
延安市	36.10156	0.088784	28.77119	0.174731	26.15306	0.099221
扬州市	34.18966	0.148008	42.86145	0.169036	63.60185	0.092165
阳江市	27.35455	0.151883	25.41346	0.254008	32.15672	0.143631
宜春市	23.36364	0.158272	25.54545	0.171884	25.84146	0.190195
益阳市	28.57018	0.135503	29.42373	0.155651	31.05455	0.155651
银川市	46.90425	0.073587	40.48851	0.082474	29.99265	0.103515

续表

年度	2012		2016		2021	
指标	有效规模	限制度	有效规模	限制度	有效规模	限制度
鹰潭市	15.74074	0.21574	17.5	0.196558	15.83333	0.205374
永州市	33.97143	0.10348	34.78986	0.114205	36.4527	0.114695
玉溪市	33.68182	0.110584	38.0274	0.096763	55.60281	0.073413
岳阳市	22.5	0.235921	24.8125	0.244778	18.34615	0.205588
云浮市	36.48648	0.098645	36.73973	0.10356	39.49367	0.101772
枣庄市	23.70732	0.109894	21.40278	0.130444	26.09783	0.144499
湛江市	40.20779	0.091696	38.51333	0.105229	45.94318	0.086121
漳州市	15.40323	0.292495	17.88889	0.157168	29.45763	0.126445
肇庆市	23.87	0.195392	22.625	0.272228	28.44828	0.203383
镇江市	52.45263	0.12409	64.7944	0.100053	63.89815	0.095047
郑州市	31.17391	0.140087	29.68269	0.147492	24.82979	0.120379
中山市	55.95699	0.120947	58.13441	0.134136	25.14035	0.121398
舟山市	69.61475	0.095473	69.33772	0.101703	73.43221	0.077218
周口市	24.69608	0.130665	30.10345	0.108338	33.85714	0.109033
株洲市	19.68182	0.221677	19.95	0.236099	20.89063	0.144253
珠海市	73.95339	0.089843	75.68067	0.074472	69.44907	0.073042
淄博市	57.55608	0.148512	53.16667	0.13421	30.87069	0.099711
遵义市	41.18831	0.089176	37.38028	0.116586	32.125	0.18573

综上，在绿色技术创新投入偏向的空间网络中，城市间的联系正变得更加活跃和多元化。具体而言，大多数城市增强了其网络的有效规模，这些联系可能促进了更多的信息和资源流动，从而有助于城市在绿色技术创新方面的发展。部分城市限制度的持续下降，表明它们正在减少对特定社会网络联系的依赖，拓宽了与更广泛节点的联系。城市在社会网络中的位置和作用正在发生积极变化，这些变化对于推动城市在绿色技术和可持续发展领域的创新具有积极影响。

五、核心边缘结构演变特征

如表4-9所示，借助核心-外围分析可知，核心区省份数量从2012年的17个增加到2021年的19个，表明中国绿色技术创新投入偏向的关联网络中核心区域正在扩大。这可能是由于核心省份在经济、政策、科研和市场机制等方面的有意识扩张策略，或者是这些区域内部自然形成的紧密联系和合作模式的结果。核心区的地理分布从东南沿海省份向内陆和边缘地区延伸，表明存在经济发展和技术创新的地域扩散效应。由单核集聚向多核集聚的拓展，意味着在绿色技术创新投入偏向的网络中，不仅是传统的经济中心如北京、上海，其他地区如浙江、广东等也开始发挥更为重要的角色。这样的多核集聚有助于形成更加均衡和可持续的发展模式，同时也能提高网络的韧性和抵御外部冲击的能力。东部沿海的发达地区通过其辐射范围的扩大，显著地促进了周边区域绿色技术创新投入偏向水平的提高。这种辐射效应可能是通过直接的经济交流、技术转移、人才流动或间接的竞争压力和模仿学习实现的。随着外围区域数量的减少，原本边缘的区域开始更加紧密地融入到网络中。这表明了区域合作的加强和信息交流的提升，有助于提高整个网络的创新能力和协同效率。中国绿色技术创新投入偏向的空间关联网络的核心-外围结构变得更加明显，核心区的扩大和多样化以及外围区域的融入，共同推动了网络整体结构的优化。随着经济的发展和区域合作的加强，网络的整体连通性和资源配置效率得到了提升，这对于促进全国范围内绿色技术创新的均衡发展具有重要意义。

表4-9 核心-边缘分布

	年度	2012	2016	2021
省	核心	北京 天津 河北 山西 内蒙古 辽宁 上海 江苏 浙江 福建 山东 河南 湖北 湖南 广东 重庆 甘肃	北京 天津 河北 山西 内蒙古 上海 江苏 浙江 安徽 福建 山东 河南 湖北 湖南 广东 重庆 陕西 甘肃	北京 天津 河北 山西 内蒙古 辽宁 上海 江苏 浙江 安徽 福建 江西 山东 河南 湖北 广东 重庆 陕西 甘肃

续表

	年度	2012	2016	2021
省	边缘	吉林 黑龙江 安徽 江西 广西 海南 四川 贵州 云南 陕西 青海 宁夏 新疆	辽宁 吉林 黑龙江 江西 广西 海南 四川 贵州 云南 青海 宁夏 新疆	吉林 黑龙江 湖南 广西 海南 四川 贵州 云南 青海 宁夏 新疆
市	核心	安庆市 安顺市 巴彦淖尔市 包头市 北京市 长沙市 常德市 常州市 潮州市 郴州市 东莞市 东营市 佛山市 抚州市 赣州市 广州市 海口市 汉中市 杭州市 呼和浩特市 怀化市 吉安市 济南市 江门市 揭阳市 昆明市 临沧市 梅州市 南京市 南宁市 南通市 宁波市 青岛市 清远市 三亚市 汕头市 商洛市 邵阳市 绍兴市 深圳市 苏州市 天津市 铜陵市 威海市 乌海市 乌兰察布市 无锡市 吴忠市 厦门市 咸阳市 新余市 烟台市 延安市 扬州市 阳江市 益阳市 银川市 永州市 玉溪市 云浮市 湛江市 镇江市 中山市 舟山市 珠海市 淄博市 遵义市	安庆市 安顺市 包头市 宝鸡市 北京市 长沙市 常德市 常州市 潮州市 郴州市 东莞市 东营市 佛山市 福州市 赣州市 广州市 贵阳市 汉中市 杭州市 呼和浩特市 怀化市 淮南市 惠州市 济南市 江门市 揭阳市 昆明市 临沧市 六安市 梅州市 南京市 南宁市 南通市 宁波市 青岛市 清远市 泉州市 三亚市 汕头市 商洛市 邵阳市 绍兴市 深圳市 苏州市 泰州市 天津市 威海市 乌海市 乌兰察布市 无锡市 吴忠市 厦门市 咸阳市 烟台市 延安市 扬州市 益阳市 银川市 永州市 玉溪市 云浮市 湛江市 镇江市 中山市 舟山市 珠海市 淄博市 遵义市	安庆市 安顺市 安阳市 巴彦淖尔市 蚌埠市 包头市 宝鸡市 北京市 滨州市 长沙市 常德市 常州市 潮州市 郴州市 滁州市 德州市 东莞市 东营市 佛山市 福州市 抚州市 赣州市

续表

	年度	2012	2016	2021
市	边缘	安阳市 蚌埠市 宝鸡市 滨州市 池州市 滁州市 德州市 福州市 贵阳市 桂林市 合肥市 菏泽市 鹤壁市 衡阳市 湖州市 淮安市 淮北市 淮南市 惠州市 济宁市 嘉兴市 焦作市 金华市 景德镇市 九江市 开封市 丽水市 连云港市 聊城市 临沂市 六安市 龙岩市 洛阳市 马鞍山市 南昌市 南平市 南阳市 宁德市 萍乡市 莆田市 濮阳市 衢州市 泉州市 商丘市 上饶市 宿迁市 台州市 泰安市 泰州市 温州市 芜湖市 西安市 湘潭市 新乡市 徐州市 许昌市 宜城市 宜春市 鹰潭市 岳阳市 枣庄市 漳州市 肇庆市 郑州市 周口市 株洲市	安阳市 巴彦淖尔市 蚌埠市 滨州市 池州市 滁州市 德州市 抚州市 桂林市 海口市 合肥市 菏泽市 鹤壁市 衡阳市 湖州市 淮安市 淮北市 吉安市 济宁市 嘉兴市 焦作市 金华市	池州市 金华市 南昌市 衢州市 宿迁市 台州市 铜陵市 湘潭市 新余市 宣城市 鹰潭市 岳阳市

六、块模分析

从整体特征和个体特征两方面分析，中国绿色技术创新投入偏向的空间分地区差异明显。为了进一步刻画区域之间的互动关系以及动态变化，本部分选取2016年和2021年的数据为例，使用考虑分割深度和集中度标准的迭代算法将30个省（区、市）划分为四大板块，结果显示拟合度指标R^2= 0.557（2016年），R^2= 0.519（2021年），说明各年度的拟合程度均较为良好，图4-11和图4-12为2016年和2021年绿色技术创新投入偏向的空间关联网络四大板块间的互动关系。

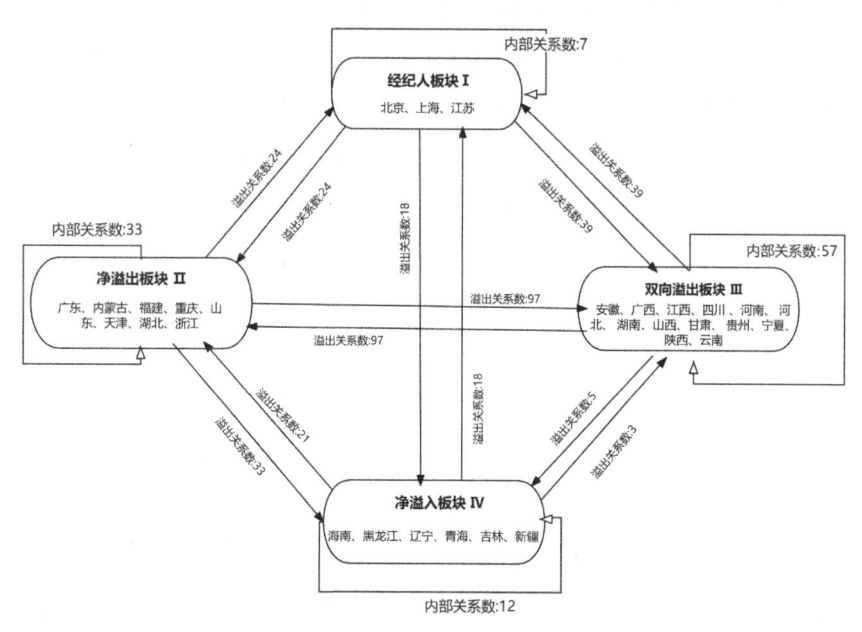

图 4-11　绿色技术创新投入偏向的四大板块传递关系（2016 年）

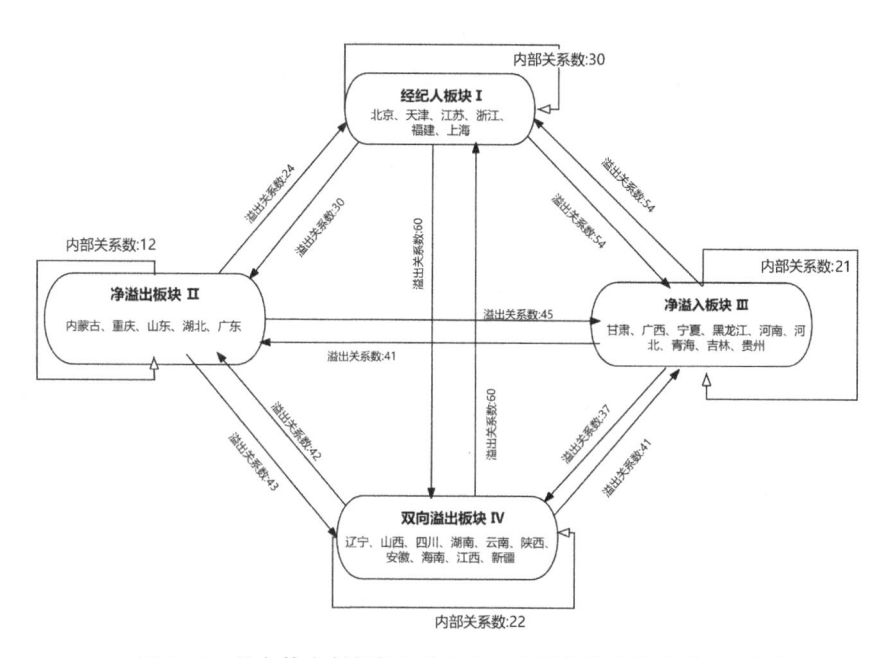

图 4-12　绿色技术创新投入偏向的四大板块传递关系（2021 年）

板块模型分析结果见表4-10、表4-11所列，当考虑空间相关关系时，板块间关系均明显多于板块内的关联关系，说明板块间绿色技术创新投入偏向的空间关联和溢出效应显著。通过综合考虑接受板块数、溢出关系数、内部关系数以及内部关系比例等，将2016年和2021年板块属性进行划分，细究其动态变化可以发现，板块Ⅰ内部溢出效应弱，且接受了来自其他板块的溢出效应，在空间关联网络中发挥着良好的"桥梁"作用，所以在研究时期内均归属为"经纪人"板块；板块Ⅱ溢出关系数明显大于接受关系数，所以在研究时期内均归属为"净溢出"板块，该板块在满足自身发展的同时还对其他板块成员进行发展要素的溢出；板块Ⅲ和Ⅳ在研究期内充当的角色有所互换，2016年板块Ⅲ接受关系数约等于溢出关系数，内部关系比例相对较高，鉴于板块Ⅲ既对外发出关系也接收外部的联系，因此板块Ⅲ在2016年中为"双向溢出"板块，扮演了"双向引导"的角色，而在2021年中接受关系数明显大于溢出关系数归属为"净溢入"板块；相反板块Ⅳ 2016年均为"净溢入"板块，在2021年转变成了"双向溢出"板块。不仅板块属性的变化，所属板块的省份也有明显的变动，板块Ⅰ中的省份增多，到了2021年有北京、天津、江苏、浙江、福建和上海6个省（区、市）归属于"经纪人"板块，说明越来越多的省份在板块中发挥了"桥梁"和"中介"的作用，其余板块在不同年份间所包含省份的变化印证了绿色技术创新投入偏向的空间关联网络的复杂性和动态性。

表4-10 2016年绿色技术创新投入偏向的空间网络关联板块结构

板块	板块矩阵				各板块省份数量	溢出关系数	接受关系数	期望内部关系比例	实际内部关系比例	板块矩阵
	Ⅰ	Ⅱ	Ⅲ	Ⅳ						
Ⅰ	7	24	39	18	3	81	81	6.90%	3.57%	经纪人
Ⅱ	24	33	97	33	8	154	142	24.14%	4.94%	主流出
Ⅲ	39	97	57	5	13	141	139	41.38%	8.44%	双向溢出
Ⅳ	18	21	3	12	6	42	56	17.24%	12.50%	主流入

表4-11 2021年绿色技术创新投入偏向的空间网络关联板块结构

板块	板块矩阵				各板块省份数量	溢出关系数	接受关系数	期望内部关系比例	实际内部关系比例	板块矩阵
	I	II	III	IV						
I	30	29	54	60	6	143	144	17.24%	4.03%	经纪人
II	30	12	45	43	5	118	112	13.79%	4.07%	主流出
III	54	41	21	37	9	132	140	27.59%	6.38%	主流入
IV	60	42	41	22	10	143	140	31.03%	6.54%	双向溢出

在此基础上，为了进一步刻画板块间的溢出关系，本部分测算了板块内和板块间的密度矩阵，以整体密度0.4563、0.5713和0.6793为阈值，进行0-1赋值，从而进行矩阵转换。表4-12、表4-13为密度矩阵和像矩阵，在2016—2021年的研究期间，板块Ⅰ的溢出效应从只对其余板块有溢出效应变化到对板块Ⅰ内部也有溢出效应，板块Ⅱ从内部和其余板块的溢出效应变化为只对其余板块有溢出效应，板块Ⅲ的溢出效应主要表现为对板块Ⅰ和Ⅱ的溢出关系，板块Ⅳ从内部溢出逐步变化为对板块Ⅰ和Ⅱ的溢出关系。同时可以发现，绿色技术创新投入偏向的空间关联网络中各板块联动紧密且存在显著的关系传递性。

表4-12 2016年绿色技术创新投入偏向的密度矩阵和像矩阵

板块	密度矩阵				板块	像矩阵			
	I	II	III	IV		I	II	III	IV
I	0.667	1	1	1	I	1	1	1	1
II	1	0.446	0.933	0.688	II	1	0	1	1
III	1	0.933	0.282	0.064	III	1	1	0	0
IV	1	0.438	0.038	0.2	IV	1	0	0	0

表4-13　2021年绿色技术创新投入偏向的密度矩阵和像矩阵

板块	密度矩阵				板块	像矩阵			
	I	II	III	IV		I	II	III	IV
I	0.8	0.967	1	1	I	1	1	1	1
II	1	0.35	1	0.86	II	1	0	1	1
III	0.958	0.911	0.167	0.411	III	1	1	0	0
IV	1	0.84	0.456	0.133	IV	1	1	0	0

七、网络结构影响分析

为了揭示绿色技术创新投入偏向的空间关联网络的结构特征，本章从整体网络和个体网络结构两方面分别实证考察了网络结构对绿色技术创新投入偏向的区域差异和绿色技术创新投入偏向水平的影响。从整个网络结构的角度，用各省绿色技术创新投入偏向的水平变异系数来衡量绿色技术创新投入偏向水平的省际差异，利用网络密度和网络效率进行OLS回归，将被解释变量进行对数化处理。此外，从个体网络结构的角度分析，除了个体特征分析中使用到的度数中心度和中介中心度以外，还引入了特征向量中心度为解释变量，以绿色技术创新投入偏向为被解释变量构建平衡面板数据进行回归分析。经对解释变量进行对数处理，避免了一定的多重共线性。

由表4-14可知，网络密度和网络效率对绿色技术创新投入偏向水平区域差异的回归系数分别为2.420和-2.357且均在5%的水平上显著，这表明网络密度的提高和网络效率的降低将显著影响绿色技术创新投入偏向的区域差异，使绿色技术创新投入偏向水平在空间上呈现均衡分布。可能的原因是，网络密度的增加提高了省际间绿色技术创新投入偏向的内聚性，避免了绿色技术创新投入偏向的空间差异和极化趋势；而网络效率的降低意味着整个网络中重要节点的增加，各省之间的绿色技术创新投入偏向的溢出水平增加，网络整体稳定性得到提升，降低了绿色技术创新投入偏向的水平的相对差异。

表4-14 整体网络结构效应的 OLS 回归结果

模型	（1）	（2）
网络密度	2.420**（2.66）	
网络效率		−2.357**（−2.43）
Interception	−2.939***（−5.58）	−0.569（−1.40）
R^2	0.4697	9.4256
Adj.R^2	0.435	0.3537

注：（1）*、**、*** 分别表示10%、50% 和1% 的显著性水平；（2）（）中的数字表示 t 值。Interception 为常数项，Adj.R^2 是调整后的拟合度指标。下同。

根据数据特征采用面板模型进行估计，参考 Hausman 检验结果，选择合理的随机效应模型。回归结果如表4-15 所示。度数中心度、中介中心度和特征向量中心度的回归系数分别为 0.109、0.266 和 0.130，说明各省份的中心性的提升对制造业绿色技术创新投入偏向水平具有显著的正向影响。可能的原因：首先，度数中心度越高，各省与其他省份具有的直接关系越多，局部关联程度越高，各省可以更有效率地获得相应资源从而提高制造业绿色技术创新投入偏向水平；其次，中间性中心度较高的省份可以有效控制与其他省份的关联效应从而引导资源要素的合理配置，提高网络结构区域中制造业绿色技术创新投入偏向的水平；最后，特征向量中心度越高，居于核心的省际关系越紧密越能促进省份之间的交流合作，制造业绿色技术创新投入偏向水平稳步提升。

表4-15 小世界网络结构影响的面板数据回归结果

模型	（1）	（2）	（3）
中心度	0.109**（2.30）		
介度中心度		0.266**（2.19）	
向量中心度			0.130*（1.75）

续表

模型	（1）	（2）	（3）
Interception	0.502***（2.59）	−0.196（−0.38）	0.531**（2.24）
Wald	5.28**	4.82**	3.06*
R^2	0.0509	0.0448	0.0427
Hausman statistic	0.36	0.09	1.03
FE/RE	RE	RE	RE

注：（1）*、**、***分别表示10%、5%和1%的显著性水平；（2）（）中的数字表示t值。Wald为Wald统计量，Hausman statistic为Hausman统计量，FE/RE表示固定/随机。

第三节　数字化驱动因素分析

一、制造业数字化转型测度

国家统计局发布的《数字经济及其核心产业统计分类（2021）》等相关文件中对制造业数字化在宏观层面上进行了界定，通常认为制造业数字化转型是制造业利用数字技术为传统产业带来产出、效率的改善，实则是传统产业内部的企业不断引进和运用数字技术的过程，所以制造业数字化转型的问题可以下沉至企业层面进行探讨。因此本部分通过测算传统制造业企业数字化转型指数来表征行业数字化转型程度。为了系统构建区域制造业数字化转型测算架构，建立了"研究样本准备及预处理—企业数字化转型指标构建—测算区域制造业数字化转型指数"的研究框架。具体步骤如下：

第一步，研究样本获取及处理。企业的年度报告作为公司内部向外界传递信息的媒介，其措辞用法能够体现出企业的战略方向，企业对于数字化转型的意愿强度和成果都极大可能地体现在企业的年报里，因此，研究样本定位于企业年报具有一定的科学性和合理性。为此首先选取2008—2021年中国沪深两市A股上市的传统产业公司作为样本。为提高分析质量，对该样本进行了以下处理：第一，剔除银行、证券、保险等金融行业上市公司；第二，剔除出现过风险预警（ST、ST*以及PT）和终止上市的研究样本。然后从国泰安（CSMAR）数据库下载相关股票代码信息以备获取年报PDF格式，利用python爬虫技术在巨潮资讯网上遍历爬取初始样本的年度报告，最终确定样本共2516家上市公司。

第二步，企业数字化转型指标构建。参考一系列以文本分析法测算企业数字化转型程度的经典文献，为最终测算传统产业企业的数字化转型指数提供思路。首先建立企业数字化转型词库，为尽可能全面地包含反映企业数字化转型的关键词，先从经典文献中借鉴了企业数字化术语词典的构建，从人工智能、区块链、云计算、大数据等组成的"ＡＢＣＤ"技术以及上述数字技术的应用端这五个方面构建出初步的关键词列表。在国家政策语义体系中，本部分以《"十四五"数字经济发展规划》《中小企业数字化转型分析报告（2021）》《2021年全球数字竞争力提升情况报告》《2022企业数字化转型指数》《金融科技发展规划（2022—2025）》《中国金融科技运行报告（2021）》《关于推进"上云用数赋智"行动培育新经济发展实施方案》为基础，经过python分词以及人工识别后扩充关键词列表；考虑到词库的完整性，利用细胞词库中收录的大数据、互联网科技、人工智能以及数字货币等词库进一步完善了相关词根；考虑到数字化词汇的"共性"特征，特别是为反映在不同行业数字化转型可能会有不同的名称，单单靠人工手段很难搜集完整，为了准确衡量企业数字化水平就应该在建立"个性化"词库的基础上考虑其"共性化"的特质，因而构建了制造业企业数字化转型词库。然后，将公司的年度报告进行机器学习下的文本分析，以构建的词库为基础，基于Python的Jieba中文分词功能，对研究样本进行分词处理、文本挖掘以及词频计数，得到各个词库中的关键词在不同年份不同公司的准确计数，利用python将词频进行最终加总，并通过代码实现了python与excel的连接。结合文本挖掘和词频计数对2012—2021年制造业上市公司的数字化转型水平按照以下公式进行量化分析：

$$TOT\_words_{i,t}=\sum\{keywords\} \quad (4-2)$$

$$Digital_{i,t}=\ln\left(TOT\_words_{i,t}+\sqrt{1+\left(TOT\_words_{i,t}\right)^2}\right) \quad (4-3)$$

上式为企业i年报中第t年的数字关键词频率之和，考虑到早期企业年报中关键词出现的频率可能很低，甚至可能为0，所以进行了反双曲正弦变换。该变换具有快速消除数据高频震颤的效果，能提高数据列的光滑程度，即使当取值为0时，也可以被良好定义。据此得到企业数字化转型水平指标（$Digital$），该指标数值越大，表明企业数字化水平越高。

第三步，测算区域产业数字化指数。基于上述企业数字化转型指标，以"股票代码—公司简称—省份代码—所属省份—2012年至2021年制造业企业数字化转型指标"进行匹配，以此测算区域制造业数字化转型指数。

二、其他变量设定

通过对制造业绿色技术创新投入偏向空间关联关系的综合分析，我们发现区域间的关联关系主要由地理距离决定。因此，在探索驱动因素时，我们将区域间的地理距离作为制造业绿色技术创新投入偏向关联网络的关键决定因素纳入模型。此外，研究表明，块模型分析可以揭示不同区域之间的相互作用和空间联系。具体而言，环境政策强度和数字化转型水平在促进板块间相互作用中起着至关重要的作用，数字化转型水平越高的地区往往更容易接受其他地区的溢出效应，同时对其他地区的数字化发展产生更大的影响。响应政府环境政策需要花费大量的时间和物质成本，特别是制造业企业需要投入大量的资源来满足强制性环境政策的要求，这无疑会增加企业的生产成本,对制造业绿色技术创新投入偏向造成特别的负担,然而,随着强制性环境政策强度的增强,制造企业需要寻找更加环保的技术来满足监管要求,而通过制造业绿色技术创新投入偏向提高生产效率和资源利用效率,则可以降低生产成本,这种错综复杂的关系凸显了数字化转型水平和环境政策强度对板块间动态的深刻影响。因此,在本章中,我们旨在同时考虑这些因素对省际互动的影响。这样做,可以更全面地了解省际间的相关性和不同区块之间错综复杂的相互作用。最终,研究结果将为相关政策的制定和实施提供有价值的参考。因此,本章所构建的模型采用了系统化的方法,将空间地理距离、环境政策强度和数字化转型水平多方面结合起来。由此构建如下模型:

$$M_i = f(D, E, T) \qquad (4-4)$$

其中,M_i 表示第 i 年制造业绿色技术创新投入偏向空间关联网络;D 表示省份之间基于经纬度的空间地理距离矩阵;E 表示环境政策强度的差异矩阵,用工业污染治理完成投资与工业增加值的比值衡量;T 表示数字化转型水平的关联矩阵,基于制造业数字化转型指数,采用引力模型计算区域数字化转型水平的引力值,具体方式与前文构建制造业绿色技术创新投入偏向空间关联强度方法相同。

三、相关分析

本部分以《中国制造2025》发布时间为参照点,选取2012年、2016年和2021年三年的数据,应用空间结构影响因素相关性分析,随机置换5000个数据后,得到制造业绿色技术创新投入偏向空间相关矩阵和各影响因素的相关系数,如表4-16所示。

表4-16 空间结构影响因素的相关性分析

变量	2012	显著性	2016	显著性	2021	显著性
D	−0.359***	0.000	−0.376***	0.000	−0.391***	0.000
E	−0.062***	0.001	−0.086***	0.000	−0.037**	0.017
T	0.749***	0.000	0.679***	0.000	0.678***	0.000

注：*、**、*** 分别代表10%、5%和1%的显著性水平。

分析结果表明，空间地理距离、环境政策强度和数字化转型水平与制造业绿色技术创新投入偏向空间关联网络存在显著的相关性。在2012年、2016年和2021年，空间距离系数呈负相关，由此可以推断，地理距离越短，制造业绿色技术创新投入偏向的空间关联性越强。此外，上述年份的环境政策强度差异矩阵相关系数均为负，这凸显了空间相关性与区域间环境政策强度发展差异之间的联系。区域环境政策的差异越小，区域间的相互借鉴的可能性就越大，这有利于建立不同区域制造业绿色技术创新投入偏向之间的空间相关性。通过对2012年、2016年和2021年数字转型水平的分析，可以发现数字转型水平强的地区在制造业绿色技术创新投入偏向发展中省际联动和外溢网络的扩张效应更为明显。

四、回归分析

表4-17给出了模型的QAP回归分析结果。

观察2012年、2016年、2021年空间地理距离矩阵的回归系数，发现数值分别为−0.0089、−0.0129和−0.0132，在1%的水平上都是显著为负。这表明省际地理距离越短，制造业绿色技术创新投入偏向的空间关联性越强。环境政策强度的差异矩阵的回归系数分别为−0.0002、−3.5553和−0.0003，分别通过1%、5%和1%显著性检验。有趣的是，2016年的系数比之其余两年异常小，这表明本部分将2016年作为中间节点进行动态分析具有一定的参考意义。数字化转型水平关联矩阵的回归系数分别为0.7074、0.6320和0.5506，均通过1%显著性检验。这表明，省际的数字化转型水平对于制造业绿色技术创新投入偏向空间关联网络具有显著的正向影响，可能的原因是：各优势省份利用数字技术领先优势使得制造业企业能够实现资源节约与环境保护战略目标相契合，以更高水平的绿色创新营造良好的绿色形象，从而影响制造业绿色技术创新投入偏向的发展水平。

表4-17　QAP回归分析

变量	2012 系数	2012 概率1	2012 概率2	2016 系数	2016 概率1	2016 概率2	2021 系数	2021 概率1	2021 概率2
D	−0.0089***	0.991	0.009	−0.0129**	1.000	0.000	−0.0132***	1.000	0.000
E	−0.0002***	1.000	0.000	−3.5553**	0.987	0.014	−0.00003***	1.000	0.000
T	0.7074***	0.000	1.000	0.6320***	0.000	1.000	0.5506***	0.000	1.000

注：*、**、***分别代表10%、5%和1%的显著性水平。

第四节　本章小结

本章深入剖析了中国省级制造业绿色创新的空间关联特性及其驱动机制。通过解构ML指数，对2012至2021年间我国30个省份和177个城市的绿色创新偏向性及其要素替代偏差进行了细致评估。借助于改进引力模型，构建了以制造业投入为基础的绿色创新空间关联网络。研究结果显示，2012年至2021年，中国绿色技术创新投入偏向呈现出稳步提升的趋势。东部及中部地区在绿色技术创新方面相较西部地区展现出更为显著的优势，揭示出明确的投入偏向性。在省级层面，绿色技术创新投入偏向的空间相关性强劲，推动了其逐步趋向平衡化的态势。社会网络分析进一步揭示了中国省际和城市绿色技术创新投入偏向网络的初级互联阶段，该阶段以显著的差异性、网络层次结构及效率的波动为主要特征，反映出中国绿色技术创新投入偏向的发展仍处于动态演进中，多种影响因素亟待被有效管理与调控。此外，还探究了中国绿色技术创新投入偏向空间网络的核心——边缘结构，其中北京、上海、广东和江苏等省份成为网络的核心节点，而新疆、宁夏、西藏、海南等欠发达省份则位于网络的边缘。研究结果表明，地理邻近性、环境监管的地区差异以及制造业的数字化转型对绿色技术创新投入偏向性的空间相关性有重大影响。这为潜在的跨区域制造业合作提供了信息，并为环境治理战略的制定提供了经验。

由此可见，制造业绿色技术创新是一项涉及多方面的复杂扩展活动。这种创新进程极大地受到环境政策的影响。明晰且具体的政策导向对于推动整个产业革新技术及转型至关重要。同时，对区域制造业固有属性及面临的挑战进行深入剖析亦不可或缺。当前，优先任务是激励和有效推进制造业数字化转型。制造业绿色创新的视角应超越传统的节能技术研发，应涵盖包括产业模式创新、全面应用等在内的广泛方法。在构筑全面绿色创新体系中，数字化赋能的智能绿色供应链起着至关重要的作用。绿色技术创新不仅是地区绿色发展战略的基础条件，更是推动其实现的关键力量。因此，诸如"绿色+高端制造""绿色+智能制造"等新模式正受到越来越多的关注，并有望加速制造业向更高层次发展和转型。

第五章　制造业绿色技术创新的数字化驱动机制

第一节　理论分析与研究假设

正如前文分析，在当前的数字经济时代，数字服务已经成为制造业企业必不可少的中间投入要素。制造业的数字化转型被认为是向产品、服务和软件集成系统的转变。这些系统旨在利用物联网、大数据和人工智能等尖端数字技术，创造、传播并实现服务价值。数字化作为一种渐进式的范式转换，主要集中于从传统的产品模式向产品服务系统的系统性转变。这种转变的深度与企业的数字成熟度紧密相关。在数字化的初期，企业主要提供与物理产品相关的核心服务，如设计、维护和售后支持。但随着数字成熟度的提高，企业能够提供更为先进、以客户为中心的服务，例如定制化解决方案、全生命周期产品服务以及远程监控和预测性维护等。因此，数字化被认为是制造业企业提升效率的基石，其发展程度成为影响自身可持续创新发展的关键因素。本章研究了数字化转型对绿色技术创新影响的几种机制效应。

首先，基于自然资源基础理论，我们认为企业的固有组织属性尤其是技术专长，是支持企业绿色技术创新并建立可持续竞争优势的基础。创新的财务资源、人力资源和技术资源等因素决定了企业进行绿色技术创新的方向。特别是，创新的技术资源，即企业改进现有技术和开发新技术的能力，对其研发能力有显著的正面影响。其次，基于动态能力理论，企业需要具备动态能力才能创造并维持竞争优势。数字化转型加强了企业识别内外部机会和挑战的能力。这种通过数字化所加强的识别能力，提高了企业的动态创新能力，从而增强了其竞争力。为充分发挥这些动态能力，组织领导者必须营造一个鼓励创新的环境，这包括大量投资于研发，从而巩固企业在可持续产品和服务领域的地位。最后，从区域经济发展的视角来看，制造业企业的数字化进程可以优化其技术创新资源，进而促进绿色技术创新。但这种催化作用在不同经济发展水平的地区之间存在差异。新兴经济地区的制造业企业可能会在优化数字资源后，优先考虑扩大生产而非绿色技术创新。相反，经济成熟地区的企业由于激烈的竞争驱动，可能更倾向于加快绿色技术的研发，缩短可持续创新周期，并加速推出创新成果以增强产品竞争力。鉴于区域数字经济的成熟度，位于数字化先进地区的公司由于强大的数字基础设施，其数字化进程更具成本效益。数字化转型进程的加快进一步加大了研发投资，推动了可持续创新的发展。因此，企业中数字技术的整合能力显著影响了它们的绿色技术创新路径。

此外，从新兴经济地理学视角看，越来越多的学者认为技术创新的扩散是创新过程中的关键环节，他们都强调了技术创新的空间效应。中国城市间的技术创新活动显示出空间上的相互联系，表现为收敛和竞争效应。

根据分析，现提出以下研究假设：

H1：在制造业企业中，数字化转型极大地促进了绿色技术创新。

H2：制造业数字化进程通过增加研发投入促进绿色技术创新。

H3：数字化转型对企业绿色技术创新的影响在经济发达地区更为明显。

H4：一个地区数字经济的成熟度与数字化对其制造业绿色技术创新的影响成正比。

H5：制造业数字化转型对绿色技术创新影响具有空间溢出效应。

第二节 研究方法与数据来源

1. 样本选择与数据来源

依据主题，本章的初始研究样本具体选取2010—2021年在中国沪深A股上市的制造业的公司数据，制造业公司由2012版证监会行业分类名称和代码进行匹配，并按照以下原则对样本进行筛选：第一，剔除上市期间出现过风险预警（ST、ST*以及PT）和终止上市的研究样本；第二，剔除关键变量存在缺失的企业样本。最终确定样本为1997家制造业上市公司，共11742条观测值。研究的原始数据均来自于《中国统计年鉴》、国家统计局、国研网以及各省市统计年鉴、社会发展统计公报等。

2. 变量度量

（1）被解释变量：制造业企业绿色技术创新

本章考察的主要被解释变量是制造企业的绿色创新。专利是衡量技术创新的有力指标，尤其是绿色专利为我们提供了一个度量绿色技术创新成果数量的方式。借鉴Dosi等（2006）和Hall & Harhoff（2012）的研究，使用当年的绿色发明专利申请量（Ginv）作为衡量制造业企业绿色技术创新的代表性指标。此外，为了进行稳健性检验，研究还引入绿色专利申请的累计数量（Total）。考虑到绿色专利数据的右偏性质，每个数据点都以1为增量，然后进行自然对数转换，以确保分布均衡。

（2）核心解释变量：制造业企业数字化转型水平

参见第四章第三节。

（3）控制变量

为尽可能克服遗漏变量的影响，本部分参考以往研究，纳入可能会影响制造业企业绿色技术创新表现的宏微观层面变量。企业层面的控制变量包括资产规模（Assets）：用资产总额的对数表示；负债规模（Debt）：用负债总额的对数表示；资产负债率（Lev）：负债总额/资产总额×100%；托宾Q值D（TobinqD）：市值/（资产总计－无形资产净额－商誉净额）。地级市层面的控制变量包括产业结构（Industry）：第二产业GDP增加值占GDP的比值；经济发展水平（Rgdp）：用人均GDP的对数表示；环境政策强度（Er）：根据地级市政府工作报告，构建环境词汇词库（共27个）进行文本分析得到环境词汇词频数，用环境词汇词频数与地级市政府工作报告词频的比值表示。

第三节 模型构建与描述性统计

构建如下双向固定效应模型，检验制造业数字化转型水平对于企业绿色技术创新的影响：

$$Ginv_{i,t}=\alpha_0+\alpha_1 Digital_{i,t-1}+\alpha_2 X_{i,t}+v_i+\omega_t+v_p+\varepsilon_{i,t} \quad (5-1)$$

其中，i表示企业，t表示年份，p表示区域；被解释变量为Ginv表示制造业的绿色技术创新水平；Digital为解释变量，表示制造业数字化转型水平。考虑到企业将数字技术融入自身体系和生产会有一定的滞后性，所以将解释变量滞后一期以解决逆向因果关系对回归结果的干扰。矩阵向量X表示一系列控制变量的集合；v_i指企业固定效应，ω_t为年份固定效应，v_p为省份固定效应；$\varepsilon_{i,t}$为随机干扰项。α_0表示截距项，α_1表示Digital的系数，α_2表示$X_{i,t}$的系数。同时下文实证分析中均采用异方差稳健标准误调整后的t统计量。

表5-1报告了本部分主要变量的描述性统计，报告的内容包括样本量、均值、方差及最大值和最小值，其中制造业企业绿色技术创新水平的均值为0.3375，最大值为6.2989，最小值为0，说明不同制造业之间的绿色技术创新水平参差不齐，相差较大。制造业企业数字化转型水平表现出

"均值大，方差小"的特点，最大值和最小值分别为6.8309和0，表明不同制造业企业之间数字化转型水平存在一定差异。其他控制变量也存在不同程度的差异，与既有研究基本一致。

表5-1 描述性统计1

变量	（1）观测量	（2）均值	（3）P50	（4）方差	（5）最小值	（6）最大值
Ginv	11,742	0.3375	0	0.7485	0	6.2989
Digital	11,742	1.6123	1.4436	1.5544	0	6.8309
Assets	11,742	21.6433	21.5131	0.9864	18.7602	26.7796
Debt	11,742	20.3396	20.2831	1.3909	15.8288	26.2571
Lev	11,742	0.3227	0.3029	0.1702	0.0075	1.1682
TobinqD	11,325	3.3853	2.6582	2.4173	0.7530	34.0567
Industry	11,708	0.4181	0.4306	0.1022	0.1493	0.7283
Rgdp	11,683	11.4772	11.5703	0.4984	8.7974	12.2234
Er	11,698	0.0033	0.0032	0.0012	0.0004	0.0095

第四节 实证结果

一、基准回归结果

表5-2报告了"制造业企业数字化转型水平 — 绿色技术创新水平"关系的核心检验结果。模型M（1）仅控制了企业和年份固定效应，制造业企业数字化转型水平的滞后项"L.Digital"的系数为0.0283，并在1%的水平上显著，这意味着当企业的数字化水平提高时，其绿色技术创新水平也会相应提高。模型M（2）至M（8）逐步加入其他控制变量，包括企业的资产规模（Assets）、负债规模（Debt）、资产负债率（Lev）、市值与账面价值比（TobinqD）、率业结构（Industry）、人均地区生产总值

（Rgdp）以及环境政策强度（Er）。随着这些变量的加入，可以观察到"L.Digital"的系数逐渐减小，但在所有模型中均保持显著性。例如，在模型M（2）中，系数为0.0252，在模型M（8）中略微降低为0.0261。这表明虽然控制了其他影响因素，但数字化转型与绿色技术创新之间的正向关系依旧稳健。此外，其他变量如Assets和Debt也在不同模型中显示出显著性，指出了企业规模和财务状况对绿色技术创新的影响。

从经济意义上分析，这些结果表明数字化转型是制造业企业提升绿色技术创新水平的关键因素之一。尽管引入更多的控制变量会导致数字化转型的影响系数有所变化，但整体而言，数字化水平的提升依旧能够显著提高企业的绿色技术创新。这一发现强调了在企业的战略规划中需要重视数字化转型的投资和实施。政策制定者也应该注意到这一点，并可能考虑通过提供激励措施来促进企业数字化转型，从而加强整个制造业的绿色技术创新能力。

表5-2 数字化对绿色技术创新影响的基准模型检验

变量与其他	M（1）	M（2）	M（3）	M（4）	M（5）	M（6）	M（7）	M（8）
L.Digital	0.0283*** (4.05)	0.0252*** (3.60)	0.0256*** (3.64)	0.0256*** (3.64)	0.0260*** (3.64)	0.0266*** (3.71)	0.0265*** (3.69)	0.0261*** (3.62)
Assets		0.0682*** (3.69)	0.1105*** (3.83)	0.1248*** (3.41)	0.1306*** (3.50)	0.1316*** (3.51)	0.1309*** (3.45)	0.1305*** (3.43)
Debt			−0.0345** (−2.12)	−0.0510* (−1.68)	−0.0518* (−1.68)	−0.0512* (−1.66)	−0.0512 (−1.64)	−0.0518* (−1.65)
Lev				0.0742 (0.58)	0.0633 (0.48)	0.0652 (0.50)	0.0644 (0.49)	0.0684 (0.52)
TobinqD					0.0006 (0.17)	0.0008 (0.22)	0.0008 (0.21)	0.0009 (0.23)
Industry						−0.6033** (−2.57)	−0.6021** (−2.56)	−0.5914** (−2.46)
Rgdp							−0.0153 (−0.54)	−0.0171 (−0.60)
Er								−7.0167 (−1.23)

续表

变量与其他	M(1)	M(2)	M(3)	M(4)	M(5)	M(6)	M(7)	M(8)
_cons	0.3215*** (28.22)	−1.1587*** (−2.88)	−1.3716*** (−3.22)	−1.3677*** (−3.21)	−1.4755*** (−3.34)	−1.2610*** (−2.79)	−1.0685* (−1.92)	−1.0105* (−1.81)
Observations	9376	9376	9376	9376	9257	9228	9217	9194
Id/Year/Province	Yes	Yes	Yes	Yes	Yes	Yes	Yes	Yes
Df_m	1.0000	2.0000	3.0000	4.0000	5.0000	6.0000	7.0000	8.0000
F值	16.3707	14.6333	10.3377	7.8182	6.4971	6.4220	5.4476	4.8165
R^2	0.6892	0.6899	0.6900	0.6900	0.6908	0.6912	0.6912	0.6916
Adj.R^2	0.6350	0.6357	0.6358	0.6358	0.6359	0.6362	0.6361	0.6364

注：(1) *、**、*** 分别表示在 10%、5% 和 1% 的显著性水平上；(2)( ) 中的数字表示 t 值。_cons 为常数项，Observations 为观测数，Id/Year/Province 为固定 Id/年份/省份。Df_m、F 值为计量术语。其他与上文解释相同。

二、内生性处理

根据固定效应模型的估计原理可知，表 5-3 结果的可信性取决于模型（1）中 Digital 的外生性。在前述的基准分析中，虽然已经从宏微观层面引入相关的控制变量，但仍因为很多影响因素很难被度量而必然存在遗漏变量的问题；另外，"反向因果"的问题也尤为突出。一方面，制造业企业数字化程度的提高能够推动企业绿色创新水平的提升，但另一方面，绿色技术创新发展效率的提高会反过来倒逼企业朝着更高水平的数字化方向前进，为自身更好地实现绿色转型升级提供不可缺少的动力。因此，"反向因果"和"存在遗漏变量"的问题均会导致出现内生性偏误，对此，本部分利用工具变量法来缓解。

本部分选取核心解释变量取滞后一期（I-L2）、地级市数字经济指数与上市公司当年独立申请的数字经济发明数量的交乘项（IV-interaction）作为工具变量进行内生性考量。其中，借鉴刘军等（2020）和黄群慧等（2019）的研究通过主成分分析的方法，将每百人互联网用户数、服务和软件从业人员占比、人均电信业务总量、每百人移动电话用户数和数字普惠金融指数5个指标的数据标准化并进行降维处理，最终得到数字经济指数。以上指标的原始数据均可从《中国城市统计年鉴》中获得，中国数字普惠金融指数由北京大学数字金融研究中心和蚂蚁金服集团共同编制，上市公司数字经济的专利来自CNRDS数据库。选择I-interaction的理由是数字经济指数和数字经济专利都是影响数字化转型的核心因素，在满足这两个条件的情况下，两者通常高度相关。此外，根据理论和以往的研究，IV-interaction不应该直接影响Ginv。表5-3报告了Ⅳ估计的回归结果，在进行工具变量回归之前，需要考察工具变量的有效性和适用性，那么第一阶段回归结果就需要验证"是否存在工具变量"的问题。根据模型（1）和（2）的第一阶段回归结果显示，IV1和I2的系数均在1%水平下显著为正，并且K-PF检验的结果表明工具变量满足相关性特征，不存在弱工具变量问题，即该工具变量是合理可靠的。K-PLM统计量的显著拒绝原假设，排除了识别不足的问题。同时，第二阶段回归的估计结果仍是显著的，说明本文的基本结论是稳健可靠的。

表5-3　内生性问题：工具变量法

	工具变量	（1）工具变量1	（2）工具变量2
第一阶段	IV-L2 IV-interaction	0.3914***（25.14）	0.0087***（5.31）
第二阶段	L.Digital 控制变量 年份固定效应 企业固定效应 省份固定效应 不可识别检验（Kleibergen-Paap rk LM统计量）弱识别检验 （Kleibergen-Paap Wald rk F统计量） 过度识别检验（Hansen J统计量）	0.0405***（2.04） Yes Yes Yes No 545.403***{0.0000} 632.135[16.3800] 0.5140{0.4733}	1.8563***（5.93） Yes Yes Yes No 38.620***{0.0000} 28.203[16.3800] 0.5140{0.4733}
—	Observations	7687	9532

注：（1）*、**、***分别表示在10%、5%和1%的显著性水平上；（2）（）中的数字表示t值；[]中的数字是Cragg-Donald Wald F统计量在10%的显著性水平上的Stock-Yogo临界值；{}中的数字是Anderson LM和Hansen J统计量对应的p值。

从两个工具变量的有效性来看，在第一阶段回归中工具变量IV-sz的系数在1%的水平上显著为负，这说明，与深圳的距离越远，制造业企业数字化难度越大，数字化水平更低。进一步发现，工具变量IV-interaction的系数在1%的水平上显著为正，以上结果都符合理论预期。并且弱识别检验的Kleibergen-Paap Wald rk F 统计量均远大于10%显著性水平上的临界值16.3800，由此可知，本部分选择的两个工具变量均不存在弱工具变量问题。同时，由不可识别检验的Kleibergen-Paap rk LM 统计量均在1%的水平上显著可知，工具变量也不存在不可识别问题。最后，从过度识别检验的Hansen J统计量不显著可知，接受原假设工具变量均为外生变量。以上检验结果充分说明了所选择的工具变量是合理有效的。

从工具变量法第二阶段的回归结果来看，在列（1）以空间距离为工具变量的回归中，制造业企业数字化转型水平的系数均在1%的水平上显著为正，在列（2）以1984年各地级市每百人固定电话数量与滞后一期的全国互联网上网人数的交乘项并取自然对数为工具变量的回归中，制造业企业数字化转型的系数在1%的水平上显著为正。这些结果充分说明本部分的基本结论是稳健可靠的。

三、稳健性检验

1.置换被解释变量

将被解释变量置换成绿色发明专利申请数量和绿色实用新型专利申请数量之和（Total）后进行回归，计量结果如表5-4中模型M（1）所示。

在模型M1中，数字化转型水平的滞后变量L.Digital的估计系数为0.0331，且在1%的显著性水平上统计上显著，表明企业的数字化转型与绿色技术创新之间存在着正相关关系。稳健性检验的模型结果重新确认了数字化转型与绿色技术创新之间存在显著的正向联系，而且证明了两者关系的持续性和稳定性。

表5-4 稳健性检验

变量与其他	M（1）Total	M（2）Ginv
L.Digital	0.0331*** （3.84）	0.0246*** （3.51）
_cons	−0.7664 （−1.19）	−0.9861* （−1.81）
Observations	9194	9194
Id	Yes	Yes
Year	Yes	Yes
Province	Yes	Yes
Df_m	8.0000	8.0000
F	5.3886	4.4083
R^2	0.7021	0.6740
Adj.R^2	0.6488	0.6157

注：（1）*、**、*** 分别表示在10%、5%和1%的显著性水平上；（2）（）中的数字表示t值。

2.极端值的处理

为了避免异常值对回归结果的影响，本部分在1%和99%水平上对连续型变量进行双侧缩尾处理后再进行回归，计量结果如表5-4中模型M（2）所示。在模型M（2）中，L.Digital的系数为0.0246，在1%的显著水平下显著为正，说明数字化转型对绿色技术创新的正面推动作用仍然显著。表5-4中的实证回归结果显示，"制造业企业数字化程度的提高能显著促进企业绿色创新水平的提升"的核心结论并没有发生任何改变，从而验证了上文基准回归模型的稳健性。

第五节 作用机制与异质性分析

一、机制路径的识别检验

前文仅针对"制造业企业数字化转型水平 — 绿色技术创新水平"进行了整体性刻画,尚未对其中的路径机制进行检验。接下来,本部分选取企业研发投入(元)的自然对数(RD)作为中介变量,着重就二者之间影响的机制路径进行识别检验。为了刻画企业数字化转型影响绿色技术创新水平的机制路径,借助温忠麟、叶宝娟(2014)的逐步回归法构建中介效应模型进行验证,并基于sobel方法进行检验。

$$Ginv_{i,t}=\alpha_0+\alpha_1 Digital_{i,t-1}+\alpha_2 X_{i,t}+v_i+\omega_t+v_p+\varepsilon_{i,t} \quad (5-2)$$

$$RD_{i,t}=\beta_0+\beta_1 Digital_{i,t-1}+\beta_2 X_{i,t}+v_i+\omega_t+v_p+\varepsilon_{i,t} \quad (5-3)$$

$$Ginv_{i,t}=\gamma_0+\gamma_1 Digital_{i,t-1}+\gamma_2 RD_{i,t}+\gamma X_{i,t}+v_i+\omega_t+v_p+\varepsilon_{i,t} \quad (5-4)$$

β_0、γ_0 表示截距项,β_1、β_2、γ_1、γ_2 均为系数。其他量的含义与上面一致。而 $\beta_1*\gamma_2$ 即为企业数字化转型水平通过中介变量 RD 影响制造业绿色技术创新的中介效应。

上述中介效应模型的逐步回归结果见表5-5第(1)—(3)列。由表5-5第(1)列可知,制造业企业数字化转型对企业绿色技术创新水平的总效应在1%的水平上显著为正,L.Digital每增加1%,企业绿色技术创新水平就相应提高2.63%。第(2)列检验解释变量对中介变量的作用,变量 RD 和 L.Digital 的系数在1%的水平上显著为正,表明制造业企业数字化转型水平越高时,企业越愿意在研发支出上投入资金。第(3)列的回归结果中,同时考虑了 L.Digital 和研发投资 RD 对绿色技术创新水平 Ginv

的影响。L.Digital的系数略微减小为0.0247（t值3.32），而RD的系数为0.0407（t值2.54），均在1%的显著性水平上显著。L.Digital的系数在控制RD后仍然显著为正则意味着制造业企业数字化转型对企业绿色技术创新水平存在直接的促进作用。

检验结果表明，研发投入在制造业企业数字化转型水平和企业绿色技术创新水平之间存在部分中介效应，其中介效应比例为5.79%，本部分在Sgmediation命令检验过程中提供了三种显著性检验，即Sobel、Goodman1、Goodman2检验，检验均呈显著性说明结果稳健可靠。Sobel测试给出了中介效应的显著性检验结果，其值为0.0015（z=2.3590），在5%的显著性水平上显著。这验证了研发投资确实是数字化转型影响绿色技术创新的一个中介路径。Goodman测试的结果也支持了中介效应的存在，其两个测试值均显著（z=2.3410和z=2.3760）。中介效应因子（Intermediary-effect factor）为0.0015，表明中介效应的大小。直接效应系数（Direct effect coefficient）为0.0246，总效应系数（Total effect coefficient）为0.0261。这两个系数的比较可以帮助我们量化中介效应在总效应中所占的比例。直接效应系数较总效应系数略小，表明除了直接效应外，还有一部分效应是通过研发投入产生的。

这些中介模型的结果揭示了一个有效的传导机制，即制造业企业的数字化转型不仅直接促进绿色技术创新，还通过加大对研发的投资间接促进绿色技术创新，研发投资在这一过程中扮演了积极的中介角色。这些发现为企业和政策制定者提供了参考，即在推进数字化转型的同时，应加大研发投入，以加速绿色技术的创新和应用。

表5-5　数字化转型影响绿色技术创新的机制分析

变量	（1）	（2）	（3）
	Ginv	RD	Ginv
RD			0.0407** （2.54）
L.Digital	0.0263*** （3.55）	0.0394*** （7.06）	0.0247*** （3.32）

续表

变量	(1) Ginv	(2) RD	(3) Ginv
Controls	Yes	Yes	Yes
ID/Year/Province	Yes	Yes	Yes
Sobel检验	\multicolumn{3}{c}{Mediating variable: R&D investment 0.0015** (Z=2.3590) Effective mechanism – positive transmission}
Goodman检验1	\multicolumn{3}{c}{0.0015** (Z=2.3410)}
Goodman检验2	\multicolumn{3}{c}{0.0015** (Z=2.3760)}
Intermediary effect factor	\multicolumn{3}{c}{0.0015** (Z=2.3586)}
Direct effect coefficient	\multicolumn{3}{c}{0.0246*** (Z=2.5848)}
Total effect coefficient	\multicolumn{3}{c}{0.0261*** (Z=2.8190)}
Intermediary effect ratio	\multicolumn{3}{c}{0.0579}
Observations	9,005	9,005	9,005
R^2	0.695	0.922	0.695

注：(1) *、**、***分别表示在10%、5%和1%的显著性水平上；(2) ( )中的数字表示t(z)值。Controls表示控制变量，Intermediary effect factor表示中介效应因子，Direct effect coefficient表示直接效应，Total effect coefficient表示总效应，Intermediary effect ratio表示中介效应化率。其他项的含义同上。

二、异质性分析

以上分析证明了制造业企业数字化转型水平对企业绿色技术创新的促进效应以及内在的机制路径。值得注意的是，在不同的外部环境下，制造业企业数字化转型水平对企业绿色技术创新的影响效应可能存在异质性。本部分通过构建调节效应模型和分组回归两种识别方法分别识别其异质性。

基于区域发展特征影响的异质性检验。由于我国中东西部的经济发展速度存在差异，本部分将企业所在地按照中东西部进行划分，通过构建调节效应模型进行异质性分析。通过构建交乘项的方式可以利用同一个样本更好地识别出组间差异，具体模型构建如下：

$$Ginv_{i,t}=\varphi_0+\varphi_1 Digital_{i,t-1}\times hetero_{i,t}+\varphi_2 Digital_{i,t-1}+\varphi X_{i,t}+v_i+\omega_t+v_p+\varepsilon_{i,t} \quad (5-5)$$

其中，hetero 表示 0—1 型异质性分类变量，φ_1、φ_2、φ_3 为各自变量的系数，φ_0 为常数项，其余含义同上。本部分结合各类政府文件例如《关于西部大开发若干政策措施的实施意见》等将我国的经济区域划分为东部、中部、西部三大地区，为了更好进行回归分析将东部地区定义为 area＝1，将中西两部作为整体定位为 area＝0。具体回归结果如表5-6所示，可以看出交乘项 L.Digital × area 通过了显著性检验，这说明，制造业企业所在地区的经济发展水平越高，数字化转型越能促进企业绿色技术创新。

表5-6　异质性分析：调节效应

变量与其他	（1）无交互项	（2）有交互项	（3）中心化
L.Digital	0.0267*** （3.70）	0.0056 （0.46）	0.0266*** （3.69）
L.Digital × area		0.0266* （1.94）	
L.c_Digital*c_area			0.0266* （1.94）
_cons	−2.3656*** （−3.20）	−2.4032*** （−3.25）	−2.4030*** （−3.25）
Controls	Yes	Yes	Yes
ID/Year/Province	Yes	Yes	Yes
Observations	9195	9195	9195

续表

变量与其他	（1）无交互项	（2）有交互项	（3）中心化
Adj.R²	0.6364	0.6365	0.6365

注：（1）*、**、*** 分别表示在10%、5%和1%的显著性水平上；（2）（）中的数字表示t值。

基于企业所在地区数字经济发展水平的高低通过分组回归进行异质性分析。本部分结合中国信通院公布的《中国数字经济发展白皮书（2021）》，将数字经济增加值占GDP比重超过40%的省份归为数字经济发展高水平地区并定义为Digital-area=1，其他省份便归类为数字经济发展低水平地区并定义为Digital-area=0，具体的回归结果如表5-7和表5-8所示，在数字经济发展发达的地区的组别中，制造业企业数字化转型带来了显著的企业绿色技术创新水平提升效果（系数为0.0235且通过了1%的统计显著性检验）并在以研发投入为中介变量的机制路径识别中均通过显著性检验证明存在部分中介效应；而在数字经济发展不发达的地区的组别中，制造业企业数字化转型对于企业绿色技术创新水平影响的显著性水平明显下降为在5%水平上显著，并且并未通过机制路径识别检验，说明了数字经济发展水平发达地区，制造业企业数字化转型水平越高的上市公司越愿意投入资金在研发项目上，从而促进了企业绿色技术创新。

表5-7　异质性分析：分组回归之基准回归

变量与其他	Ginv	
	（1）数字经济发展发达地区	（2）数字经济发展不发达地区
L.Digital	0.0235***（2.81）	0.0313**（2.30）
Assets	0.1401***（3.19）	0.1169（1.64）
Debt	−0.0662*（−1.85）	−0.0162（−0.27）
Lev	0.2035（1.36）	−0.3395（−1.27）

续表

变量与其他	Ginv	
	（1）数字经济发展发达地区	（2）数字经济发展不发达地区
TobinqD	−0.0010（−0.23）	0.0043（0.55）
Industry	−1.6371***（−3.62）	−0.4474（−1.32）
Rgdp	0.1146*（1.70）	0.0998（1.12）
Er	−5.0097（−0.73）	−2.0696（−0.21）
_cons	−2.0464**（−2.17）	−2.7405**（−2.23）
ID/Year/Province	Yes	Yes
Observations	7203	1989
Adj. R^2	0.6345	0.6466

表5-8　异质性分析：分组回归之机制路径识别检验

变量与其他	数字经济发展发达地区			数字经济发展不发达地区		
	（1）Ginv	（2）RD	（3）Ginv	（4）Ginv	（5）RD	（6）Ginv
RD			0.0369*（1.94）			0.0520（1.78）
L.Digital	0.0224***（2.61）	0.0419***（6.89）	0.0209**（2.41）	0.0337**（2.43）	0.0315**（2.47）	0.0321**（2.33）
Controls	Yes	Yes	Yes	Yes	Yes	Yes
ID/Year/Province	Yes	Yes	Yes	Yes	Yes	Yes
Observations	7,054	7,054	7,054	1,948	1,948	1,948
R^2	0.6910	0.9260	0.6910	0.7000	0.9000	0.7020

第六节 空间溢出效应

随着中国政府高度重视制造业企业的数字化转型，地方数字化转型水平对周边地区的绿色技术创新也可能会产生显著影响。为了准确衡量空间传导效应，本部分将制造业上市公司的微观数据匹配到注册地城市并聚类到地级市。由于数据可得性以及考虑到空间计量的强平衡面板数据，所以将样本数据聚焦至192个地级市并通过线性插值等方式补全缺失值，同时将地区层面的控制变量保留并采用空间杜宾模型进行估计，空间计量模型如下：

$$Ginv_{i,t}=\eta_0+\eta_1 WGinv_{i,t}+\eta_2 Digital_{i,t-1}+\eta_3 WDigital_{i,t-1}+\eta_4 X_{i,t}+\eta_5 WX_{i,t}+v_i+\omega_t+\varepsilon_{i,t} \quad (5-6)$$

其中，W表示空间权重矩阵，$X_{i,t}$表示地级市层面的控制变量，增加了公路里程数并取对数以表示交通基础设施水平（Infra），$WGinv_{i,t}$、$WDigital_{i,t-1}$、$WX_{i,t}$为空间滞后项，η_0为截距项，η_1、η_2、η_3、η_4、η_5为相应变量的系数，其余变量含义同上。空间权重矩阵分别采用空间0—1邻接矩阵（W1）、地理距离矩阵（W2）、反地理距离矩阵（W3），以便准确反映出制造业企业数字化转型对绿色技术创新所产生的空间溢出效应。

根据Moran's I指数计算公式，测算我国192个地级市2010—2021年制造业绿色技术创新和数字化转型水平全域I指数值及统计量，见表5-9所示（囿于篇幅，这里仅列出W2权重下的结果）。从表5-9可以看出，在2010—2021年期间，除靠前的少数年份外，制造业绿色技术创新和数字化转型的I值都为正值且通过了1%的显著性水平检验，并且随着时间呈现上升趋势。这表明我国制造业的绿色技术创新和数字化转型水平的空间分布并非完全随机，而是具有显著的空间正相关性，即随着空间的聚集相关性越发显著，这也说明将空间影响纳入模型是完全有必要的。

表5-9　2010—2021年我国制造业绿色技术创新、数字化转型水平I指数值

年份	Ginv I值	z值	Digital I值	z值
2010	0.001	0.838	0.005	1.370
2011	−0.003	0.312	0.016***	2.775
2012	0.003	1.090	0.019***	3.160
2013	0.003	1.083	0.031***	4.686
2014	0.017***	2.808	0.043***	6.300
2015	0.021***	3.353	0.055***	7.815
2016	0.026***	3.976	0.063***	8.772
2017	0.048***	6.893	0.069***	9.519
2018	0.058***	8.124	0.072***	9.897
2019	0.057***	8.023	0.074***	10.138
2020	0.066***	9.169	0.075***	10.322
2021	0.060***	8.450	0.073***	10.050

表5-10汇报了制造业数字化转型水平对绿色技术创新的空间溢出效应的估计结果。从回归结果中可以看出，制造业数字化转型对本地制造业的绿色技术创新在三种权重下都有显著的促进作用，并且从核心解释变量的空间滞后项（W×L.Digital）来看，数字化转型对绿色技术创新的空间溢出效应在三种权重下均显著为正，表明制造业数字化转型对邻近地区的绿色技术创新存在显著的促进作用。

表5-10 制造业数字化转型水平影响绿色技术创新的空间杜宾模型回归结果

变量	Ginv		
	(1)	(2)	(3)
	W1	W2	W3
L.Digital	0.178*** (14.40)	0.176*** (14.33)	0.176*** (14.40)
W × L.Digital	0.121*** (5.72)	0.854*** (6.61)	0.824*** (6.53)
Controls	YES	YES	YES
R^2	0.178	0.0907	0.0916
N	2304	2304	2304

注：(1) *、**、*** 分别表示在 1%、5% 和 10% 的显著性水平上；(2) ( ) 中的数字表示 t 值。N 表示观测数，下同。

空间杜宾模型中解释变量系数不但包含对被解释变量的直接影响，还包含有反馈效应，故参考以往研究将空间总效应进行分解，以便更准确地衡量制造业数字化转型水平影响绿色技术创新的直接效应和间接效应。效应分解结果见表5-11所示。从效应分解结果来看，一方面制造业数字化转型的直接效应显著为正，这与前文的研究保持一致，表明制造业数字化转型对本地绿色技术创新水平都有显著的促进作用；另一方面，在三种不同的空间权重矩阵下，间接效应即溢出效应均显著为正表明在空间上存在正向溢出效应。该结果表明，本地数字化转型水平的提升不仅会促进本地绿色技术创新，同时还会促进周边地区的绿色技术创新水平。

表5-11 制造业数字化转型水平影响绿色技术创新的空间杜宾模型效应分解

变量	Ginv		
	（1）	（2）	（3）
	W1	W2	W3
LR Direct	0.181*** （14.37）	0.177*** （14.03）	0.177*** （14.11）
LR Indirect	0.141*** （7.23）	0.908*** （5.68）	0.897*** （5.62）
LR Total	0.322*** （14.15）	1.084*** （6.78）	1.074*** （6.71）
Controls	YES	YES	YES
R^2	0.178	0.0907	0.0916
N	2304	2304	2304

注：LR Direct表示直接效应，LR Indirect表示间接效应，LR Total表示总效应。下同。

第七节 本章小结

本章在前文分析的基础上，确定了数字化转型对绿色技术创新的驱动作用，然后进一步对数字化转型对绿色技术创新的影响、机制和空间扩散进行实证检验。利用2010年至2021年上海和深圳A股市场上市的制造业企业的数据，首先采用爬虫技术创建了一个词库来衡量数字化转型的水平，然后利用面板数据的固定效应模型进行回归分析，最后采用空间杜宾模型进行空间溢出效应检验。本章的主要发现如下：

一是推动绿色创新方面。制造公司实施数字化转型显著促进了绿色技术创新。值得注意的是，外部因素如数字经济的发展水平，影响了这一影响的程度。特别是位于东部地区和在数字经济发达地区运营的企业在绿色技术创新方面有更显著的提升。

二是研发投资激励方面。数字化转型激励企业将更多资金投入相关的研发活动。通过简化信息搜索、降低管理费用和优化人力资源成本，数字化促进了更多资本向研发领域的投入，从而提高了绿色技术创新的水平。

三是空间溢出效应方面。为了识别潜在的空间溢出效应，数据在地市级别进行了汇总。通过空间杜宾模型分析，发现一个地区的数字化转型水平显著影响了周边地区的绿色技术创新。

根据这些洞察，将数字技术整合到制造企业中有助于在当地发展环保技术，并通过知识和实践的传播对周围地区产生重大影响。可见，政府行动应主动与数字化趋势保持一致，促进数字技术与企业在组织层面的更深层次整合。政策框架应该量身定做，以支持制造企业在绿色增长努力中的需求。应尽量弥合地区数字差距，努力最小化地区之间数字经济水平的差异，使企业能够利用有利的外部条件。制造企业应利用数字化转型，增强其研发活动，以促进绿色技术创新。认识到数字化转型和各地区绿色技术创新的空间溢出后果是至关重要的。通过促进地方政府之间的合作和相互学习，可以催化区域增长。

第六章 区域绿色技术创新的政策效应

第一节 理论分析与研究假设

强制性环境政策通过实行直接的监管措施，例如设定具体的排放标准和强制采用某些技术，对企业和组织的运作方式产生了深刻影响。在这样的政策框架下，企业不得不寻求新的方法和技术来满足这些严格的环境要求，从而推动了生态创新的发展。在学术领域，有一部分研究人员支持这样的观点，他们认为强制性环境政策的存在促使企业为了合规而不得不进行创新，这不仅有助于解决环境问题，同时也促进了企业的长期发展。这种看法在所谓的"波特假说"中得到了进一步的论证。Porter和Linde（1995）提出，严格的环境法规实际上可以促进企业提升竞争力和创新能力。他们认为，面对环境法规的压力，企业将寻求更高效、更环保的生产方法和产品，这不仅能够帮助企业减少污染和资源消耗，还能够在市场中获得竞争优势。后续的研究也支持这一观点。例如，Hojnik和Ruzzier（2016）强调了严格环境法规对促进企业生态创新的正面影响。Liao（2018）也提出了相似的论断，他指出，面对强制性的环境政策，企业往往会开发出新的技术和管理策略来满足这些要求，从而推动了生态创新的发展。J. Wang等（2023）在研究中进一步证实了这一点，他们的研究表明，适当的环境监管可以激发企业的创新潜力，促进环境保护和企业发展双赢。

此外，Hou等（2023年）和Y. Zhang等（2023）的工作进一步深化了这一讨论，他们不仅关注了强制性环境政策的直接影响，还探讨了这些政策如何在不同地区产生不同的效果，以及这些效应如何随时间变化。LI等（2019）的研究也支持了这种观点，指出监管措施的影响具有显著的时间和地域差异，这表明单一的政策框架可能无法适应所有情况，而需要根据具体情况进行调整。

面对这种复杂的局面，学术界开始认识到，要全面理解强制性环境政策对企业创新影响的多样性和复杂性。这种认识强调了研究需要从宏观政策层面转向更加关注微观企业层面的影响，特别是在考虑不同产业背景和企业能力的情况下。这种转变呼吁政策制定者进行更加细致和灵活的政策设计，以促进而非抑制企业的生态创新能力。

在制造业领域，强制性环境政策通过引入新的环境规范与标准，逐步提升了企业的运营成本。面对这些新的环保要求，制造业企业往往需要投资成本较高的设备，或者采纳成本更高的生产流程，以确保生产活动符合环保规定。这种财务上的负担不仅增加了企业的固定支出，还限制了企业在短期内对市场变化做出快速适应的能力。进一步讲，强制性环境任务的实施还可能导致企业面临更为严格的监督和审查，从而使得管理成本上升。这些因素共同作用，增强了企业内部成本的黏性，即企业在减少成本时遇到的阻力大于成本增加时的阻力。这种成本黏性的增加，使得企业难以通过传统的成本控制手段如扩大生产规模或提升生产效率来缓解成本压力。在这种情境下，企业的环境管理部门被迫寻找替代性的战略来减轻强制性环境政策带来的财务压力。随着对特定环保技术的投资不断增加，企业的成本结构变得越发紧张，因而进一步限制了企业在面对市场需求下降或技术快速发展时减少开支的能力。此外，成本黏性的增加还可能导致企业对市场变动或技术进步的响应变得迟缓，影响企业的竞争力。

制造企业在应对环境法规的强度变化时，需要对其生产模式进行重大调整。这不仅涉及引进新的机械和技术来改进生产流程，以符合强制性的环保标准，还可能涉及对某些特定固定资产的增加投资。这种对特定资产的专业化投资，虽然有助于企业满足环保要求，但同时也减少了企业在面对市场变化时的灵活性，加剧了企业内部成本的黏性。

随着成本黏性的增加，企业在进行自主研发和创新方面的沉没成本也相应增加，这使得企业更倾向于寻找替代途径来满足环境政策的要求。为了应对这一挑战，企业可能会进行战略调整，寻求与同行企业的合作，通过分享环保设备投资或研发成果的财务负担来分摊成本。这种合作模式可能通过联合研发计划、技术交流或集体采购等方式实现。

此外，当企业试图通过这种合作模式来应对环境政策的要求时，还可能面临"搭便车"现象。一些企业可能依赖合作框架中其他企业的贡献，而不是积极投入资源进行创新。因此，虽然合作可以是应对强制性环境政策带来挑战的一种有效策略，但也需要谨慎设计合作机制，以确保所有参与方都能公平地贡献和受益，从而促进整个行业的绿色创新和可持续发展。因此，特定地区的环境监管强度对当地微型企业创新倾向的影响会延伸到邻近地区。由于知识溢出效应，政策影响会间接影响邻近地区。那么，一个地方的环境监管强度对当地绿色创新的抑制也可能间接影响到邻近地区。在政策模仿学习中，邻近地区往往会受到当地强制性环境政策改善的影响。当地方强制性环境政策的门槛提高时，毗邻地区可能会面临类似的压力，需要采取类似的强制性环境政策措施来保护环境。然而，由于周边地区的经济发展和技术创新能力相对较弱，他们可能没有能力承担与当地类似的财政负担。基于此，本章在检验绿色技术创新的政策影响方面提出以下的研究假设：

H1：环境政策的强度对制造业企业的绿色创新具有显著的影响。

H2：环境政策强制度过高会增加制造业企业的成本黏性。

H3：制造企业所在区域的强制性环境政策强度对绿色技术创新具有空间溢出效应。

第二节 数据来源与变量度量

一、数据来源

本节的初始研究样本选取在2010—2021年中国沪深两市A股上市的制造业的公司数据，制造业公司由2012版证监会行业分类名称和代码进行匹配，并按照以下原则对样本进行筛选：第一，剔除上市期间出现过风险预警（ST、ST*以及PT）和终止上市的研究样本；第二，剔除关键变量存在缺失的企业样本。最终确定样本为1993家制造业上市公司共11601条公司年样本观测值的非平衡面板数，聚类至204个地级及以上城市。研究的原始数据均来自《中国统计年鉴》、《中国能源统计年鉴》、国家统计局、国研网、CSMAR、CNRDS以及各省市统计年鉴、社会发展统计公报、各地级市政府工作报告等。

二、变量度量

1. 制造业企业绿色技术创新（MGI）

专利是衡量技术创新的有效指标，绿色专利则能最直观地反映出绿色技术创新活动的产出，根据世界知识产权组织（WIPO）推出的国际专利分类绿色清单，将绿色专利分为绿色发明专利和绿色实用新型专利。根据黎文靖、郑曼妮（2016）的创新结构研究可知绿色发明专利比绿色实用新型专利具有更强的创新性，表示实质性的绿色技术创新，因此本部分将当年绿色发明专利申请数量（MGI-inno）作为衡量制造业企业绿色技术创新的指标，并把两者之和的总量即绿色专利申请数量（MGI-total）用作稳健性检验中绿色技术创新的替代指标。

2. 地区环境政策强度（ER）

参考张建鹏、陈诗一（2021）的做法，地级市政府工作报告对环境的重视程度能反映政府当年环境治理力度，且地级市层面政府的环保意志更能直接影响制造业企业，从中传达的环境保护的具体措施更类似于"命令型环境政策"，使得之后执行中环境政策更有可能得到落实。故本部分以各地级市政府工作报告为基础，从"环保目标""环保工作对象"以及"环保措施"三大方面选取27个能较全面反映政府环保意志的环境词汇构建了词库，利用Python进行文本分析得到环境词汇词频数，用环境词汇词频数与地级市政府工作报告词频的百分比（ER-per）衡量地区环境政策的强度。除了上述度量方法之外，在稳健性检验当中，还参考申明浩和谭伟杰（2022）的做法来衡量地区环境政策的强度，具体算法见公式（6-1）和（6-2）。

$$TOT\_words_{i,t} = \sum\{keywords\} \quad (6-1)$$

$$ER_{i,t} = \ln\left(TOT\_words_{i,t} + \sqrt{1+\left(TOT\_words_{i,t}\right)^2}\right) \quad (6-2)$$

上式中，TOT表示地级市i在t年的政府工作报告中披露的环境词汇词频的总和，考虑到时间较前或数据有所缺失的地级市政府工作年报中可能出现关键词词频较小或者为0的情况，所以进行了反双曲正弦变换处理，该变换具有快速消除速度高频震颤的作用，能提高数据列的光滑程度，当取值为0时也具有良好的定义。由此可得到地区环境政策强度的另一个指标（ER-asin），该指标数值越大，表明地区环境政策的强度越大。

3. 控制变量

为了尽可能克服遗漏变量的影响，本研究参考以往研究，纳入可能会影响制造业企业绿色技术创新表现的宏微观层面变量。企业层面的控制变量包括企业股权集中度（Lhr）、固定资本密度（Fcd）、经济增长情况（Eg）、人力资本密集度（Si）、资产规模（Assets）、负债规模（Debt）和资产负债率（Lev）。地级市层面的控制变量包括产业结构（Industry）

和人均经济发展水平（Rgdp）。表6-1提供了变量及其如何衡量的详细描述，我们的回归模型只包含所有相关变量可用的观测值。

表6-1 变量说明表

变量	名称	衡量指标
被解释变量	制造业绿色技术创新（MGI）	当年绿色发明专利申请量
核心解释变量	地区环境规制强度（ER-per）	环保词汇词频与地级市政府工作报告词频的百分比
控制变量	股权集中度（Lhr）	第一大股东比例
	企业产权性质（Enid）	国有企业取值为1，非国有企业取值为0
	固定资本密度（Fcd）	企业年末资产总额与当年营业收入之比
	经济增长（Eg）	当年国内生产总值与上年国内生产总值之比
	人力资本密度（Si）	年末职工人数与当年营业收入的比率
	资产规模（Assets）	用总资产的对数表示
	债务规模（Debt）	用总负债的对数表示
	资产负债率（Lev）	负债总额/资产总额×100%
	产业结构（Industry）	第二产业增加值与国内生产总值之比
	人均经济发展水平（Rgdp）	用人均GDP的对数表示

第三节 模型设定

采用如下双向固定效应模型研究地区环境政策强度对制造业企业绿色技术创新的影响：

$$MGI_{j,t}=\alpha_0+\alpha_1 ER_{i,t}+\alpha_2 X_{ij,t}+v_i+\omega_t+v_j+\varepsilon_{ij,t} \quad (6-3)$$

其中，i 表示制造业企业，j 表示制造业企业所在地区，t 表示年份；被解释变量 MGI 表示制造业的绿色技术创新水平；ER 为解释变量，表示制造业企业所在地区的环境政策强度；矩阵向量 X 表示一系列控制变量的集合；v_i 指企业固定效应，ω_t 为年份固定效应，v_j 为地区固定效应；$\varepsilon_{ij,t}$ 为随机干扰项；α_0 为截距项，α_1、α_2 为变量系数。下文实证分析中均采用异方差稳健标准误调整后的 t 统计量。

表6-2总结了变量的描述性统计，报告的内容包括样本量、均值、方差及最大值和最小值等，其中制造业企业绿色技术创新（MGI-inno）的均值为1.2169，最大值为153，最小值为0，说明不同制造业企业之间的绿色技术创新水平参差不齐，相差较大；地区环境政策强度（ER-per）表现出"均值大，方差小"的特点，最大值和最小值分别为0.9489和0.0400，表明不同地区之间环境政策的强度存在一定差异。其他控制变量也存在不同程度的差异，与既有研究基本一致。

表6-2 描述性统计2

变量	样本量	均值	p50	方差	最小值	最大值
MGI-inno	11601	1.2169	0	5.1006	0	153
ER-per	11557	0.3255	0.3194	0.1236	0.0400	0.9489
Lhr	11601	34.4805	32.7200	14.5990	2.4300	100

续表

变量	样本量	均值	p50	方差	最小值	最大值
Enid	11601	0.0894	0	0.2853	0	1
Fcd	11600	2.2847	1.9187	4.1072	0.2353	294.4332
Eg	11567	1.0908	1.0913	0.0922	0.6256	9.1116
Si	11601	1.4408	1.2824	0.9387	0	29.9200
Assets	11601	21.6268	21.5090	0.9551	18.7600	26.4771
Debt	11601	20.3205	20.2748	1.3595	15.8288	26.0637
Lev	11601	0.3215	0.3022	0.1692	0.0075	1.1682
Industry	11567	0.4187	0.4306	0.1017	0.1493	0.7283
Rgdp	11587	11.4730	11.5597	0.5013	8.7974	12.2234

第四节 实证结果

一、基准回归

如表6-3所示，我们针对地区环境政策强度（ER-per）与制造业企业绿色技术创新水平之间的关系进行了细致的分析。在模型M（1）的基础设定下，即在仅控制企业特性、年份以及地区的固定效应的情况下，其回归系数为-1.1534，并且这一结果在1%的显著性水平上非常显著。

模型M（2）在模型M（1）的基础上引入一系列控制变量，包括企业规模、行业特性、财务状况等。即便在这些附加因素的控制下，ER-per的回归系数的显著性依然保持稳定，其t值为-2.69。这进一步强化了基准回归的稳健性，即在考虑了可能混杂的其他变量之后，地区环境规制的强度和绿色创新存在着显著的相关关系。这种关系的显著性支持了假设H1。

这些结果提供了对环境规制与企业创新行为关系的基本洞见。一方面，它可能表明过于严格的环境规制增加了企业的合规成本，从而挤压了用于技术创新的资源。另一方面,这也可能暗示在高环境规制强度地区,企业可能会选择更为保守的策略,以避免因不合规而带来的风险和成本。然而,适度的环境政策强度会激励企业寻找更为高效和环保的生产方式,长期来看可能会促进更为根本的技术创新和升级。可见,在设计和实施环境政策时,需要平衡规制强度与激励创新之间的关系,激发企业的创新动力。政策制定者应考虑如何通过适度的规制激励企业改进技术和管理,促进绿色技术的发展,而不是仅仅依赖于惩罚和限制。这可能包括提供税收优惠、补贴或其他激励措施,以鼓励企业投资绿色技术的研发和应用。通过这样的方式,环境政策可以成为推动绿色技术创新的催化剂。

表6-3 固定效应回归结果

变量与其他	M(1) MGI-inno	M(2) MGI-inno
ER-per	−1.1534***(−2.93)	−1.0316***(−2.69)
Lhr		0.0064(0.99)
Enid		0.0236(0.08)
Fcd		−0.1024***(−3.81)
Eg		0.3051(1.22)
Si		0.1136**(1.93)
Assets		1.5458***(6.15)
Debt		−0.6196***(−3.44)
Lev		0.8595(1.24)
Industry		−4.8747***(−2.68)
Rgdp		−0.3271(−1.37)
_cons	1.6034***(11.66)	−14.2412***(−3.54)
Observations	11284	11249
Individual fixed effect	Yes	Yes
Year fixed effect	Yes	Yes

续表

变量与其他	M（1） MGI-inno	M（2） MGI-inno
Region fixed effect	Yes	Yes
Df_m	1.0000	11.0000
F值	8.5827	5.3305
R^2	0.6062	0.6096
Adj.R^2	0.5346	0.5380

注：（1）*、**、*** 分别表示在10%、5%和1%的显著性水平上；（2）（ ）中的数字表示 t 值。Individual fixed effect 为个体固定影响，Year fixed effect 为年份固定影响，Region fixed effect 为地区固定影响，其他同上。

二、处理内生性

在面对潜在的内生性问题时，如地区环境政策强度与制造业企业绿色技术创新之间可能存在的双向因果关系，传统的普通最小二乘法（OLS）可能无法提供准确的估计结果。这是因为，如果企业的绿色技术创新水平能够反过来影响地区的环境政策强度，也就是说企业的绿色技术水平增加可能会使政府提出更高的环保要求，那么基准OLS回归将是有偏的，并可能导致系数估计不一致。针对这一问题，研究中采用了工具变量（IV）方法来克服内生性问题。该方法利用与内生解释变量相关但与误差项无关的变量来作为工具变量。在这项研究中，使用的工具变量包括省级年度降水量和现期能源消费总量的交互项（IV1），以及核心解释变量滞后一期的值（IV2）。这些工具变量的选取基于这些变量与被解释变量绿色技术创新之间不存在直接关系的合理假设，但它们会通过影响环境政策强度间接影响绿色技术创新。

表6-4中报告的两阶段最小二乘法估计结果中，第一阶段的回归结果表明模型不存在弱识别问题，即工具变量与内生变量之间有足够强的相关性。此外，不可识别检验的Kleibergen-Paap rk LM统计量的p值

为0.0000，这强烈拒绝了"模型不可识别"的原假设。Kleibergen-Paap Wald rk F统计量同样证实了工具变量的相关性，不存在弱工具变量问题。Hansen J的统计量p值不显著，说明接受所有工具变量均为外生的原假设，即工具变量与误差项不相关，模型通过了过度识别检验。

第二阶段的回归结果显示，工具变量估计下的地区环境规制强度（ER-per）对制造业企业绿色技术创新水平（MGI-inno）的影响仍然显著。具体来说，模型M（3）中ER-per的系数为−11.9846，模型M（4）中为−4.8616，均在5%的显著性水平上显著，这与之前的OLS结果系数的方向和显著性是一致的，进一步证明环境政策强度与企业绿色创新之间存在显著的作用关系。

表6-4 环境政策效应的内生性处理

阶段、变量		M（3）Tool Variables 1	M（4）Tool Variables 2
		ER-per	
第一阶段	IV1	1.88e-10***（8.47）	—
	IV2	—	0.2115***（16.71）
阶段、变量		MGI-inno	
第二阶段	ER-per	−11.9846**（−2.25）	−4.8616*（−2.47）
控制变量		Yes	Yes
年份固定效应		Yes	Yes
企业固定效应		Yes	Yes
省份固定效应		Yes	Yes
不可识别检验（Kleibergen-Paap rk LM统计量）		81.5270***{0.0000}	306.4510***{0.0000}
弱识别检验（Kleibergen-Paap Wald rk F统计量）		71.7580[16.38]	279.3020[16.3800]
过度识别检验（Hansen J统计量）		0.048{0.8266}	0.048{0.8266}
观测值		6942	9097

注：（1）*、**、***分别表示在10%、5%和1%的显著性水平上；（2）（）中的数字表示t值；[]中的数字是Cragg-Donald Wald F统计量在10%的显著性水平上的Stock-Yogo临界值；{}中的数字是Anderson LM和Hansen J统计量对应的p值。

三、稳健性检验

1. 替换变量

将被解释变量置换成绿色发明专利申请数量和绿色实用新型专利申请数量之和（MGI-total）后进行回归，计量结果如表6-5中模型M（3）所示。回归结果显示，地区环境政策强度（ER-per）的系数为-1.4543，且在5%的显著性水平上统计显著，这意味着地区环境政策强度的变化与当地企业的绿色技术创新水平高度相关，这与基准模型的结果是一致的。

模型M（4）中，核心解释变量被替换为经过反双曲正弦处理的环保词汇词频总和（ER-asin）。这种处理是为解决原始环保词汇词频分布的偏斜问题，提高数据的正态性。回归结果显示该变量的系数为-2.5877，也在5%的显著性水平上显著，进一步证实了环境政策对企业绿色技术创新的影响作用。

2. 滞后效应检验

此外，本部分还考虑了制造业企业所在地区的环境政策的强度（ER）对制造业企业绿色技术创新水平（MGI）的潜在滞后效应。因此，本部分采用滞后一期的环境政策的强度（L.ER-per）进行回归，结果如表6-5的M（5）。滞后效应的检验结果显示系数为-1.0311，在5%的显著性水平上显著。这表明地区环境政策的影响可能不是立即显现，而是有一定的时滞性。

3. 缩尾

为避免异常值对回归结果的影响，本部分在1%和99%水平上对连续型变量进行双侧缩尾处理后再进行回归，计量结果在表6-5中模型M（6）所示。缩尾处理后的回归结果中，ER-per的系数为-0.5009，同样在5%的显著性水平上显著，这说明即使在排除了极端值的影响后，地区环境政策强度和企业绿色技术创新水平之间的关系仍然稳健。

表6-5　稳健性检验结果

变量与其他	M(3) MGI-total	M(4) MGI-inno	M(5) MGI-inno	M(6) MGI-inno
ER-per	-1.4543**（-2.49）			-0.5009**
ER-asin		-2.5877**（-2.53）		
L.ER-per			-1.0311**（-2.49）	
_cons	-20.8578***（-3.57）	-13.5472***（-3.34）	-12.8711***（-2.88）	-11.8964***（-4.95）
Observations	11249	11249	9104	11249
Controls	Yes	Yes	Yes	Yes
Individual/Year/Region	Yes	Yes	Yes	Yes
Df_m	10.0000	10.0000	10.0000	10.0000
F值	6.1239	5.8124	3.7884	6.4024
R^2	0.6490	0.6095	0.6109	0.6659
Adj.R^2	0.5847	0.5380	0.5411	0.6039

注：(1) *、**、*** 分别表示在10%、5%和1%的显著性水平上；(2)（）中的数字表示t值。

以上实证回归结果显示，通过替换被解释变量、核心解释变量的处理、考虑滞后效应以及缩尾处理，核心结论"制造业企业所在地区的环境政策强度影响制造业企业的绿色技术创新水平"并没有发生任何改变，从而验证了上文基准回归模型的稳健性。

第五节 机制分析

一、机制效应检验

由理论分析的逻辑可知,相比于成本,企业的创新对成本的黏性(弹性)更为敏感,从成本黏性视角探究环境政策影响绿色技术创新的具体渠道可以进一步解释环境政策强度影响企业绿色创新行为的作用机制。分析方法如下:

$$\Delta \ln C_{j,t} = \beta_0 + \beta_1 \Delta \ln I_{j,t} + \beta_2 \ln I_{j,t} \times MD + \beta_3 \Delta \ln I_{j,t} \times ER_{i,t} \times MD + \beta_4 X_{ij,t} + v_i + \omega_t + v_j + \varepsilon_{ij,t} \quad (6-4)$$

其中,$\Delta \ln C$ 表示当年与上一年营业成本的比值再取自然对数,$\ln I$ 表示当年营业收入取自然对数,$\Delta \ln I$ 表示当年与上一年营业收入的比值再取自然对数。MD 为虚拟变量,由当年营业收入相比上一年是否下降决定,下降取值为1,否则取值为0,其他变量衡量与上一致。如果回归系数 β_2 显著为负,则说明营业成本不会根据营业收入的上升或下降而快速变化,即存在成本黏性。在证明存在成本黏性的基础上,若地区环境政策强度(ER)、营业收入变化($\Delta \ln I$)与收入是否下降虚拟变量(MD)的交乘项系数 β_3 显著为负,则证明环境政策的引入会增加成本黏性,假设2成立。

表6-6是环境政策与成本黏性的回归结果。各列回归拟合优度较高,说明模型设定良好。本部分采用了递进式的回归策略,在模型 M(1)中,仅控制了时间和个体固定效应。回归结果显示,营业收入每增加1%,营业成本增加的幅度略低于收入的增加幅度(系数小于1),这表明成本在上升时有一定的黏性。然而,营业收入每减少1%,营业成本的减少幅度小于收入减少的幅度,这一点从营业收入与收入下降虚拟变量的交互项

(lnI×MD)系数可以看出。具体来说,该系数为-0.0005,在5%的显著性水平上显著,表明存在一定程度的成本黏性。

表6-6 政策效应的机制检验

变量与其他	(1) ΔlnC	(2) ΔlnC
ΔlnI	0.9337***(74.93)	0.9312***(76.42)
lnI×MD	-0.0005**(-2.46)	-0.0005***(-2.68)
ΔlnI×ER×MD	-0.2517***(-3.61)	-0.2014***(-2.96)
ER	-0.0031(-0.29)	0.0023(0.21)
_cons	0.0229***(5.78)	-0.2363*(-1.87)
Observations	9385	9357
Controls	NO	Yes
Individual/Year/Region	Yes	Yes
Df_m	4.0000	13.0000
F值	4663.4947	1522.5739
R^2	0.8939	0.8952
Adj.R^2	0.8755	0.8766

注:(1)*、**、***分别表示在10%、5%和1%的显著性水平上;(2)()中的数字表示t值。Individual/Year/Region表示个体/年份/地区固定,其他同上。

在模型M(2)中,进一步加入控制变量后,环境政策强度、营业收入变化与收入是否下降的虚拟变量交互项(ΔlnI×ER×MD)的回归系数为-0.2014,在1%的显著性水平上显著。这一结果表明,当地区环境政策较强时,营业成本对营业收入减少的反应更为迟钝。具体讲,即营业收入减少时,成本减少的幅度较收入增加时的成本增加幅度小,差值即为交互项的系数(0.2014)。这说明在更强的环境政策下,成本黏性更强,即成本在收入下降时减少得更慢。这可能是因为企业在较强的环境政策下需要维持一定的环保标准,即使在经营不佳时也难以削减这些与环保相关的成本。

这一发现对于理解环境政策对企业行为的影响具有重要意义。成本黏性的增加可能是由于企业面临环境政策时，为了遵守规定而进行的一些不可逆投资，或者是因为环保政策导致的运营成本增加。一方面，增加的成本黏性可能会导致企业在经营不佳时更难以调整结构和减少环保相关支出，这可能导致企业寻求绿色发展方式而非增加绿色创新方面的投资。另一方面，成本黏性的增强也可能反映了企业为适应环境政策而进行的长期投资，这些投资在短期内可能难以调整，从而在面对收入波动时表现出较高的黏性。环境政策的引入加强了企业成本的黏性，这一发现验证了假设2的推论，即环境政策通过增加成本黏性，间接对企业的绿色技术创新产生影响。这为我们理解环境政策对企业行为影响的复杂性提供了新的视角，也为政策制定者在平衡环保与企业经济效益时提供了重要的参考。从政策角度看，这一结果提示政策制定者在设计环境政策时需要考虑这些政策对企业成本行为的潜在影响。虽然环境政策的实施是为了鼓励企业减少对环境的影响，但过度的成本黏性可能会对企业的财务健康和长期的创新能力产生一定程度的制约。因此，为了平衡环保目标和企业的经济效益，设计合理的环境政策尤为重要，比如可能需要提供适时的财政支持或激励措施，以帮助企业更好地适应政策要求，同时维持其经营的灵活性。

二、异质性分析

1.基于企业产权性质差异的异质性检验

企业的产权性质在一定程度上会影响企业在资源配置等方面存在的差异，个别国有企业常常存在管理层为了个人的短期利益牺牲股东长期利益的现象，而且国家所有权属性也意味着当经济下滑时国企需要承担"稳财政"的责任，这便使得国有企业的经营决策往往并非最优。而民营企业更有可能基于企业利益最大化的目标制定合适的成本管控决策。基于以上分析，本研究认为，相比国有企业，通过增加成本黏性抑制环境政策对绿色技术创新的负向影响在非国有企业中更为显著。

表6-7的（1）和（2）列示了根据企业产权性质分组回归的结果。由

此可知，国企与非国企的系数均在10%的显著水平下负向显著，与基准回归结果一致，这说明从宏观角度来看，国企和非国企制造业在所在地级市的层面上，环境政策水平对于企业的绿色技术创新水平有显著影响。聚焦至企业微观层次时，表6-8的（1）列中，营业收入比值与收入是否下降虚拟变量的交乘项（lnI×MD）的系数不显著，说明国有企业不存在成本黏性，而表6-8第（2）列中，营业收入比值与收入是否下降虚拟变量的交乘项（lnI×MD）的系数与地区环境政策强度、营业收入变化与收入是否下降虚拟变量的交乘项（ΔlnI×ER×MD）的回归系数均在1%和5%的水平下显著为负，这说明非国有企业不仅存在着成本黏性，环境政策的引入还增加了其成本黏性的强度，并通过此机制抑制了环境政策对绿色技术创新的负向影响。

表6-7 企业性质的异质性检验结果1

变量与其他	（1）国企	（2）非国企
	MGI-inno	
ER-per	−4.8486*（−1.90）	−0.5471*（−1.70）
_cons	−49.5757（−1.56）	−16.0794***（−4.42）
Observations	992	10233
Controls	Yes	Yes
Individual/Year/Region	Yes	Yes
Df_m	10.0000	10.0000
F值	2.4256	4.4775
R^2	0.5483	0.6401
$Adj.R^2$	0.4460	0.5719

注：（1）*、**、***分别表示在10%、5%和1%的显著性水平上；（2）（ ）中的数字表示t值。

表6-8 企业性质的异质性检验结果2

	ΔlnC	
变量与其他	（1）国企	（2）非国企
ΔlnI	0.9384***（17.88）	0.9297***（75.13）
lnI × MD	−0.0003（−0.58）	−0.0005**（−2.56）
ΔlnI × ER × MD	−0.2997（−1.37）	−0.1877***（−2.59）
ER	0.0121（0.40）	0.0023（0.20）
_cons	0.0415（0.10）	−0.2618*（−1.92）
Observations	883	8449
Controls	Yes	Yes
Individual/Year/Region	Yes	Yes
Df_m	13.0000	13.0000
F值	152.9195	1377.0717
R^2	0.9087	0.8946
Adj.R^2	0.8876	0.8753

注：（1）*、**、***分别表示在10%、5%和1%的显著性水平上；（2）（）中的数字表示t值。

2.基于企业所在城市是否为省会的异质性分析

企业所处城市的行政等级不同也会影响环境政策强度对企业绿色技术创新的作用。省会城市汇集了本省最重要的各类资源，通常是国家或区域发展战略的先行者，对政府的相关政策的敏感度更高，因此，所在城市为省会的制造业上市公司在面对命令型环境政策时具有更高的执行力，表6-9是具体的回归结果。列（1）（2）结果表明，省会城市中的制造业上市公司的环境政策对绿色技术创新的影响更为显著，系数在1%的水平上负向显著（t值为−2.64），而在非省会城市则无显著影响。

表6-9 所在城市的异质性检验结果

变量与其他	（1）省会城市	（2）非省会城市
ER-per	−2.6785***（−2.64）	−0.3949（−1.03）
_cons	−38.0850**（−2.55）	−11.4739***（−3.47）
Observations	2404	8841
Controls	Yes	Yes
Individual/Year/Region	Yes	Yes
Df_m	10.0000	10.0000
F值	2.7676	3.9434
R^2	0.5837	0.6203
Adj.R^2	0.5028	0.5507

注：(1) *、**、*** 分别表示在10%、5%和1%的显著性水平上；(2)( )中的数字表示t值。

三、门槛效应

为进一步研究环境政策与制造业绿色技术创新之间是否存在非线性关系，借鉴Hansen（1999）的研究，采用门槛效应模型进行检验，考虑微观数据大部分都是非平衡面板的情况，参考Wang（2015）的研究避免了样本的大量缺失，缺失值用线性插值的方式填补，对经济意义上只能取整数的变量进行四舍五入。以制造业企业绿色技术创新水平（MGI-inno）和地区环境政策强度（ER-per）作为门槛变量，设定不同门槛指数，考察环境政策对制造业绿色技术创新的影响，构建模型如下：

$$MGI_{j,t} = a_0 + a_1 X_{i,t} \times I(Y_{i,t} \leq \theta_1) + a_2 X_{i,t} \times I(Y_{i,t} \leq \theta_2) \ldots + a_m X_{i,t} \times I(Y_{i,t} \leq \theta_m) v_j + a_{m+1} X_{ij,t} + v_i + \omega_t + v_j + \varepsilon_{ij,t} \quad (6-5)$$

其中，a_0 为常数项，θ 为门槛值，m 为门槛数，a_m 为待估系数，$I(.)$

为指示函数，$Y_{i,t}$为门槛变量，其他变量含义与上一致。采用Bootstrap自主抽样法抽样300次，依次进行三门槛、双重门槛和单门槛的检验。检验结果如表6-10所示，当制造业企业绿色技术创新水平（MGI-inno）和地区环境政策强度（ER-per）作为门槛变量时，环境政策对绿色技术创新的影响存在双重门槛效应。

表6-10 自回归检验

变量	门槛	门槛值	F统计量	p值
MGI-inno	Single	1	5594.08***	0.0000
	Double	3	2247.75***	0.0000
Debt	Single	0.2649	256.18***	0.0070
	Double	0.2708	611.55***	0.0100

表6-11的门槛效应估计结果表明，由制造业企业绿色技术创新水平（MGI-inno）作为门槛变量的模型估计结果可知，当MGI-inno小于等于第一个门槛值时，环境政策对绿色技术创新起着显著负向影响；当MGI-inno超过第一门槛值1时，环境政策对绿色技术创新却起着显著正向影响；当MGI-inno跨过其第二门槛值3时，环境政策对绿色技术创新的"边际递增"效应将会进一步加强。这说明环境政策对绿色技术创新的影响并非简单的线性关系。绿色创新会促使企业开发新型的环保技术，提供新型的环保解决方案，如可再生能源、节能技术、清洁水处理等，这些技术可以降低能源消耗、废物产生对环境的影响。

由地区环境政策强度（ER-per）作为门槛变量的模型估计结果可知，当ER-per小于等于和大于第二门槛值时（当ER-per跨过第二门槛值0.2708时），环境政策的强度表现为过高或者过低，没有达到预期的促进效果。当ER-per超过第一门槛值0.2649未跨过其第二门槛值0.2708时，环境政策对绿色技术创新有显著正向影响。

表6-11 门槛效应检验结果

—	（1）	—	（2）
Threshold variable	MGI-inno	Threshold variable	ER-per
MGI-inno ≤ 1	-1.6494*** （-11.25）	ER-per ≤ 0.2649	-1.6369*** （-4.70）
1 < MGI-inno ≤ 3	1.7322*** （12.90）	0.2649 < ER-per ≤ 0.2708	0.9990*** （3.11）
MGI-inno > 3	10.5181*** （16.99）	ER-per > 0.2708	-1.1569*** （-6.09）
_cons	-8.2580* （-0.88）	Constant	-7.1219 （-0.70）
Controls	Yes	Controls	Yes
Individual/Year/Region	Yes	Individual/Year/Region	Yes
Observations	11562	Observations	11562
F值	342.36	F值	39.05

注：Threshold variable 为门槛变量。

第六节　空间溢出效应

地方环境政策强度对周边地区的绿色技术创新可能会产生显著影响。为准确衡量空间传导效应，本研究将制造业上市公司的微观数据匹配到注册地城市并聚类到地级市，由于数据可得性以及考虑到空间计量的强平衡面板数据，将样本数据聚焦至192个地级市并通过线性插值等方式补全缺失值，同时将地区层面的控制变量保留并采用空间杜宾模型进行估计，空间计量模型如下：

$$Ginv_{i,t} = \eta_0 + \eta_1 WGinv_{i,t} + \eta_2 Digital_{i,t-1} + \eta_3 WDigital_{i,t-1} + \\ \eta_4 X_{i,t} + \eta_5 WX_{i,t} + v_i + \omega_t + \varepsilon_{i,t} \quad (6-6)$$

其中，W 表示空间权重矩阵，$X_{i,t}$ 表示地级市层面的控制变量，增加了公路里程数并取对数以表示交通基础设施水平（$Infra$），其余变量含义与上同。空间权重矩阵分别采用地理距离矩阵（W1），反地理距离矩阵（W2），以便准确反映出制造业企业所在地区的环境政策强度对绿色技术创新所产生的空间溢出效应。

根据Moran's I指数计算公式，测算我国192个地级市2010—2021年制造业绿色技术创新和环境政策水平全域I指数值及统计量，见表6-12所示（囿于篇幅，这里仅列出W1权重下的结果）。从表6-12可以看出，在2010—2021年，除靠前的少数个别年份，制造业绿色技术创新和环境政策强度的I值都为正值且均通过了1%的显著性水平检验，并且随着时间的延续大体呈上升趋势。这表明了我国制造业的绿色技术创新和环境政策强度的空间分布并非完全随机，具有显著的空间正相关性，即随着空间的聚集，相关性越发显著，这也说明将空间影响纳入模型是完全有必要的。

表6-12 绿色技术创新与环境效应I值

年份	MGI I值	z值	ER I值	z值
2010	−0.007	−0.313	0.020***	3.454
2011	−0.009	−1.127	0.025***	4.113
2012	−0.006	−0.164	0.014***	2.649
2013	0.002	1.413	0.007***	1.693
2014	0.026***	5.570	0.015***	2.680
2015	0.022***	4.493	0.007*	1.718
2016	0.019 ***	4.163	0.020***	3.393
2017	0.026***	5.492	0.019***	3.299
2018	0.026***	6.126	0.027***	4.339
2019	0.023***	5.404	0.028***	4.458
2020	0.030***	5.676	0.040***	6.078
2021	0.022***	3.907	0.036***	5.606

表6-13显示了环境政策强度对绿色技术创新的空间溢出效应的估计结果。从回归结果中可以看出，制造业所在地区的环境政策强度对本地制造业的绿色技术创新在两种权重下都有显著的影响。并且从核心解释变量的空间滞后项（W×ER-per）来看，对绿色技术创新的空间溢出效应在两种权重下均显著为负，表明环境政策对邻近地区的绿色技术创新存在显著的影响。

表6-13 空间溢出效应的估计结果

变量与其他	MGI-inno	
	（1）W1	（2）W2
ER-per	−15.6670*** （−3.28）	−15.6984*** （−3.28）
W×ER-per	−202.8851*** （−3.51）	−194.7662*** （−3.41）
Controls	YES	YES
R^2	0.0250	0.0257
N	2304	2304

注：N为观察值，下同。

空间杜宾模型中解释变量系数不单包含对被解释变量的直接影响，还包含有反馈效应，故参考以往研究将空间总效应进行分解，以便更准确地衡量环境政策强度影响绿色技术创新的直接效应和间接效应。效应分解结果如表6-14所示，从效应分解结果来看，一方面环境政策的直接效应显著，这与前文的研究保持一致，表明环境政策对本地绿色技术创新水平都有显著的影响；另一方面，在两种不同的空间权重矩阵下，间接效应即溢出效应均显著为负表明在空间上存在负向溢出效应。该结果表明，在绿色发展的大环境中，地方政府获取了对本地环境保护较大的支配权，这对周边地区的生产要素产生了"虹吸效应"，以促进本地的绿色创新水平提高和绿色可持续发展。

表6-14 空间杜宾模型效应分解

变量与其他	（1）W1	（2）W2
	MGI	
LR Direct	−17.3021*** （−3.49）	−17.1770*** （−3.48）
LR Indirect	−409.9199*** （−2.76）	−379.5804*** （−2.73）
LR Total	−427.222*** （−2.85）	−396.7573*** （−2.83）
Controls	YES	YES
R^2	0.0250	0.0257
N	2304	2304

第七节 本章小结

本章利用2010年至2021年沪深A股制造业上市公司数据，构建了省、市、企业、年份等多个数据集，并利用爬虫技术从地级市政府工作报告中构建了环保相关词库。在前文的基础上，进一步考察绿色技术创新的政策效应，尤其是其影响机制。通过引入成本黏性的概念，推进制造业企业层面应用强制性环境政策效果的实证检验。分析表明，环境政策的强度会影响企业的成本黏性。政策强度应控制在合理的区间，以降低制造业企业成本黏性，增加其弹性，从而有效促进企业的绿色创新发展。本章进一步探讨了环境监管强度的门槛效应，发现在特定的监管强度区间内，设想的环境政策会促进制造业地区的绿色创新。此外，本章还强调了空间溢出效应，表明此类政策的影响超出了当地区域，延伸到了邻近地区。政策的空间溢出效应进一步说明适度政策强度的必要性。适度有效的环境政策不但可以激励本地绿色创新而且会促进周边地区的创新发展,这种研究方法有助于深入了解制造业环境监管与技术创新之间的复杂动态关系。

第七章 结论与启示

制造业是国民经济的重要组成部分，绿色技术创新是促进制造业高质量发展的必由之路。本研究通过对绿色技术创新方向性的分解测算，深入探究了制造业数字化转型与区域绿色技术创新偏向特征错综复杂的相互作用。研究发现，2012年至2021年间，中国制造业绿色技术创新在大多数区域呈现投入偏向性特征，呈现出稳步提升的趋势。大部分地区不仅与相邻地区构建了联系，甚至与非临近省份也建立了互动关系。核心边缘结构逐渐淡化，边缘省份和城市在逐渐减少。绿色技术创新投入偏向的空间相关性强劲，推动了其逐步趋向平衡化的态势。从驱动因素分析看，制造业绿色技术创新的区域空间网络关系是一项涉及多方面的复杂扩展活动。制造业绿色偏向性的创新进程极大地受到数字化转型和环境政策的深远影响。对这两类驱动因素进行深入的影响路径发现，首先，数字化转型可以通过投资促进效应正向影响绿色技术创新，且在数字经济发达的地区又有更加明显的促进效应。可见，明晰且具体的政策导向对于推动整个产业采纳技术革新及转型至关重要。

因此，当前优先任务是激励和有效推进制造业数字化转型。制造业绿色创新的视角应超越传统的节能技术研发，涵盖包括产业模式创新、全面应用等在内的广泛方法。在构筑全面绿色创新体系中，数字化赋能的智能绿色供应链起着至关重要的作用。绿色技术创新不仅是地区绿色发展战略的基础条件，更是推动其实现的关键力量。

首先，加大要素替代偏向的绿色技术创新力度。制造业绿色化转型是一个系统性的转变，它不仅是各个产品设计的转变，而且是整个工业模式的创新实践。目前,以数智赋能绿色供应链对于绿色技术创新体系建设具有重要作用。绿色技术创新是绿色制造战略的必然需求和核心驱动力,在绿色技术创新驱动下,"绿色+高端制造""绿色+智能制造"等新的绿色制造发展模式不断涌现,加快了制造业高质量发展的步伐。鉴于数字转型在促进绿色技术方面的成效取决于更广泛的经济和技术生态系统,因此政策重点应放在提高各地区数字经济的成熟度上。政府应投资数字基础设施,提供培训计划以提高企业员工数字技能,并激励企业采用数字技术,尤其是在欠发达地区。政策应直接支持制造业企业的数字化转型。

其次,高度重视政府政策导向与区域发展特征。制造业绿色化转型是一个长期的过程,我国绿色制造发展需要政府战略性政策的支持,同时也要综合考虑区域制造业向绿色化转型的突出特性与困难。制造业固有的高固定成本加剧了成本僵化现象,即固定成本和可变成本不会随产量或收入的波动而按比例调整,在严格的监管制度下尤其如此。这种成本刚性不仅会束缚资源,使其无法用于创新,还会降低企业适应市场和监管变化的灵活性。需实施绿色技术创新区域协同发展策略,在确保中东部地区绿色技术创新良好发展的同时,应对绿色技术创新水平低的地区加大人才、技术的帮扶力度以及给予必要的优惠政策,促进地区整体绿色技术创新水平的提升。通过产业转移进一步加强创新溢出与扩散。不断加强全产业链和供应链的绿色协同,密切与板块内以及板块间各省份之间的合作关系,不断提升空间网络密度。推进绿色要素跨地区流动,激发绿色技术创新水平较高地区的辐射带动作用,增加"桥梁"地区,通过项目示范带动、标杆企业引领、典型案例推广等方法使"中心"向"边缘"辐射。

最后,政策制定者需要在环境监管的强度上找到一个平衡点,即既鼓励合规和创新,又不会给企业带来过高的成本。这包括将法规设定在具有挑战性但可实现的水平上,为企业在合规工作中推进创新留有余地。频繁变化的环境政策是对企业环保成本的考验,实时跟踪不同力度的效果更有利于双方的发展。这一问题的关键在于监管要求与企业运营现实之间的平衡。因此,实时跟进,或持续监测和评估不同政策强度的影响,对于制定既能有效实现环境目标又能使企业运营可持续的法规至关重要。

参考文献

中文部分：

[1] 何小钢，王自力.能源偏向型技术进步与绿色增长转型：基于中国33个行业的实证考察[J].中国工业经济，2015（2）：50-62.

[2] 张俊，钟春平.偏向型技术进步理论：研究进展及争议[J].经济评论，2014（5）：148-160.

[3] 雷钦礼.偏向性技术进步的测算与分析[J].统计研究，2013，30（4）：83-91.

[4] 雷钦礼，徐家春.技术进步偏向、要素配置偏向与我国TFP的增长[J].统计研究，2015，32（8）：10-16.

[5] 黄晓凤，杨彦.农业绿色偏向型技术创新的出口贸易效应[J].财经科学，2019（10）：106-118.

[6] 李太龙，陆敏辉，朱曼.制造业技术进步的要素偏向及其对能源强度的影响[J].统计与决策，2019，35（10）：138-141.

[7] 杨翔，李小平，钟春平.中国工业偏向性技术进步的演变趋势及影响因素研究[J].数量经济技术经济研究，2019，36（4）：101-119.

[8] 王守海，徐晓彤，刘烨炜.企业数字化转型会降低债务违约风险吗[J].证券市场导报，2022（4）：45-56.

[9] 龚强，班铭媛，张一林.区块链、企业数字化与供应链金融创新[J].管理世界，2021，37（2）：3，22-34.

[10] 范红忠,王子悦,陶爽.数字化转型与企业创新:基于文本分析方法的经验证据[J].技术经济,2022,41(10):34-44.

[11] 袁淳,肖土盛,耿春晓,等.数字化转型与企业分工:专业化还是纵向一体化[J].中国工业经济,2021(9):137-155.

[12] 陈春花,朱丽,刘超,等.协同共生论:数字时代的新管理范式[J].外国经济与管理,2022,44(1):68-83.

[13] 洪俊杰,蒋慕超,张宸妍.数字化转型、创新与企业出口质量提升[J].国际贸易问题,2022(3):1-15.

[14] 谢靖,王少红.数字经济与制造业企业出口产品质量升级[J].武汉大学学报(哲学社会科学版),2022,75(1):101-113.

[15] 杜明威,耿景珠,刘文革.企业数字化转型与中国出口产品质量升级:来自上市公司的微观证据[J].国际贸易问题,2022(6):55-72.

[16] 陈银飞,邓雅慧,茅宁.数字化、轻资产运营与企业成长[J].会计与经济研究,2022,36(3):94-110.

[17] 倪克金,刘修岩.数字化转型与企业成长:理论逻辑与中国实践[J].经济管理,2021,43(12):79-97.

[18] 朱国军,王修齐,孙军.工业互联网平台企业成长演化机理:交互赋能视域下双案例研究[J].科技进步与对策,2020,37(24):108-115.

[19] 党琳,李雪松,申烁.制造业行业数字化转型与其出口技术复杂度提升[J].国际贸易问题,2021(6):32-47.

[20] 吴友群,卢怀鑫,王立勇.数字化对制造业全球价值链竞争力的影响:来自中国制造业行业的经验证据[J].科技进步与对策,2022,39(7):53-63.

[21] 曹裕,李想,胡韩莉,等.数字化如何推动制造企业绿色转型?:资源编排理论视角下的探索性案例研究[J].管理世界,2023,39(3):96-113,126.

[22] 赵宸宇.数字化转型对企业社会责任的影响研究[J].当代经济科学,

2022，44（2）：109-116.

[23] 许旭，姚磊，鲁金萍.新一轮产业变革背景下我国制造企业数字转型问题及策略[J].中国经贸导刊（中），2019（4）：31-33.

[24] 陈剑，黄朔，刘运辉.从赋能到使能：数字化环境下的企业运营管理[J].管理世界，2020，36（2）：117-128，222.

[25] 吴非，胡慧芷，林慧妍，等.企业数字化转型与资本市场表现：来自股票流动性的经验证据[J].管理世界，2021，37（7）：10，130-144.

[26] 吕承超，邵长花，崔悦.中国绿色创新效率的时空演进规律及影响因素研究[J].财经问题研究，2020（12）：50-57.

[27] 孙燕铭，谌思邈.长三角区域绿色技术创新效率的时空演化格局及驱动因素[J].地理研究，2021，40（10）：2743-2759.

[28] 田虹，秦喜亮.绿色技术创新对城市碳减排影响的区域差异和收敛性：来自地级市层面的经验证据[J].财经理论与实践，2024，45（1）：97-103.

[29] 余文梦，杨登宇，洪志生.市级绿色技术创新时空格局与影响因素演进分析：基于随机森林算法[J].科学学与科学技术管理，2023，44（12）：86-100.

[30] 晁艺璇，王崇锋，刘欣荣，等.基于合作创新网络视角的创新策略选择研究：以ICT产业为例[J].软科学，2018，32（6）：39-44.

[31] 刘承良，管明明，段德忠.中国城际技术转移网络的空间格局及影响因素[J].地理学报，2018，73（8）：1462-1477.

[32] 张其仔，郭朝先.制度挤出与环境保护政策设计：兼评《节能减排综合性工作方案》的有效性[J].中国工业经济，2007（7）：65-71.

[33] 张成，陆旸，郭路，等.环境规制强度和生产技术进步[J].经济研究，2011，46（2）：113-124.

[34] 原毅军，谢荣辉.环境规制的产业结构调整效应研究：基于中国省际面板数据的实证检验[J].中国工业经济，2014（8）：57-69.

[35] 李玲，陶锋.中国制造业最优环境规制强度的选择：基于绿色全要

素生产率的视角[J].中国工业经济,2012(5):70-82.

[36] 蒋伏心,王竹君,白俊红.环境规制对技术创新影响的双重效应:基于江苏制造业动态面板数据的实证研究[J].中国工业经济,2013(7):44-55.

[37] 廖文龙,董新凯,翁鸣,等.市场型环境规制的经济效应:碳排放交易、绿色创新与绿色经济增长[J].中国软科学,2020(6):159-173.

[38] 田红彬,郝雯雯.FDI、环境规制与绿色创新效率[J].中国软科学,2020(8):174-183.

[39] 李勇刚.土地资源错配、空间溢出效应与绿色技术创新[J].现代经济探讨,2023(7):84-101.

[40] 焦嶕.环境规制、资源型产业依赖与"碳诅咒"[J].统计与决策,2023,39(11):60-65.

[41] 韩清,张晓嘉.产业专业化集聚是否加剧了环境污染?:基于工业行业面板数据的实证研究[J].上海经济研究,2023(6):84-94.

[42] 陈东景,孙兆旭,郭继文.中国工业用水强度收敛性的门槛效应分析[J].干旱区资源与环境,2020,34(5):85-92.

[43] 李泽众.环境规制、科技创新与新型城镇化[J].上海经济研究,2022(1):85-94.

[44] 丁黎黎,杨颖,郑慧,等.中国省际绿色技术进步偏向异质性及影响因素研究:基于一种新的Malmquist-Luenberger多维分解指数[J].中国人口·资源与环境,2020,30(9):84-92.

[45] 钱肖颖,孙斌栋.基于城际创业投资联系的中国城市网络结构和组织模式[J].地理研究,2021,40(2):419-430.

[46] 刘华军,刘传明,孙亚男.中国能源消费的空间关联网络结构特征及其效应研究[J].中国工业经济,2015(5):83-95.

[47] 安勇,赵丽霞.土地财政竞争的空间网络结构及其机理[J].中国土地科学,2020,34(7):97-105.

[48] 马述忠,任婉婉,吴国杰.一国农产品贸易网络特征及其对全球价

值链分工的影响：基于社会网络分析视角[J].管理世界，2016（3）：60-72.

[49] 刘赛红，李朋朋.农村金融发展的空间关联及其溢出效应分析[J].经济问题，2020（2）：101-108，129.

[50] 李敬，陈澍，万广华，等.中国区域经济增长的空间关联及其解释：基于网络分析方法[J].经济研究，2014，49（11）：4-16.

[51] 王桂军，李成明，张辉.产业数字化的技术创新效应[J].财经研究，2022，48（9）：139-153.

[52] 易露霞，吴非，常曦.企业数字化转型进程与主业绩效：来自中国上市企业年报文本识别的经验证据[J].现代财经（天津财经大学学报），2021，41（10）：24-38.

[53] 吴非，胡慧芷，林慧妍，等.企业数字化转型与资本市场表现：来自股票流动性的经验证据[J].管理世界，2021，37（7）：10，130-144.

[54] 申明浩，谭伟杰.数字化与企业绿色创新表现：基于增量与提质的双重效应识别[J].南方经济，2022（9）：118-138.

[55] 刘军，杨渊鋆，张三峰.中国数字经济测度与驱动因素研究[J].上海经济研究，2020（6）：81-96.

[56] 黄群慧，余泳泽，张松林.互联网发展与制造业生产率提升：内在机制与中国经验[J].中国工业经济，2019（8）：5-23.

[57] 郭峰，王靖一，王芳，等.测度中国数字普惠金融发展：指数编制与空间特征[J].经济学（季刊），2020，19（4）：1401-1418.

[58] 杨国超，邝玉珍，李秉成.成本黏性对公司价值的长短期影响[J].会计研究，2022（8）：45-58.

[59] 陈冬，孔墨奇，王红建.投我以桃，报之以李：经济周期与国企避税[J].管理世界，2016（5）：46-63.

英文部分：

[1]　BRAUN E, WIELD D. Regulation as a means for the social control of technology[J]. Technology analysis & strategic management, 1994, 6(3): 259–272.

[2]　AGUILERA-CARACUEL J, ORTIZ-DE-MANDOJANA N. Green innovation and financial performance: an institutional approach[J]. Organization & environment, 2013, 26(4): 365–385.

[3]　SCHIEDERIG T, TIETZE F, HERSTATT C. Green innovation in technology and innovation management: an exploratory literature review: green innovation in technology and innovation management[J]. R & D management, 2012, 42(2): 180–192.

[4]　HICKS J. The theory of wages[M]. New York: Springer, 1963.

[5]　ACEMONGLU D. Directed technical change[J]. The review of economic studies, 2002, 69(4): 781–809.

[6]　ACEMOGLU D. Localised and biased technologies: ATKINSON and STIGLITZ's new view, induced innovations, and directed technological change[J]. The economic journal, 2015, 125(583): 443–463.

[7]　ACEMOGLU D, RESTREPO P. The race between man and machine: implications of technology for growth, factor shares, and employment[J]. American economic review, 2018, 108(6): 1488–1542.

[8]　DADID PA, KLUNDERT TH VAN DE. Biased efficiency growth and capital-labor substitution in the U. S. , 1899—1960[J]. The American economic review, 1965, 55(3): 357–394.

[9]　KLUMP R, MCAdAM P, WILLMAN A. The normalized CES production function: theory and empirics[J]. Journal of economic surveys, 2012, 26(5): 769–799.

[10]　KARANFIL F, YEDDIR-TAMSAMANI Y. Is technological change biased toward energy? A multi-sectoral analysis for the French

economy[J]. Energy policy, 2010, 38(4): 1842-1850.

[11] FÄRE R, GRIFELL - TATJÉ E, GROSSKOPF S, et al. Biased technical change and the malmquist productivity index[J]. The scandinavian journal of economics, 1997, 99(1): 119-127.

[12] PENG J, XIAO J, WEN L, et al. Energy industry investment influences total factor productivity of energy exploitation: a biased technical change analysis[J]. Journal of cleaner production, 2019, 237: 117847.

[13] WEBER W L, DOMAZLICKY B R. Total factor productivity growth in manufacturing: a regional approach using linear programming[J]. Regional science and urban economics, 1999, 29(1): 105-122.

[14] VIAL G. Understanding digital transformation: a review and a research agenda[J]. The journal of strategic information systems, 2019, 28(2): 118-144.

[15] DOU Q, GAO X. The double-edged role of the digital economy in firm green innovation: micro-evidence from Chinese manufacturing industry[J]. Environmental science and pollution research, 2022, 29(45): 67856-67874.

[16] FERREIRA J, FERNANDES C, FERREIRA F. To be or not to be digital, that is the question: firm innovation and performance[J]. Journal of business research, 2019, 101: 583-590.

[17] CASTELLS M, CARDOSO G. The network society: from knowledge to policy[M]. Washington: Johns Hopkins Center for Transatlantic Relations, 2006.

[18] ROGERS M. Networks, firm size and innovation[J]. Small business economics, 2004, 22(2): 141-153.

[19] ROGERS M. Geography of innovation[M]. London: Palgrave Macmillan, 2016: 1-6.

[20] HUGGINS R, JOHNSTON A, MUNDAY M, et al. Competition, open innovation, and growth challenges in the semiconductor industry: the

case of Europe's clusters[J]. Science and public policy, 2023, 50(3): 531–547.

[21] SUN Z, FAN J, SUN Y, et al. Structural characteristics and influencing factors of spatial correlation network of green science and technology innovation efficiency in China[J]. Economic geography, 2022(03): 33–43.

[22] CHONG Z, QIN C. The trade network structure of "One Belt One Road" and its influence factors: a study based on analytic network process[J]. International economics and trade research, 2017(5): 16–28.

[23] GUAN J, ZUO K, CHEN K, et al. Does country-level R & D efficiency benefit from the collaboration network structure?[J]. Research policy, 2016, 45(4): 770–784.

[24] FENG S, ZHANG R, LI G. Environmental decentralization, digital finance and green technology innovation[J]. Structural change and economic dynamics, 2022, 61: 70–83.

[25] MIN S, KIM J, SAWNG Y W. The effect of innovation network size and public R&D investment on regional innovation efficiency[J]. Technological forecasting and social change, 2020, 155: 119998.

[26] PORTER M E, LINDE C VAN DER. Toward a new conception of the environment-competitiveness relationship[J]. Journal of economic perspectives, 1995, 9(4): 97–118.

[27] SIMS C A, LOVELL M C, SOLOW R M. Output and labor input in manufacturing[J]. Brookings papers on economic activity, 1974(3): 695–735.

[28] EGILMEZ G, KUCUKVAR M, TATARI O. Sustainability assessment of U. S. manufacturing sectors: an economic input output-based frontier approach[J]. Journal of cleaner production, 2013, 53: 91–102.

[29] ZHENG W L, WANG J W, JIANG A D, et al. Study on environmental performance evaluation of different linkage development types of the

logistics and manufacturing industries considering the unexpected output[J]. Journal of the air & waste management association, 2021, 71(8): 1025–1038.

[30] KANEKO S, MANAGI S. Environmental productivity in China[J]. Economics bulletin, 2004, 17(2): 1–10.

[31] LIU S, HOU P, GAO Y, et al. Innovation and green total factor productivity in China: a linear and nonlinear investigation[J]. Environmental science and pollution research, 2022, 29(9): 12810–12831.

[32] YANG X, LI X, ZHONG C. Study on the evolution trend and influencing factors of China's industrial directed technical change[J]. The journal of quantitative & technical economics, 2019(04): 101–119.

[33] ZHANG B, YU L, SUN C. How does urban environmental legislation guide the green transition of enterprises? Based on the perspective of enterprises' green total factor productivity[J]. Energy economics, 2022, 110: 106032.

[34] ZENGLEIN M J, HOLZMANN A. Evolving made in China 2025[J]. Merics papers on China, 2019(8): 78.

[35] BORGATTI S P, FOSTER P C. The network paradigm in organizational research: a review and typology[J]. Journal of management, 2003, 29(6): 991–1013.

[36] CASSI L, MORRISON A, TERWAI A L J. The evolution of trade and scientific collaboration networks in the global wine sector: a longitudinal study using network analysis[J]. Economic geography, 2012, 88(3): 311–334.

[37] FRITZE M P, URMETZE F, KHAN G F, et al. From goods to services consumption: a social network analysis on sharing economy and servitization research[J]. Journal of service management research, 2018, 2(3): 3–16.

[38] DOREIAN P, CONTI N. Social context, spatial structure, and social network structure[J]. Social networks, 2012, 34(1): 32–46.

[39] CHEN Y. Director's "Structural Hole" position and firm's policy efficiency[J]. Accounting research, 2015(01): 48–55, 97.

[40] WU F, HU H, LIN H, et al. Enterprise digital transformation and capital market performance: empirical evidence from stock liquidity[J]. Journal of management world, 2021(7): 10, 130–144.

[41] ZHANG Y, WANG J, XUE Y, et al. Impact of environmental regulations on green technological innovative behavior: an empirical study in China[J]. Journal of cleaner production, 2018, 188: 763–773.

[42] GAO J, FENG Q, GUAN T, et al. Unlocking paths for transforming green technological innovation in manufacturing industries[J]. Journal of Innovation & Knowledge, 2023, 8(3): 100394.

[43] XIE X M, HUO G 0i, G. Y., et al. Green process innovation and financial performance in emerging economies: moderating effects of absorptive capacity and green subsidies[J]. IEEE transactions on engineering management, 2016, 63(1): 101–112.

[44] KOHTAMÄKI M, PARIDA V, PATEL P C, et al. The relationship between digitalization and servitization: the role of servitization in capturing the financial potential of digitalization[J]. Technological forecasting and social change, 2020, 151: 119804.

[45] VALENCIA A, MUGGE R, SCHOORMANS J, et al. The design of smart product-service systems (PSSs): an exploration of design characteristics[J]. International journal of design, 2015, 9: 13–28.

[46] TUUNANEN T, CASSAB H. Service process modularization: reuse versus variation in service extensions[J]. Journal of service research, 2011, 14(3): 340–354.

[47] SCHOENECKER T, SWANSON L. Indicators of firm technological capability: validity and performance implications[J]. IEEE transactions

on engineering management, 2002, 49(1): 36-44.

[48] ELLSTRÖM D, HOLTSTRÖM J, BERG E, et al. Dynamic capabilities for digital transformation[J]. Journal of strategy and management, 2021, 15(2): 272-286.

[49] YOUSAF Z. Go for green: green innovation through green dynamic capabilities: accessing the mediating role of green practices and green value co-creation[J]. Environmental science and pollution research, 2021, 28(39): 54863-54875.

[50] DECHEZLEPRÊTRE A, GLACHANT M, HAŠČIČ I, et al. Invention and transfer of climate change-mitigation technologies: a global analysis[J]. Review of environmental economics and policy, 2011, 5(1): 109-130.

[51] LÖÖF H, HESHMATI A. Knowledge capital and performance heterogeneity: a firm-level innovation study[J]. International journal of production economics, 2002, 76(1): 61-85.

[52] BLOOM N, SCHANKERMAN M, VAN REENEN J. Identifying technology spillovers and product market rivalry[J]. Econometrica, 2013, 81(4): 1347-1393.

[53] GARICANO L. Hierarchies and the Organization of Knowledge in Production[J]. Journal of Political Economy, 2000, 108(5): 874-904.

[54] DOSI G, MARENGO L, PASQUALI C. How much should society fuel the greed of innovators: on the relations between appropriability, opportunities and rates of innovation[J]. Research policy, 2006, 35(8): 1110-1121.

[55] HALL B H, HARHOFF D. Recent research on the economics of patents[J]. Annual review of economics, 2012, 4(1): 541-565.

[56] BLACKMAN A, LI Z, LIU A A. Efficacy of command-and-control and market-based environmental regulation in developing countries[J]. Annual review of resource economics, 2018, 10(1): 381-404.

[57] HOJNIK J, RUZZIER M. What drives eco-innovation? A review of an emerging literature[J]. Environmental innovation and societal transitions, 2016, 19: 31–41.

[58] LIAO Z. Environmental policy instruments, environmental innovation and the reputation of enterprises[J]. Journal of cleaner production, 2018, 171: 1111–1117.

[59] WANG J, HU S, ZHANG Z. Does environmental regulation promote eco-innovation performance of manufacturing firms? — Empirical evidence from China[J]. Energies, 2023, 16(6): 2899.

[60] BRUNNERMEIER S B, COHEN M. Determinants of environmental innovation in US manufacturing industries[J]. Journal of environmental economics and management, 2003, 45(2): 278–293.

[61] CAI W, LI G. The drivers of eco-innovation and its impact on performance: evidence from China[J]. Journal of cleaner production, 2018, 176: 110–118.

[62] HSU C, MA Z, WU L, et al. The effect of stock liquidity on corporate risk-taking[J]. Journal of accounting, auditing & finance, 2020, 35(4): 748–776.

[63] KNELLER R. Environmental regulations, outward FDI and heterogeneous firms: are countries used as pollution havens?[J]. Environmental & resource economics, 2009, 51: 317–352.

[64] PALMER K, OATES W E, PORTNEY P R. Tightening environmental standards: the benefit-cost or the no-cost paradigm?[J]. Journal of economic perspectives, 1995, 9(4): 119–132.

[65] HOU S, YU K, FEI R. How does environmental regulation affect carbon productivity? The role of green technology progress and pollution transfer[J]. Journal of environmental management, 2023, 345: 118587.

[66] ZHANG Y, HU H, ZHU G, et al. The impact of environmental regulation on enterprises'green innovation under the constraint

of external financing: evidence from China's industrial firms[J]. Environmental science and pollution research, 2023, 30(15): 42943–42964.

[67] LI W, GU Y, LIU F, et al. The effect of command-and-control regulation on environmental technological innovation in China: a spatial econometric approach[J]. Environmental science and pollution research, 2019, 26(34): 34789–34800.

[68] STAVROPOULOS S, WALL R, XU Y. Environmental regulations and industrial competitiveness: evidence from China[J]. Applied economics, 2018, 50(12): 1378–1394.

[69] LIU Y, TYAGI R K. Outsourcing to convert fixed costs into variable costs: a competitive analysis[J]. International journal of research in marketing, 2017, 34(1): 252–264.

[70] PENG B, TU Y, ELAHI E, et al. Extended producer responsibility and corporate performance: effects of environmental regulation and environmental strategy[J]. Journal of environmental management, 2018, 218: 181–189.

[71] GUPTA S, GHOSH P, SRIDHAR V. Impact of data trade restrictions on IT services export: a cross-country analysis[J]. Telecommunications policy, 2022, 46(9): 102403.

[72] ROUNAGHI M M, JARRAR H, DANA L P. Implementation of strategic cost management in manufacturing companies: overcoming costs stickiness and increasing corporate sustainability[J]. Future business journal, 2021, 7(1): 31.

[73] XU F, LIU X, LIU Q, et al. Environmental investment growth (EIG) and corporate cost stickiness in China: substantive or symbolic management?[J]. Sustainability accounting, management and policy journal, 2023, 15(1): 148–170.

[74] ZHAO N, LIU X, PAN C, et al. The performance of green innovation:

from an efficiency perspective[J]. Socio-economic planning sciences, 2021, 78: 101062.

[75] LI Y. Earnings management motivation and cost stickiness — research based on private equity placement[J]. American journal of industrial and business management, 2018, 8(3): 597-606.

[76] LIN D, ZHAO Y. The impact of environmental regulations on enterprises' green innovation: the mediating effect of managers' environmental awareness[J]. Sustainability, 2023, 15(14): 10906.

[77] HANG S, CHUNGUANG Z. Does environmental management improve enterprise's value? – An empirical research based on Chinese listed companies[J]. Ecological indicators, 2015, 51: 191-196.

[78] BELENZON S, SCHANKERMAN M. Spreading the word: geography, policy, and knowledge spillovers[J]. The review of economics and statistics, 2013, 95(3): 884-903.

[79] LAU M H Y, LEUNG K M Y, WONG S W Y, et al. Environmental policy, legislation and management of persistent organic pollutants (POPs) in China[J]. Environmental pollution, 2012, 165: 182-192.

[80] CHENG Z, LI L, LIU J. The spatial correlation and interaction between environmental regulation and foreign direct investment[J]. Journal of regulatory economics, 2018, 54(2): 124-146.

[81] HU J, WANG Z, LIAN Y, et al. Environmental regulation, foreign direct investment and green technological progress-evidence from Chinese manufacturing industries[J]. International journal of environmental research and public health, 2018, 15(2): 221.

附录一 全国部分省（区、市）2012—2021年绿色技术创新偏向特征图

安徽省

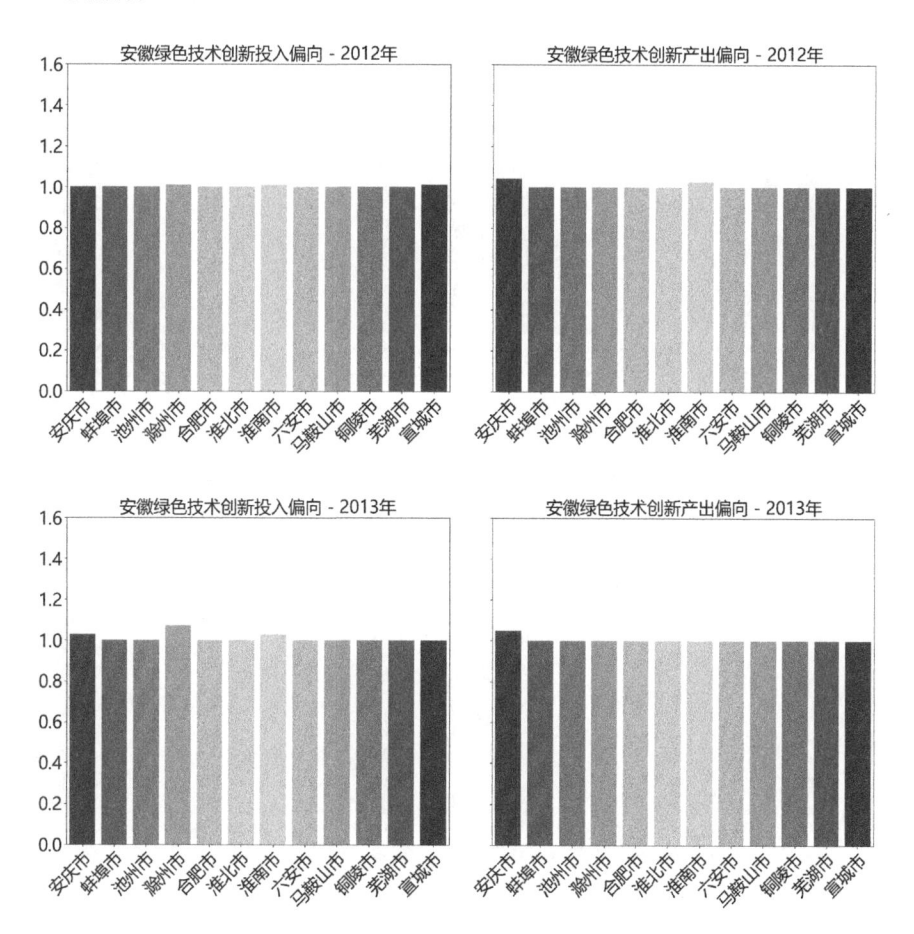

安徽绿色技术创新投入偏向 - 2012年

安徽绿色技术创新产出偏向 - 2012年

安徽绿色技术创新投入偏向 - 2013年

安徽绿色技术创新产出偏向 - 2013年

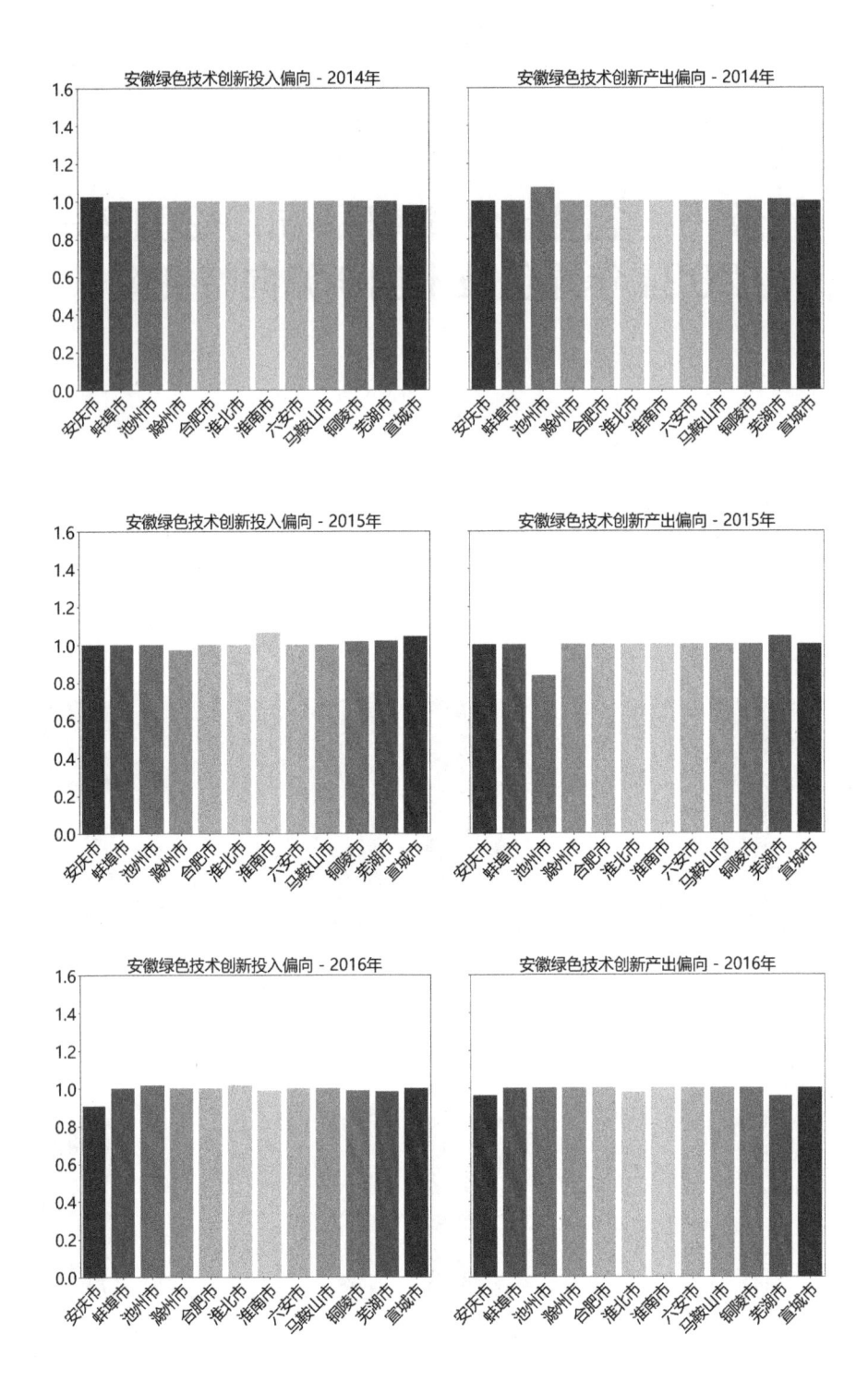

►►► 制造业数字化转型与区域绿色偏向型技术创新

附录一 全国部分省（区、市）2012—2021年绿色技术创新偏向特征图

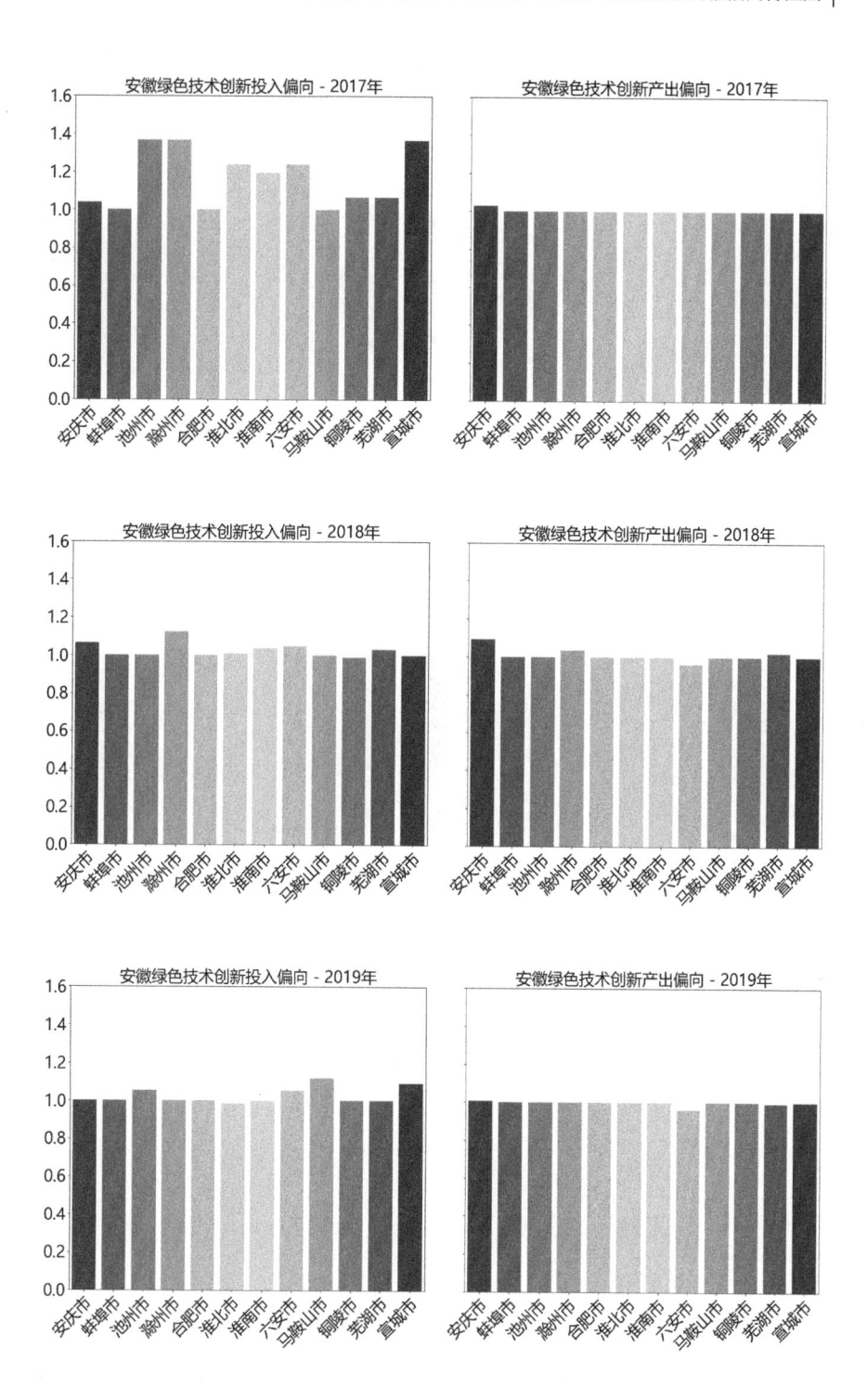

· 125 ·

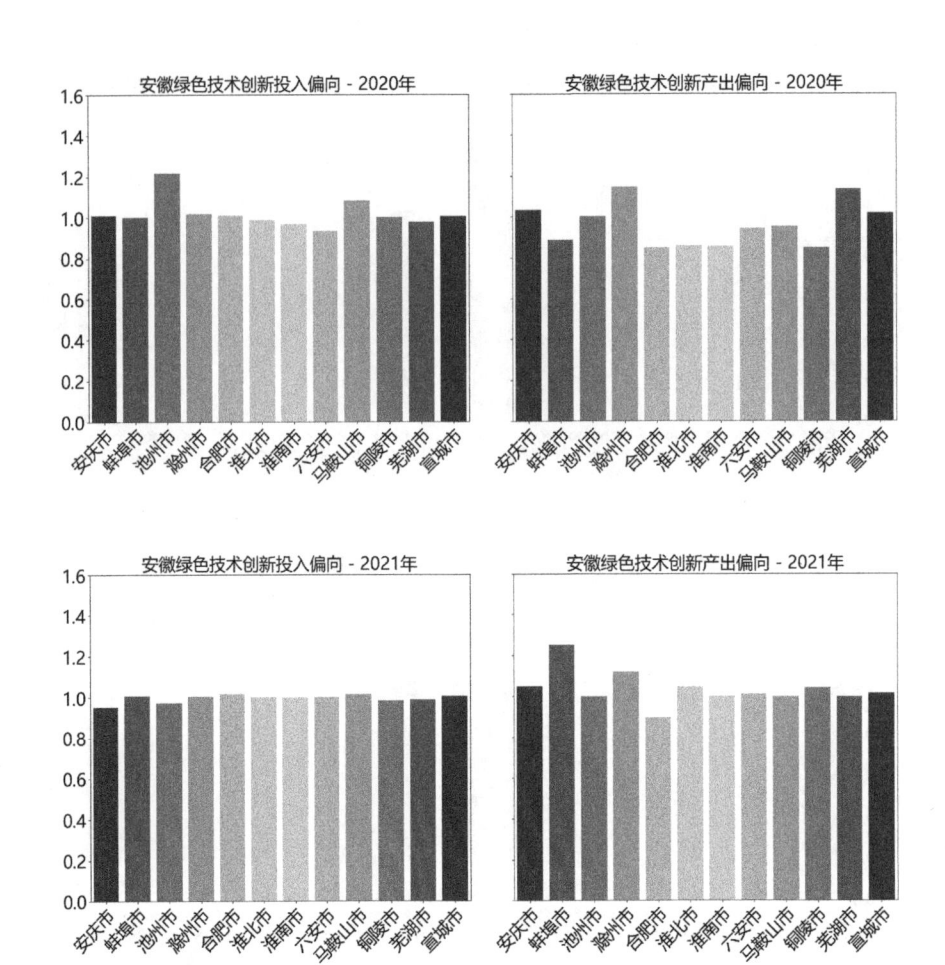

制造业数字化转型与区域绿色偏向型技术创新

附录一 全国部分省（区、市）2012—2021年绿色技术创新偏向特征图

福建省

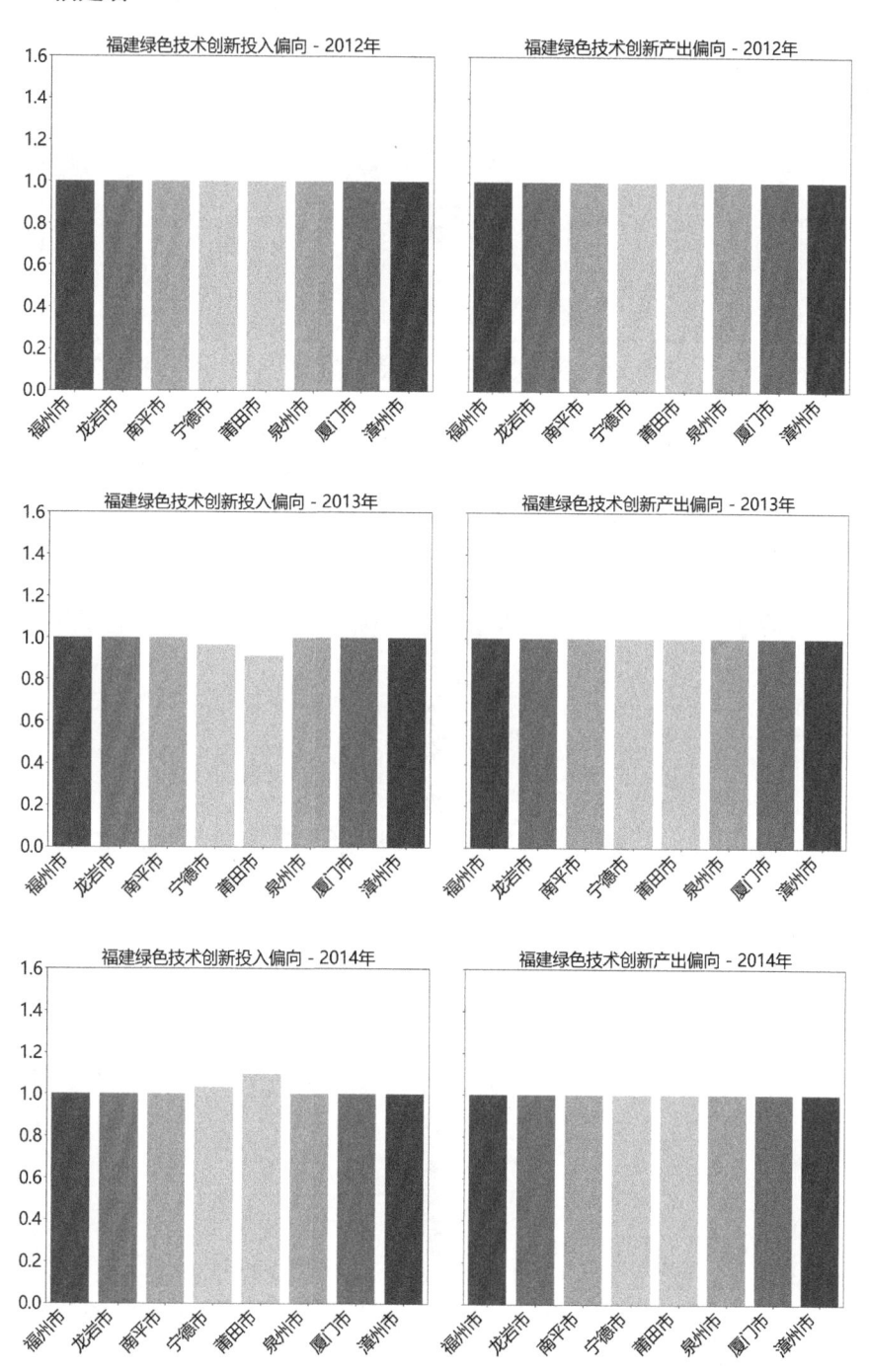

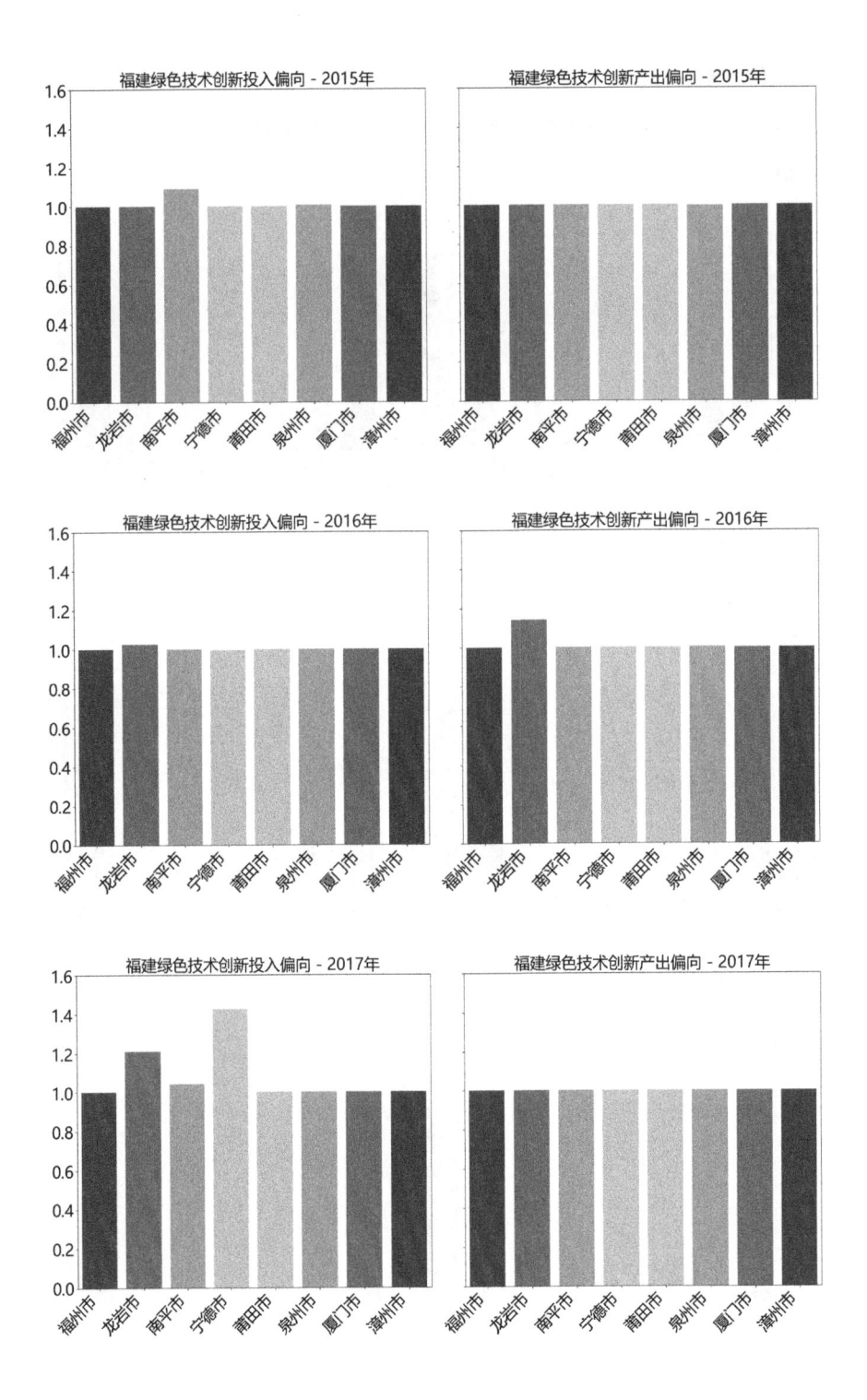

制造业数字化转型与区域绿色偏向型技术创新

附录一　全国部分省（区、市）2012—2021年绿色技术创新偏向特征图

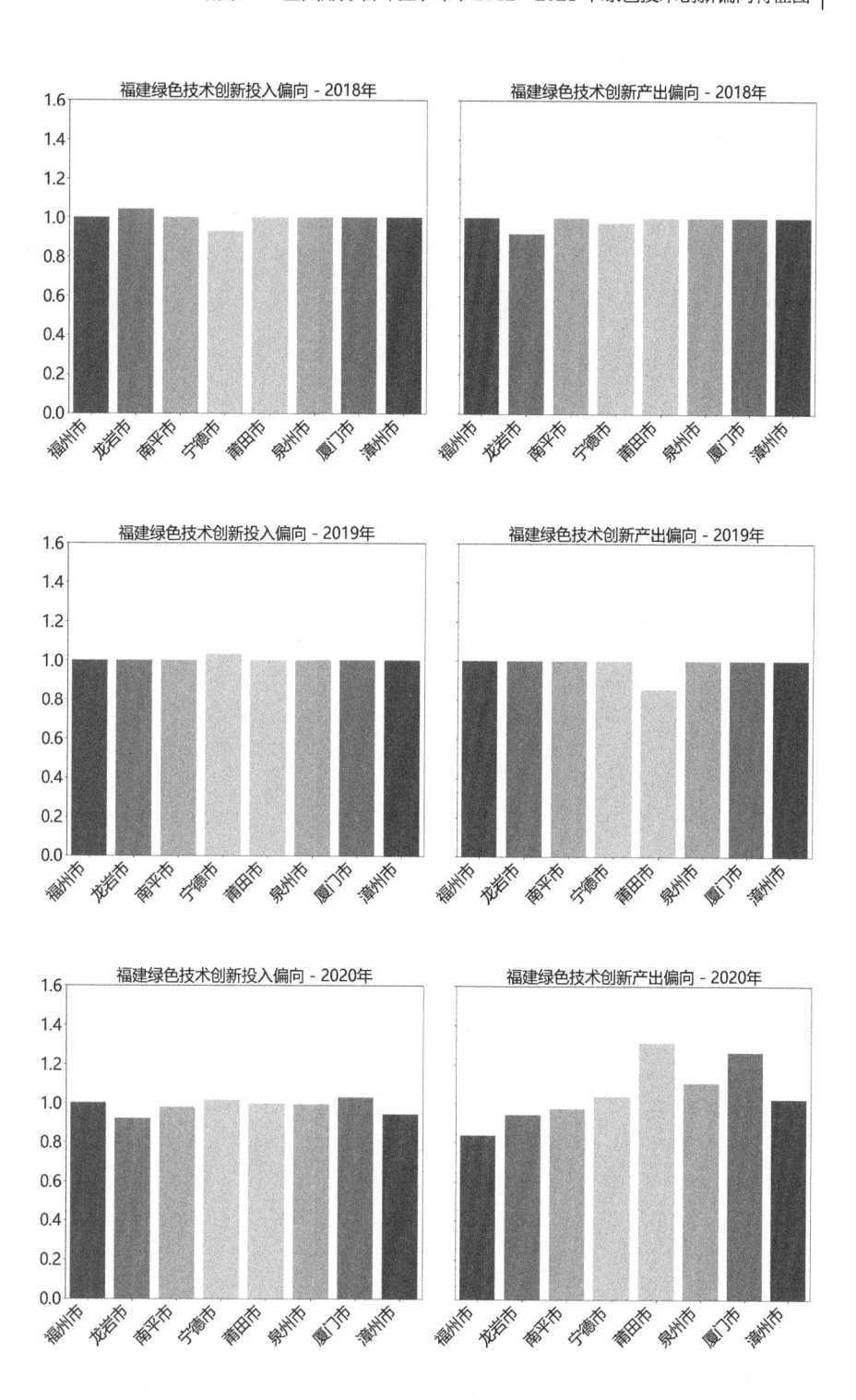

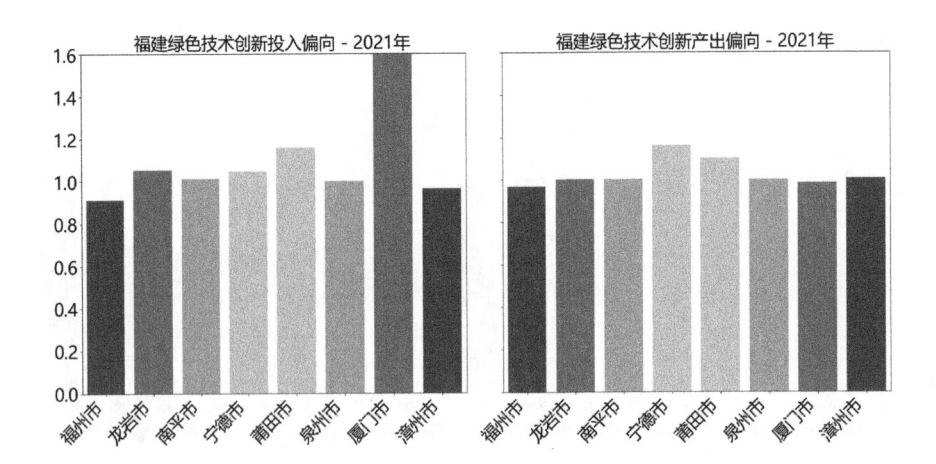

▶▶▶ 制造业数字化转型与区域绿色偏向型技术创新

甘肃省

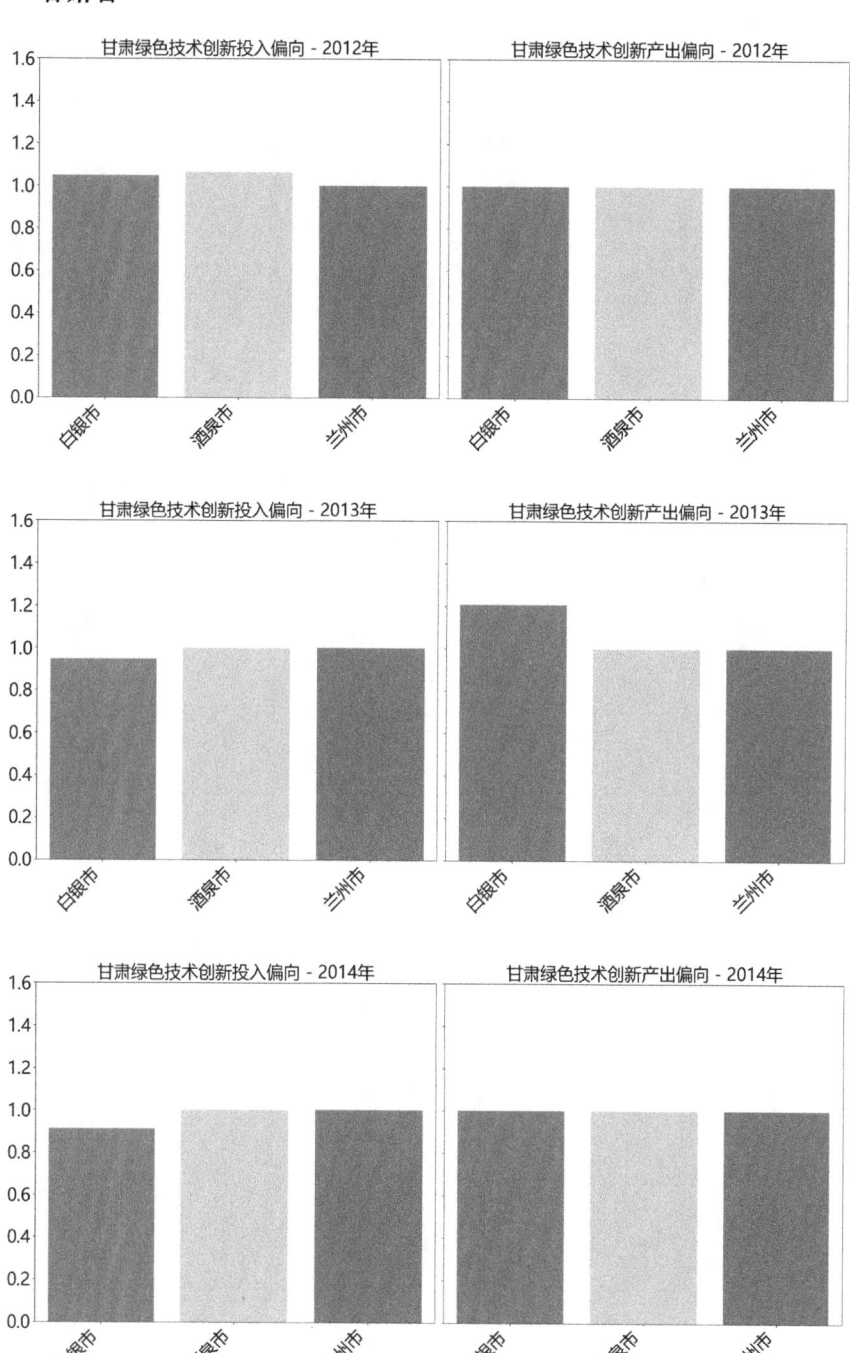

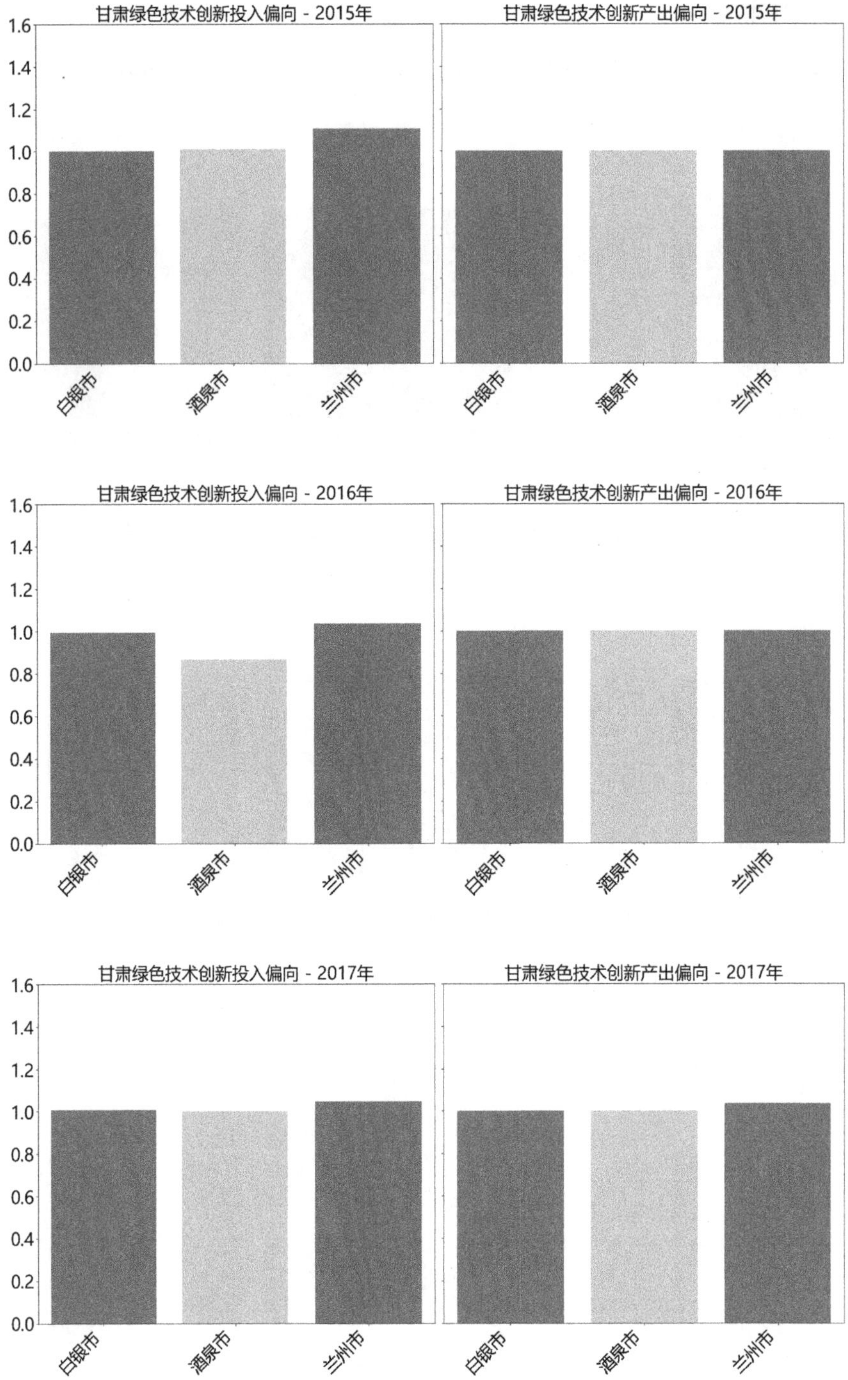
甘肃绿色技术创新投入偏向 - 2015年
甘肃绿色技术创新产出偏向 - 2015年
甘肃绿色技术创新投入偏向 - 2016年
甘肃绿色技术创新产出偏向 - 2016年
甘肃绿色技术创新投入偏向 - 2017年
甘肃绿色技术创新产出偏向 - 2017年
1.6
1.4
1.2
1.0
0.8
0.6
0.4
0.2
0.0
白银市
酒泉市
兰州市

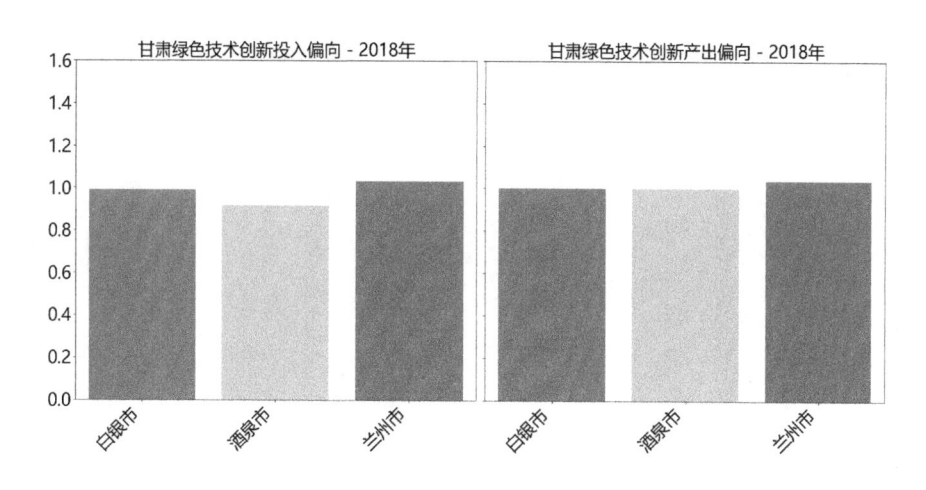

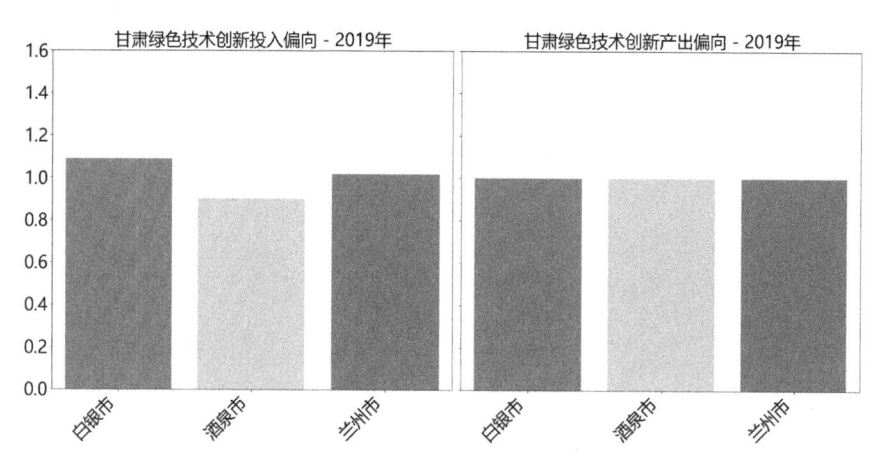

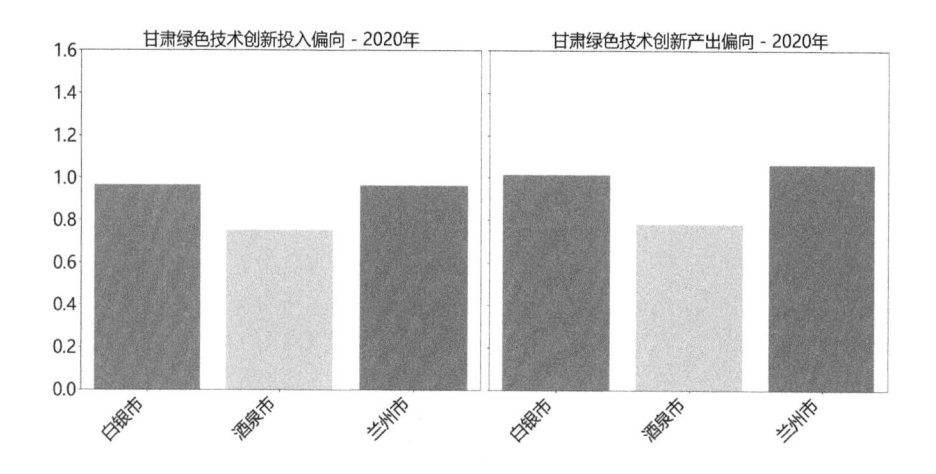

附录一 全国部分省（区、市）2012—2021 年绿色技术创新偏向特征图

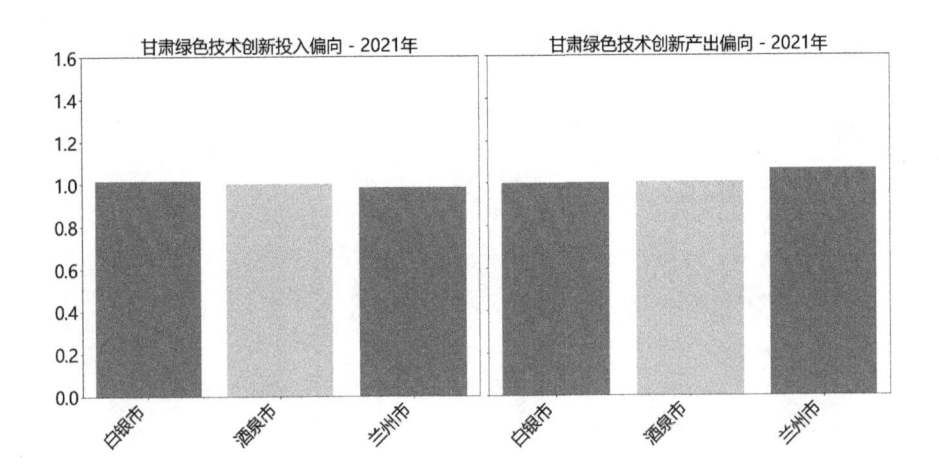

制造业数字化转型与区域绿色偏向型技术创新

附录一 全国部分省（区、市）2012—2021年绿色技术创新偏向特征图

广东省

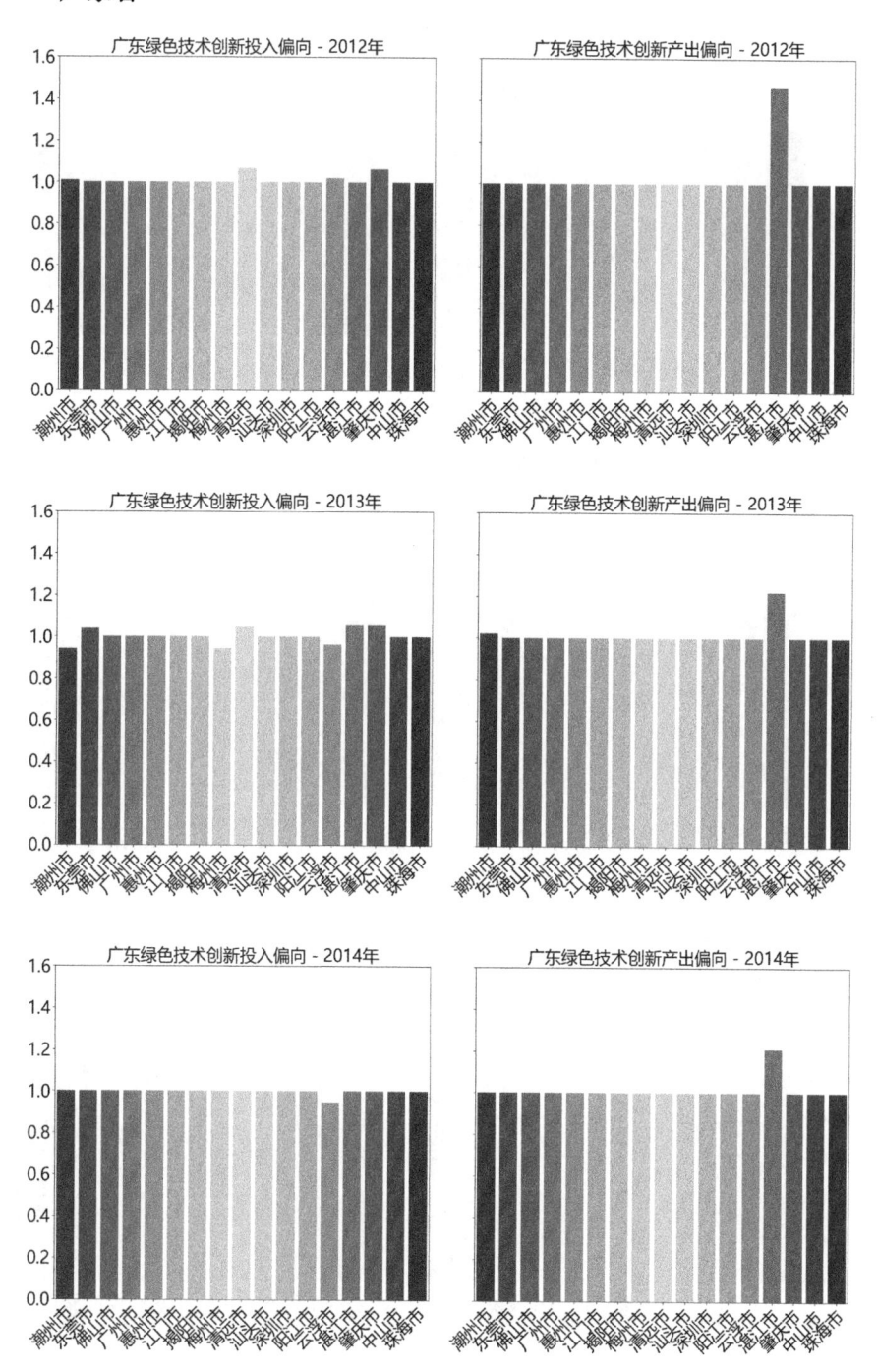

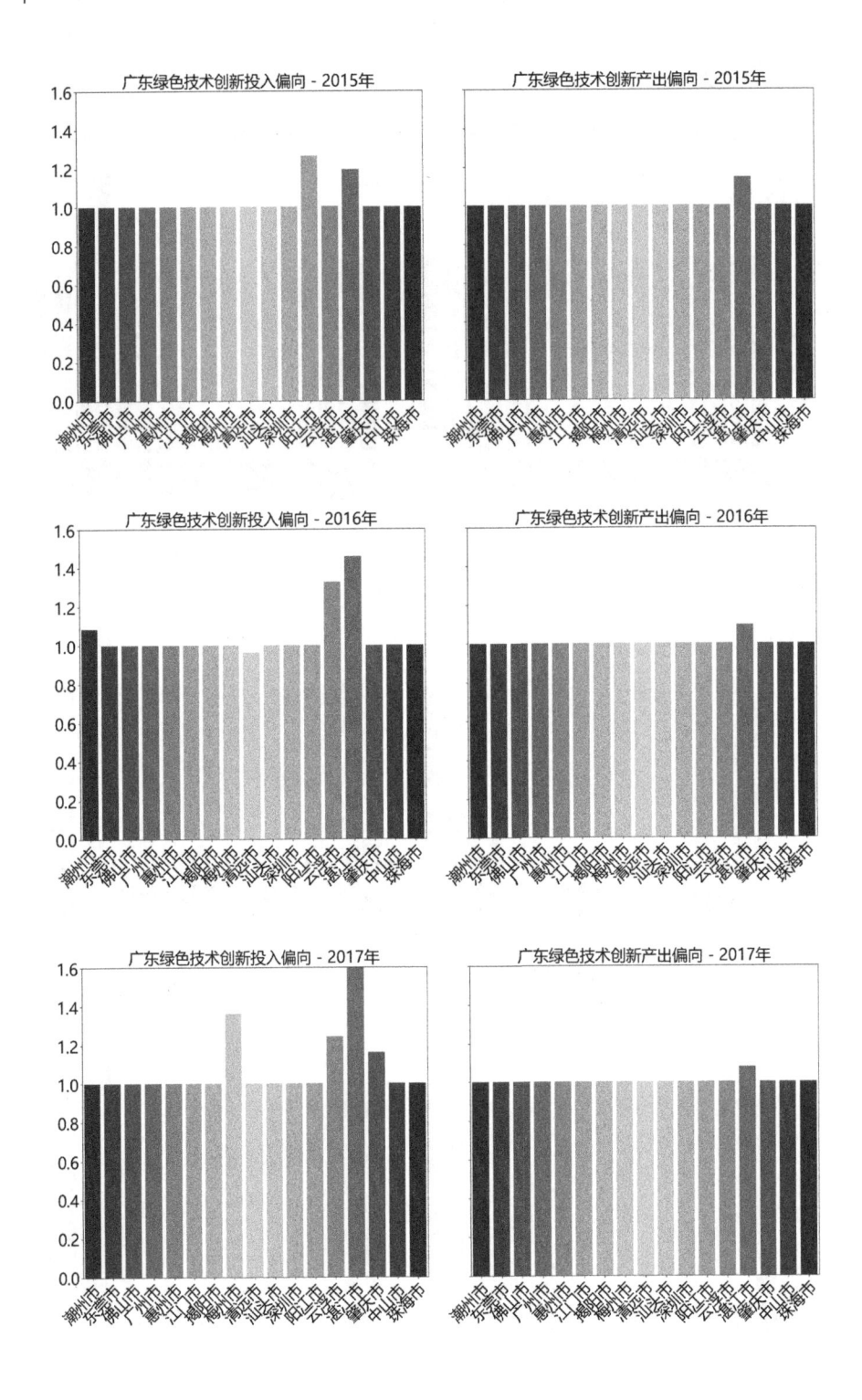

制造业数字化转型与区域绿色偏向型技术创新

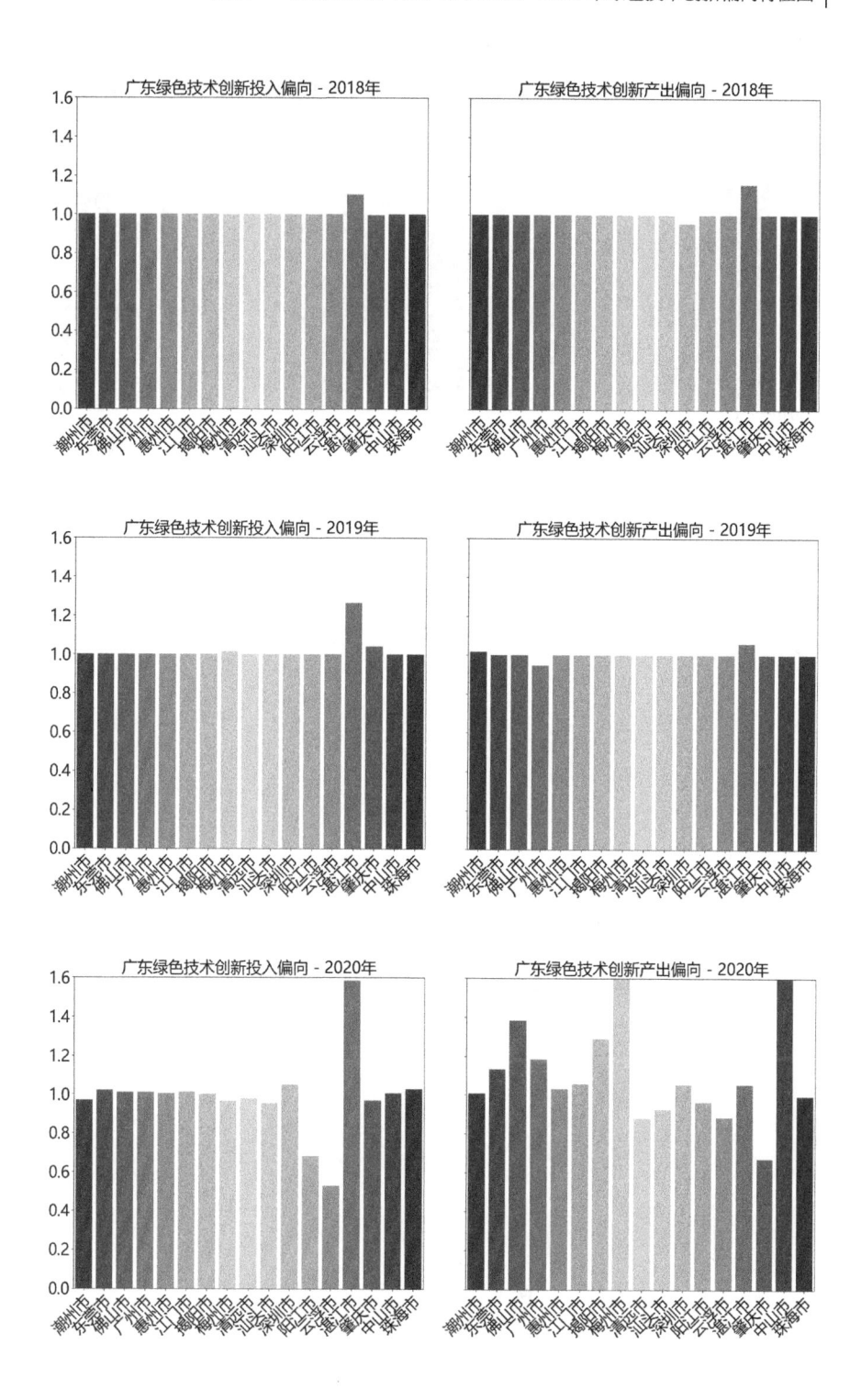

附录一　全国部分省（区、市）2012—2021年绿色技术创新偏向特征图

· 137 ·

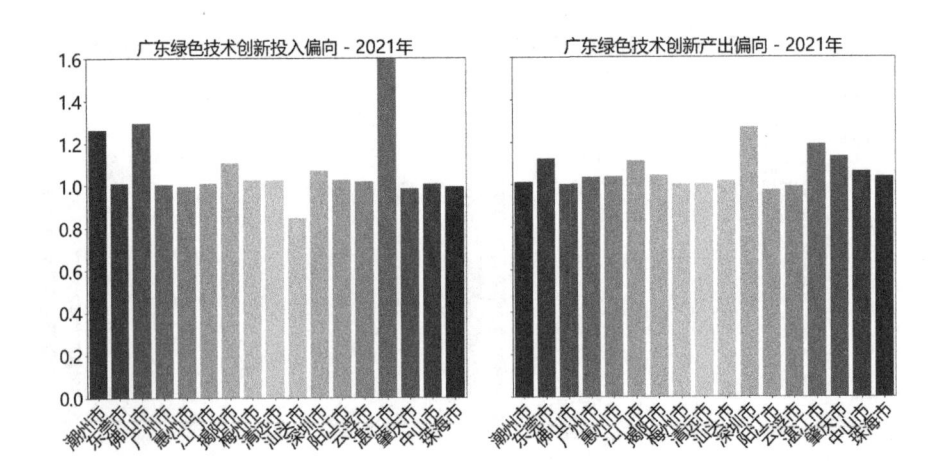

| 制造业数字化转型与区域绿色偏向型技术创新

附录一 全国部分省（区、市）2012—2021年绿色技术创新偏向特征图

广西壮族自治区

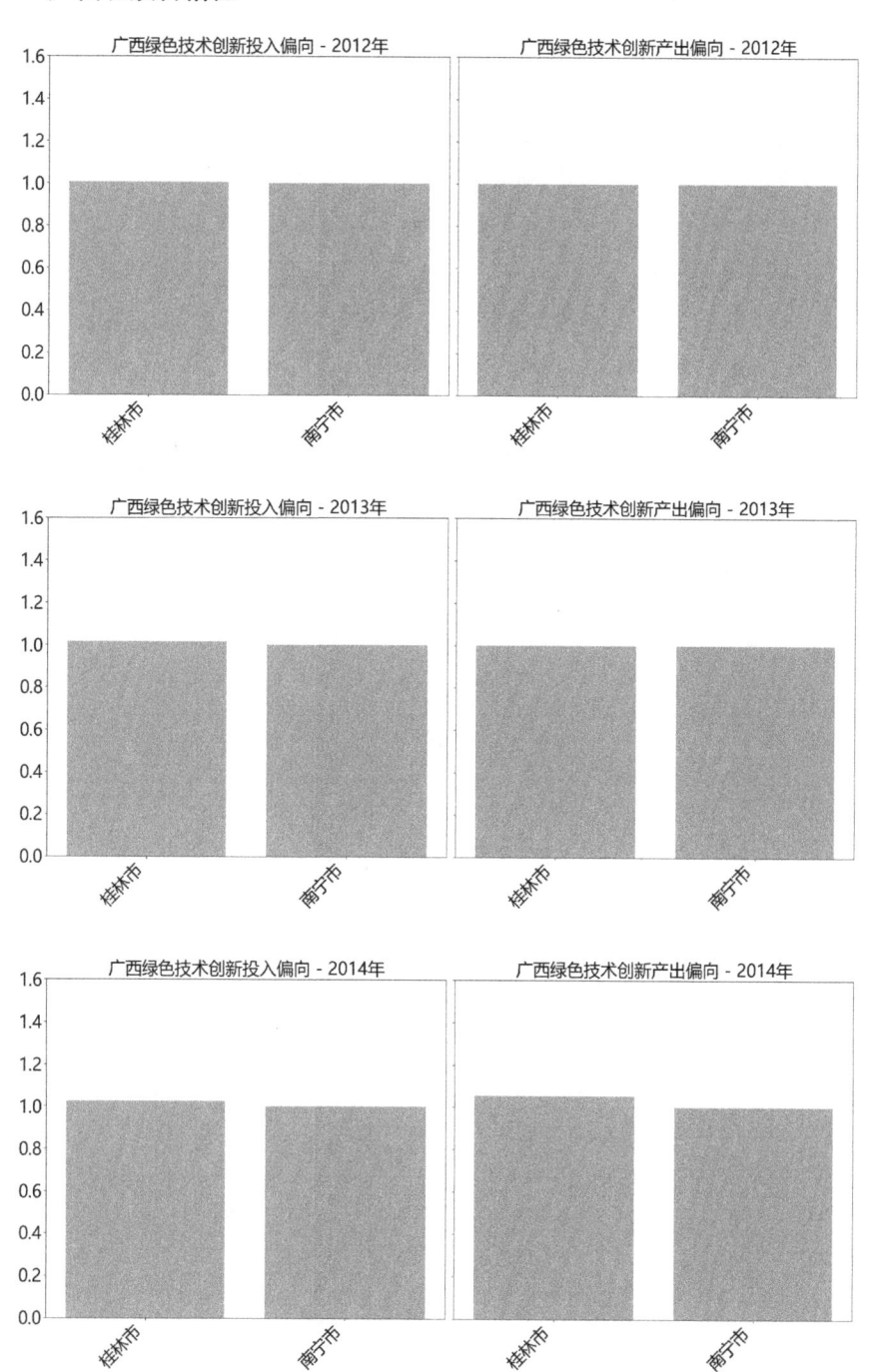

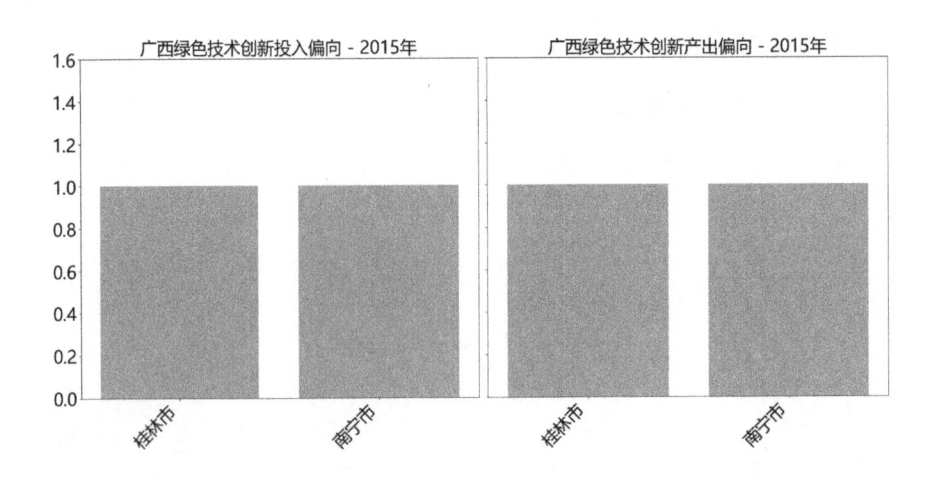

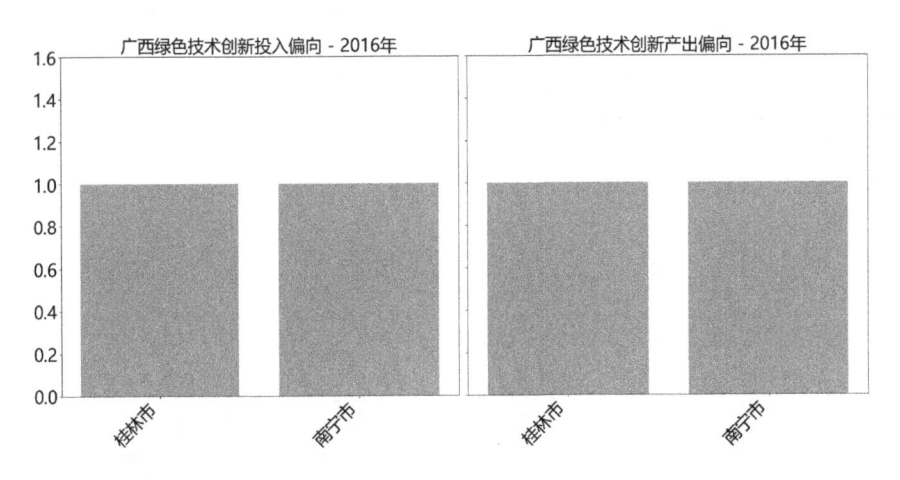

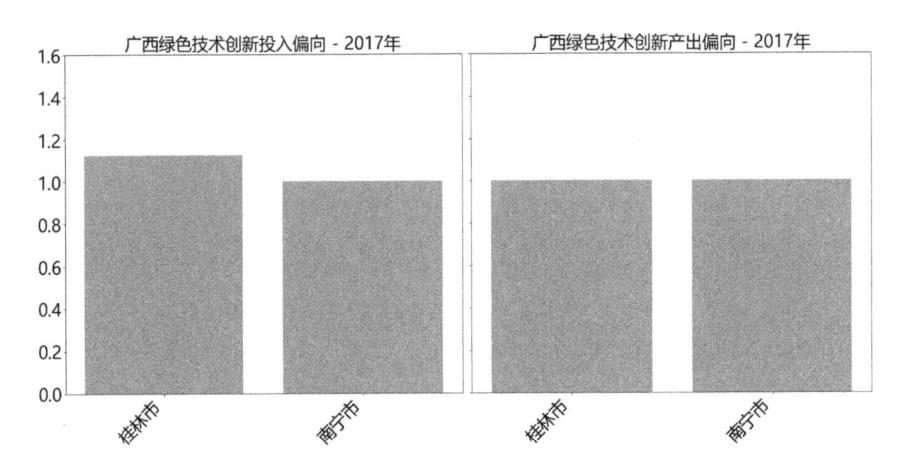

广西绿色技术创新投入偏向 - 2015年　　广西绿色技术创新产出偏向 - 2015年

广西绿色技术创新投入偏向 - 2016年　　广西绿色技术创新产出偏向 - 2016年

广西绿色技术创新投入偏向 - 2017年　　广西绿色技术创新产出偏向 - 2017年

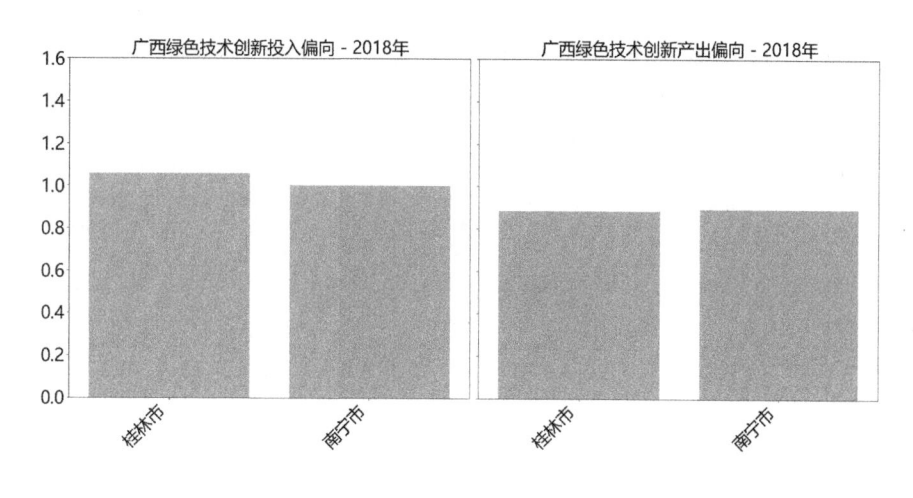

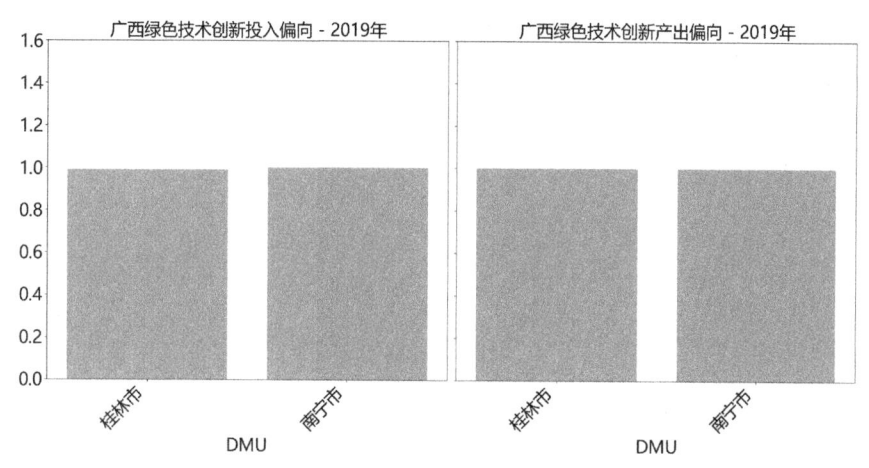

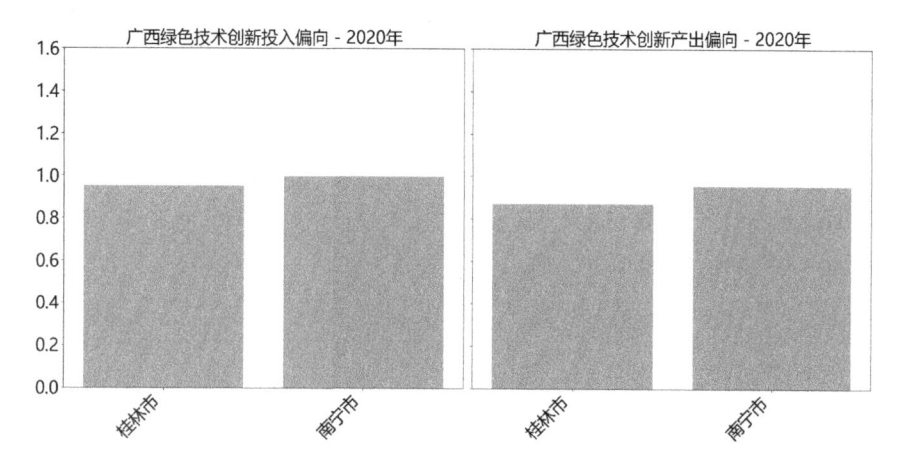

附录一　全国部分省（区、市）2012—2021年绿色技术创新偏向特征图

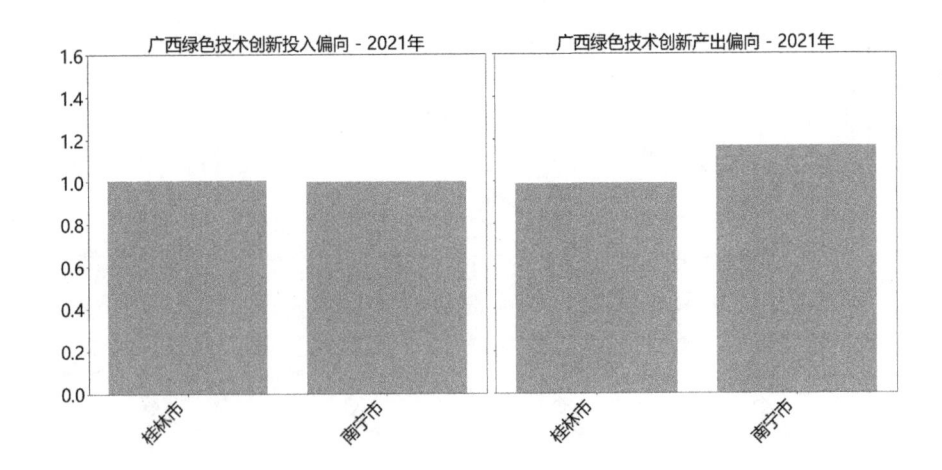

制造业数字化转型与区域绿色偏向型技术创新

附录一 全国部分省（区、市）2012—2021年绿色技术创新偏向特征图

贵州省

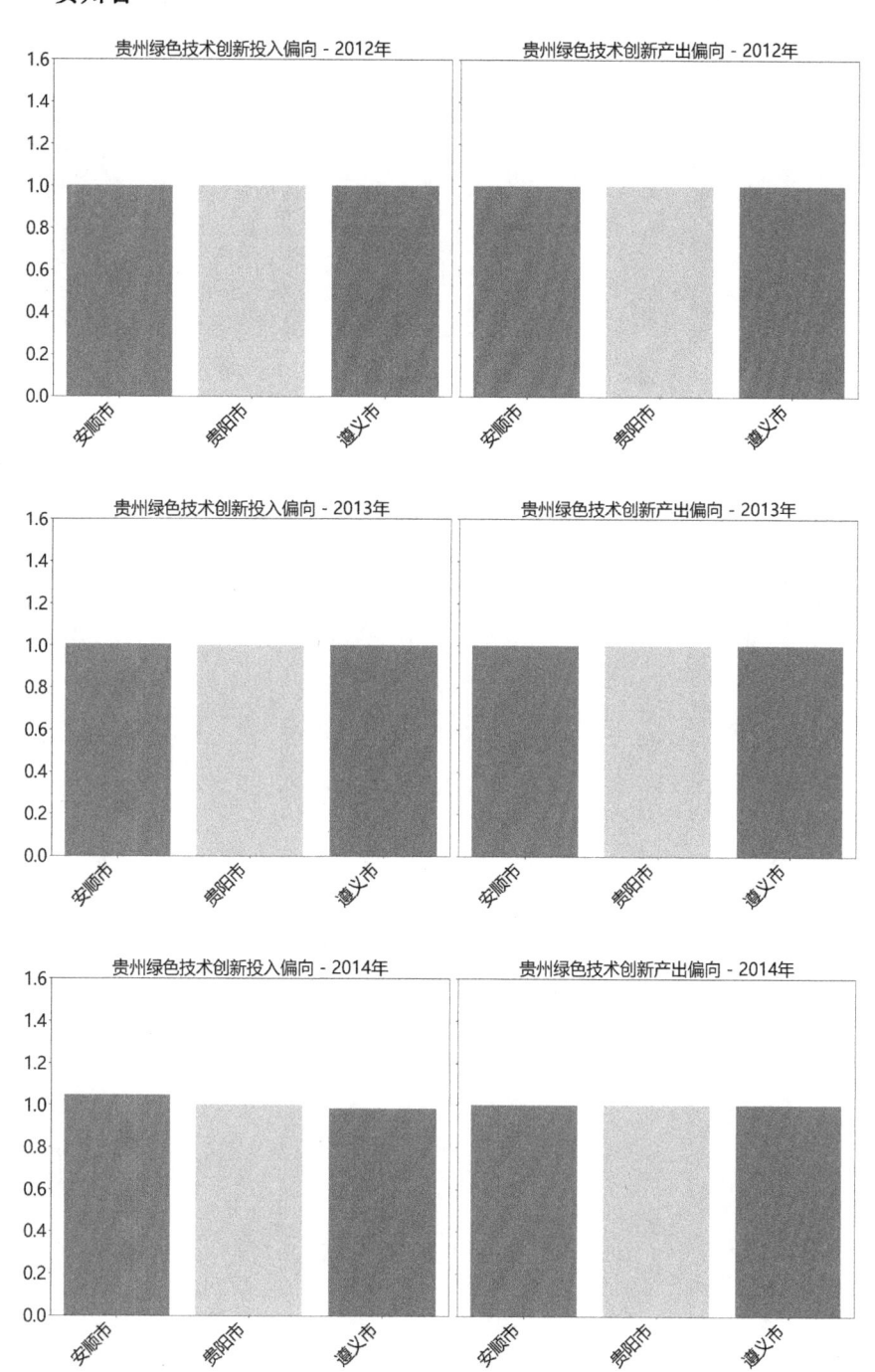

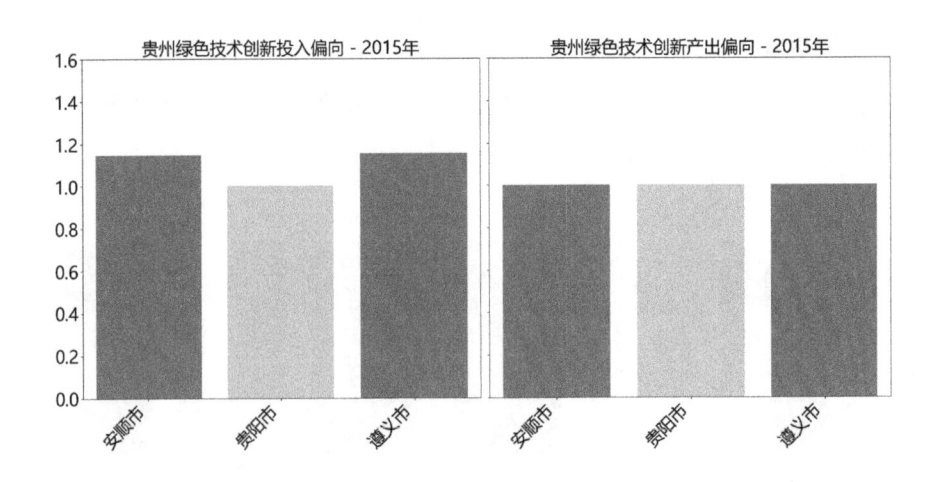

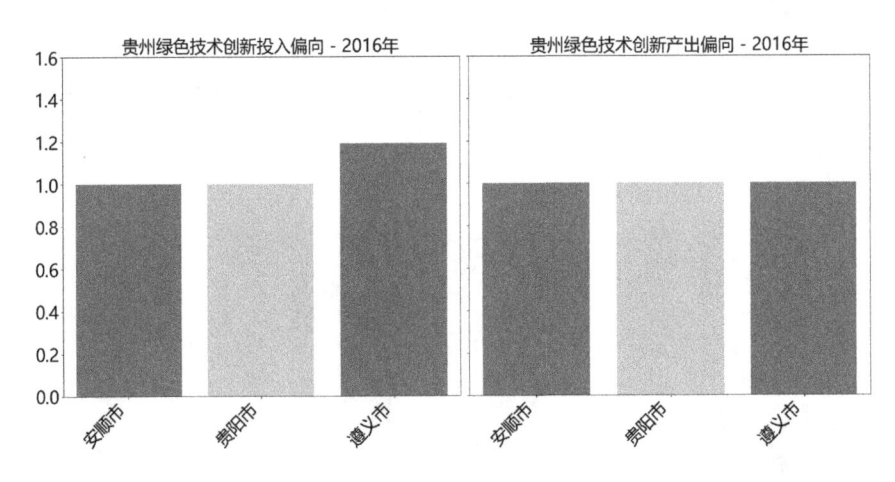

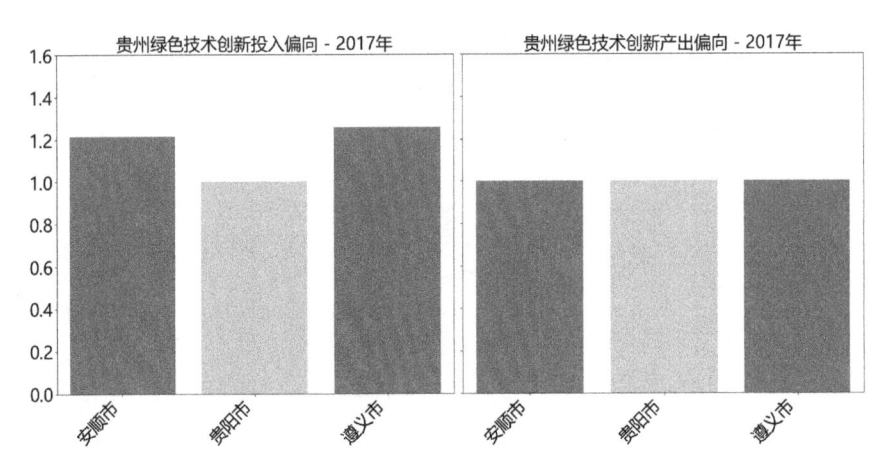

贵州绿色技术创新投入偏向 - 2015年

贵州绿色技术创新产出偏向 - 2015年

贵州绿色技术创新投入偏向 - 2016年

贵州绿色技术创新产出偏向 - 2016年

贵州绿色技术创新投入偏向 - 2017年

贵州绿色技术创新产出偏向 - 2017年

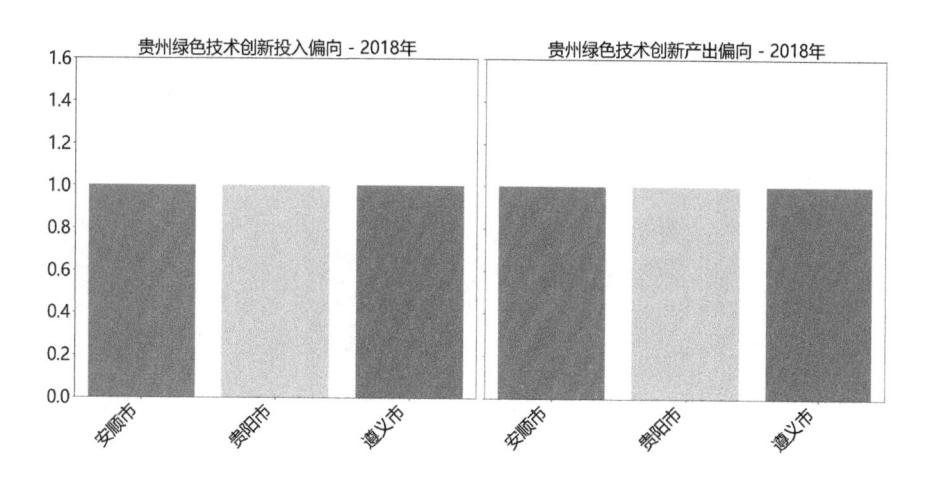

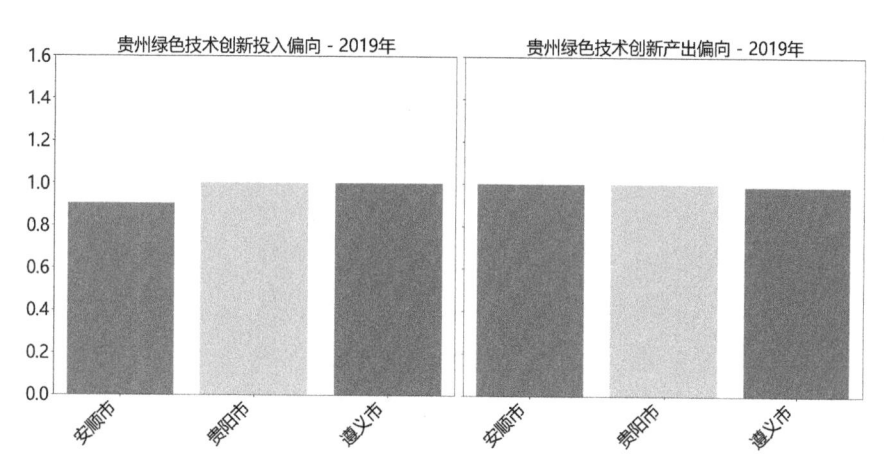

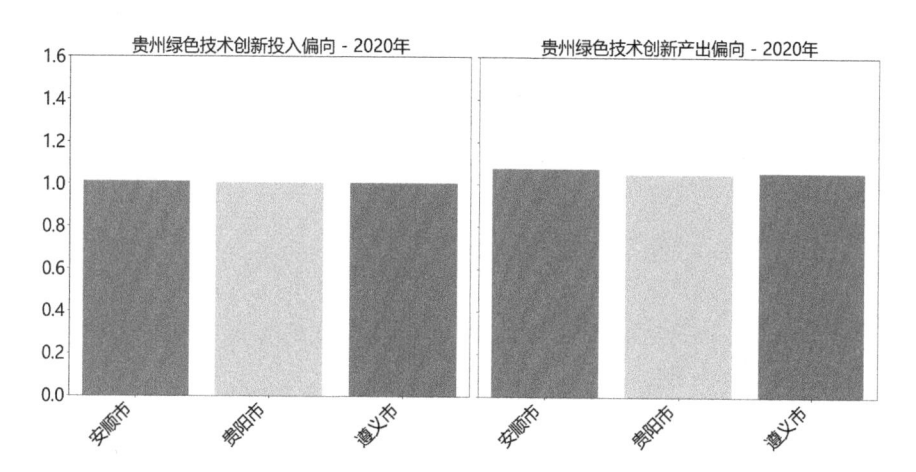

附录一　全国部分省（区、市）2012—2021年绿色技术创新偏向特征图

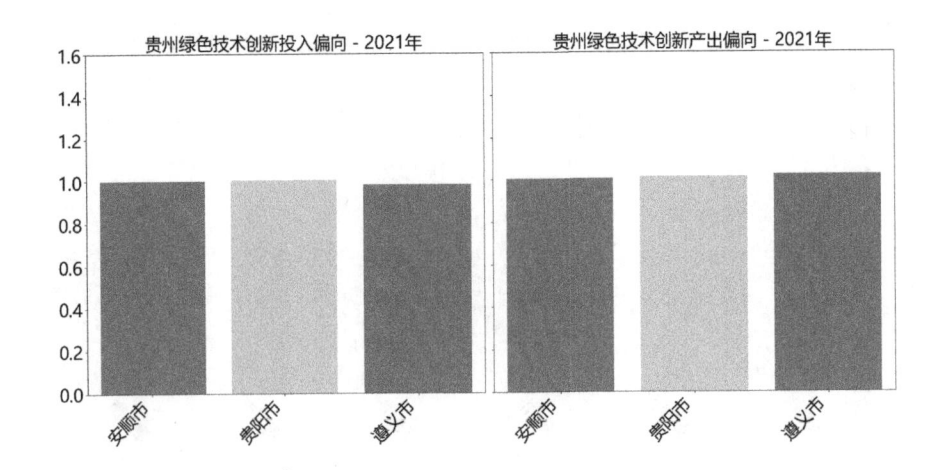

制造业数字化转型与区域绿色偏向型技术创新

附录一　全国部分省（区、市）2012—2021年绿色技术创新偏向特征图

海南省

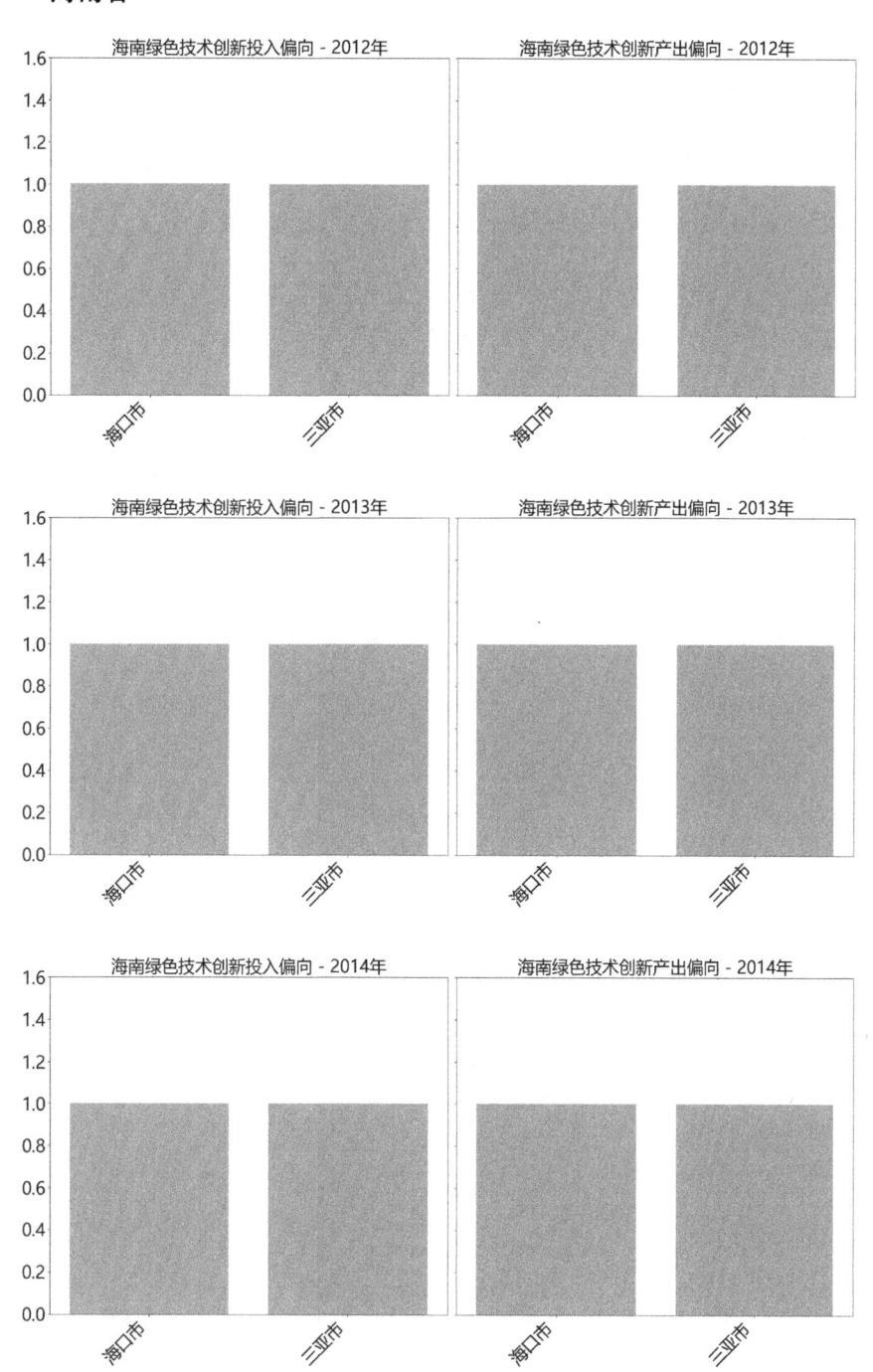

- 147 -

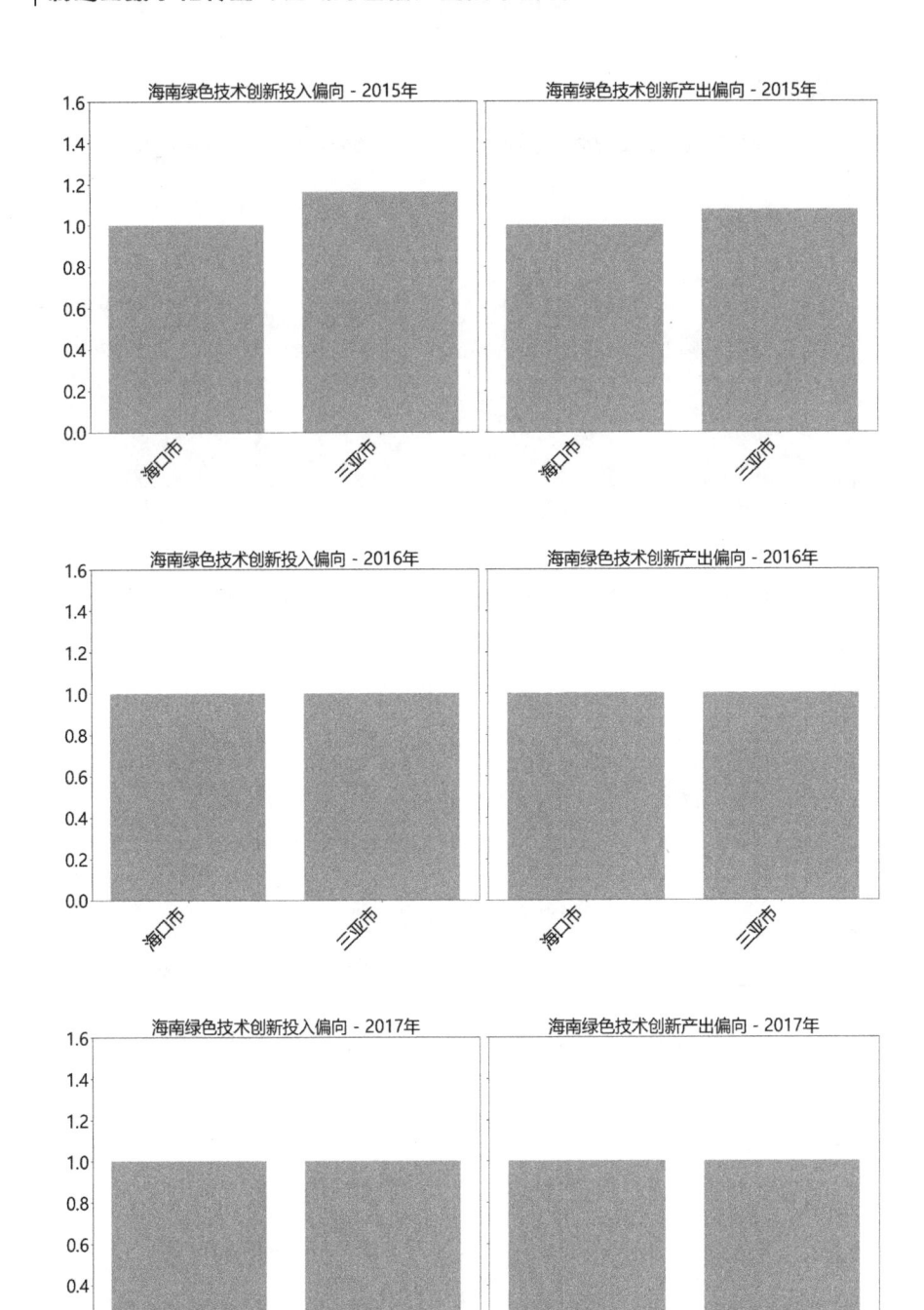

制造业数字化转型与区域绿色偏向型技术创新

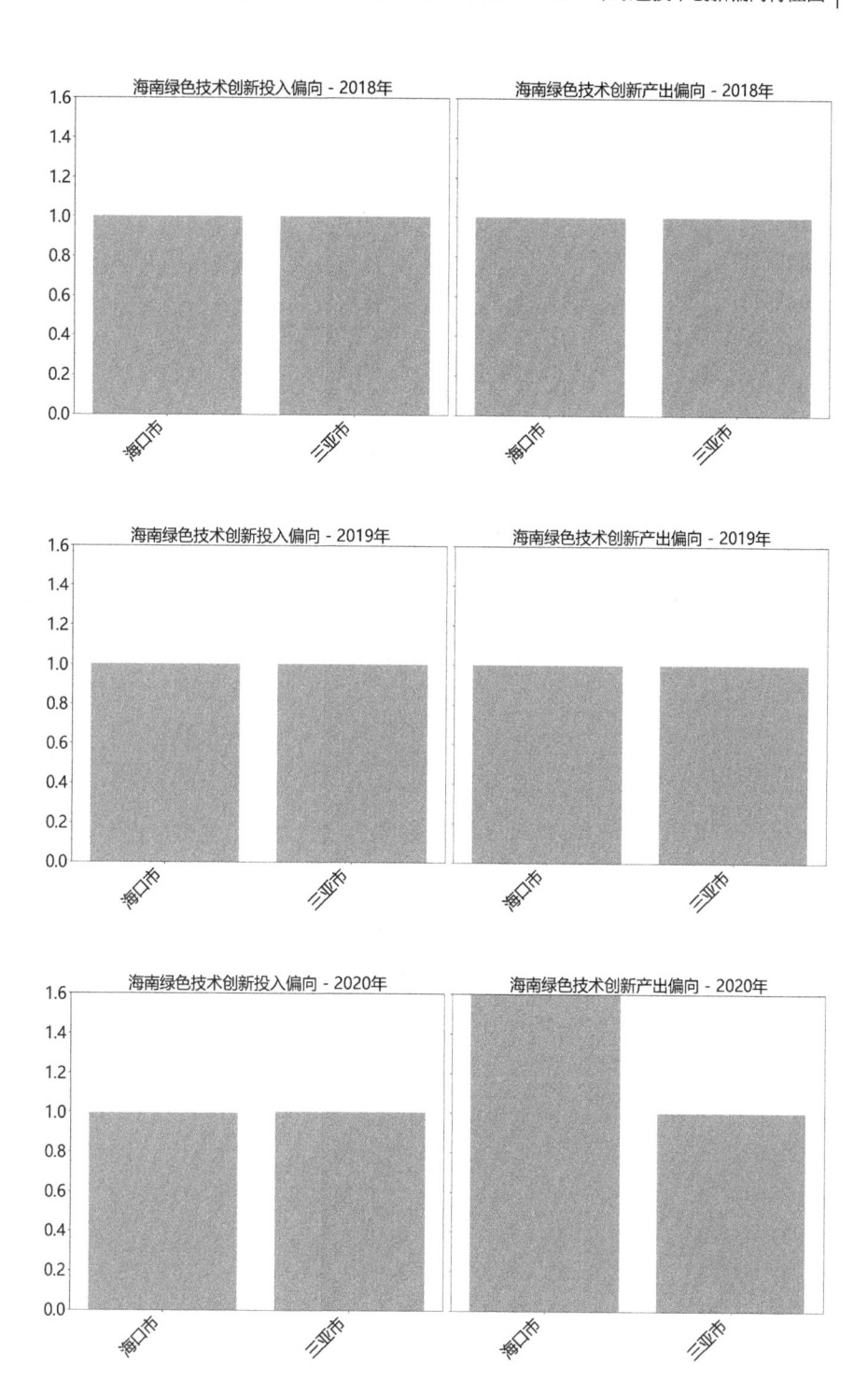

附录一 全国部分省（区、市）2012—2021年绿色技术创新偏向特征图

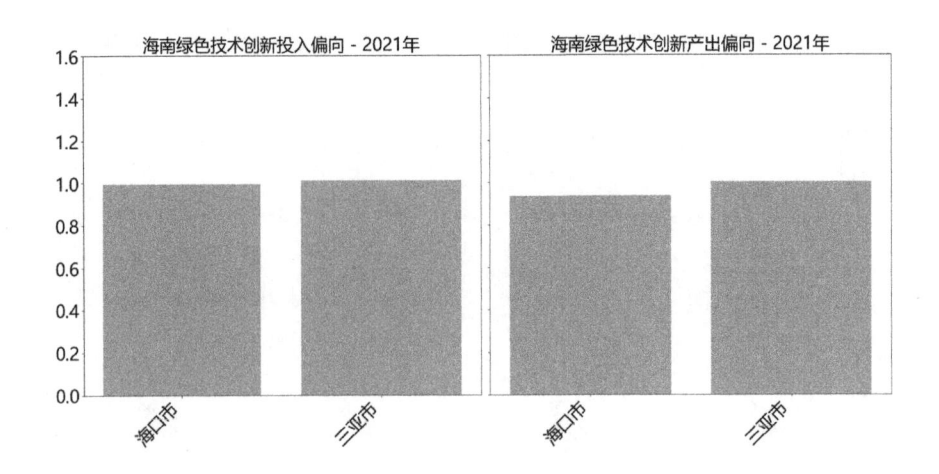

制造业数字化转型与区域绿色偏向型技术创新

附录一 全国部分省（区、市）2012—2021 年绿色技术创新偏向特征图

河北省

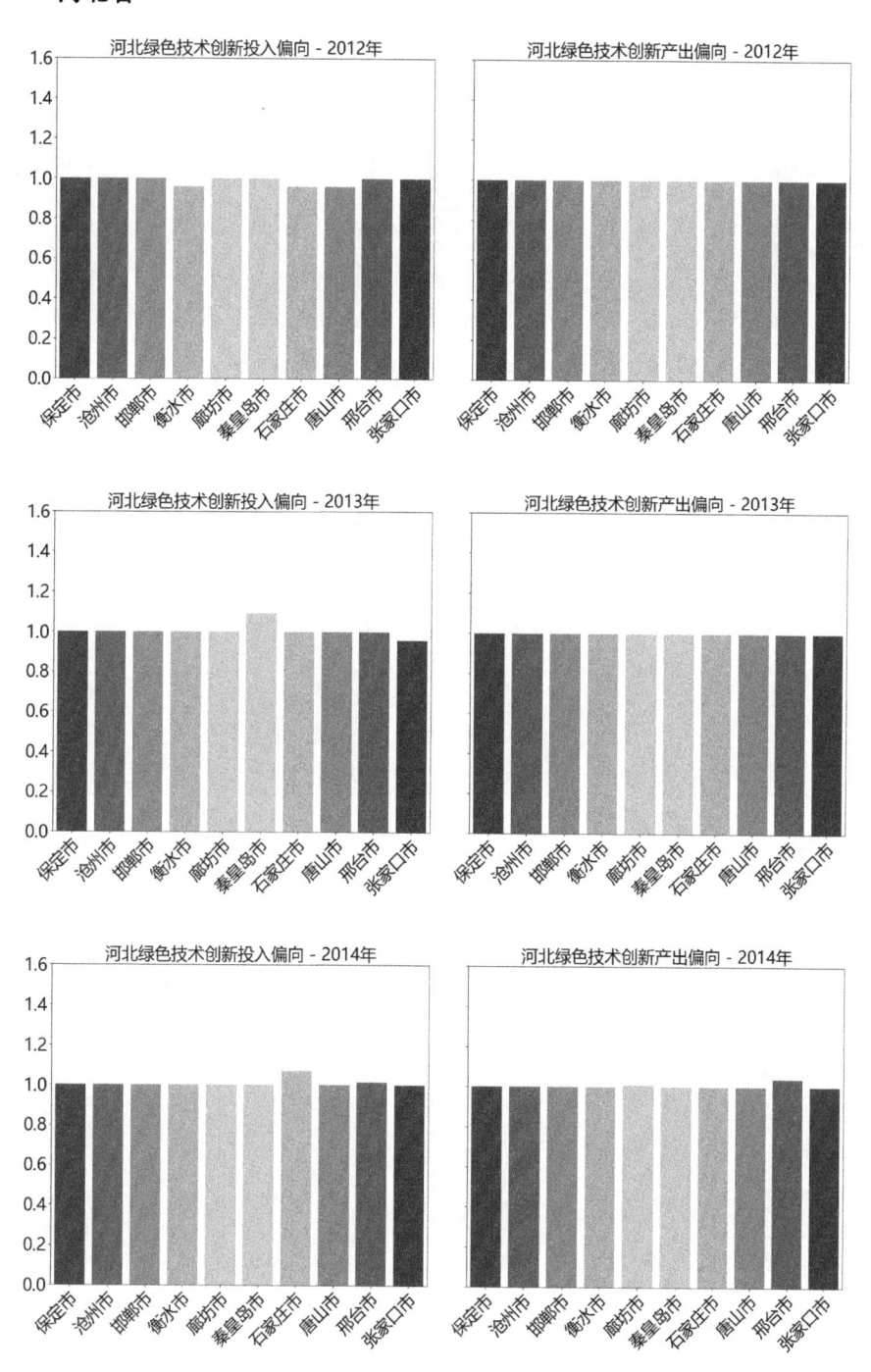

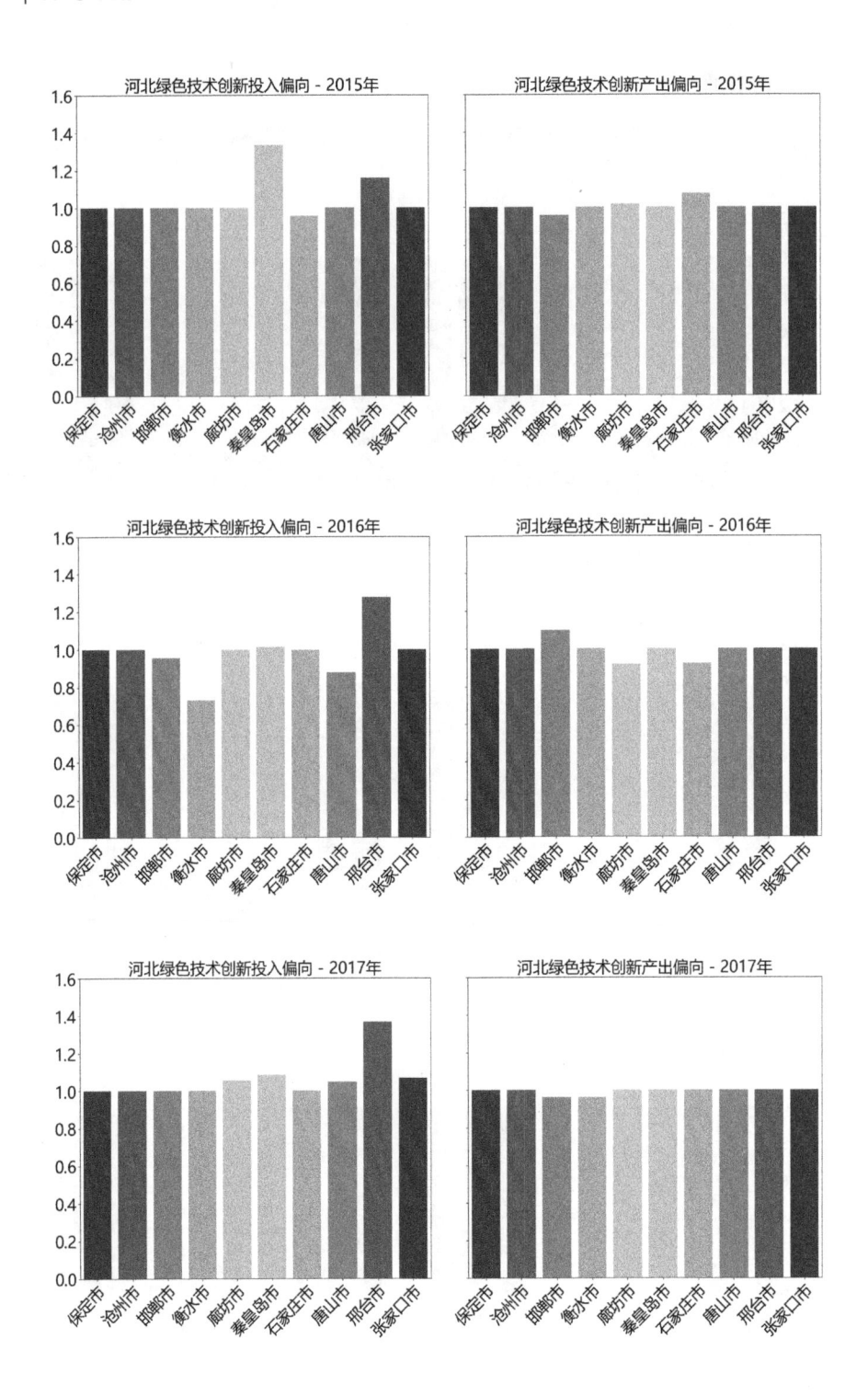

制造业数字化转型与区域绿色偏向型技术创新

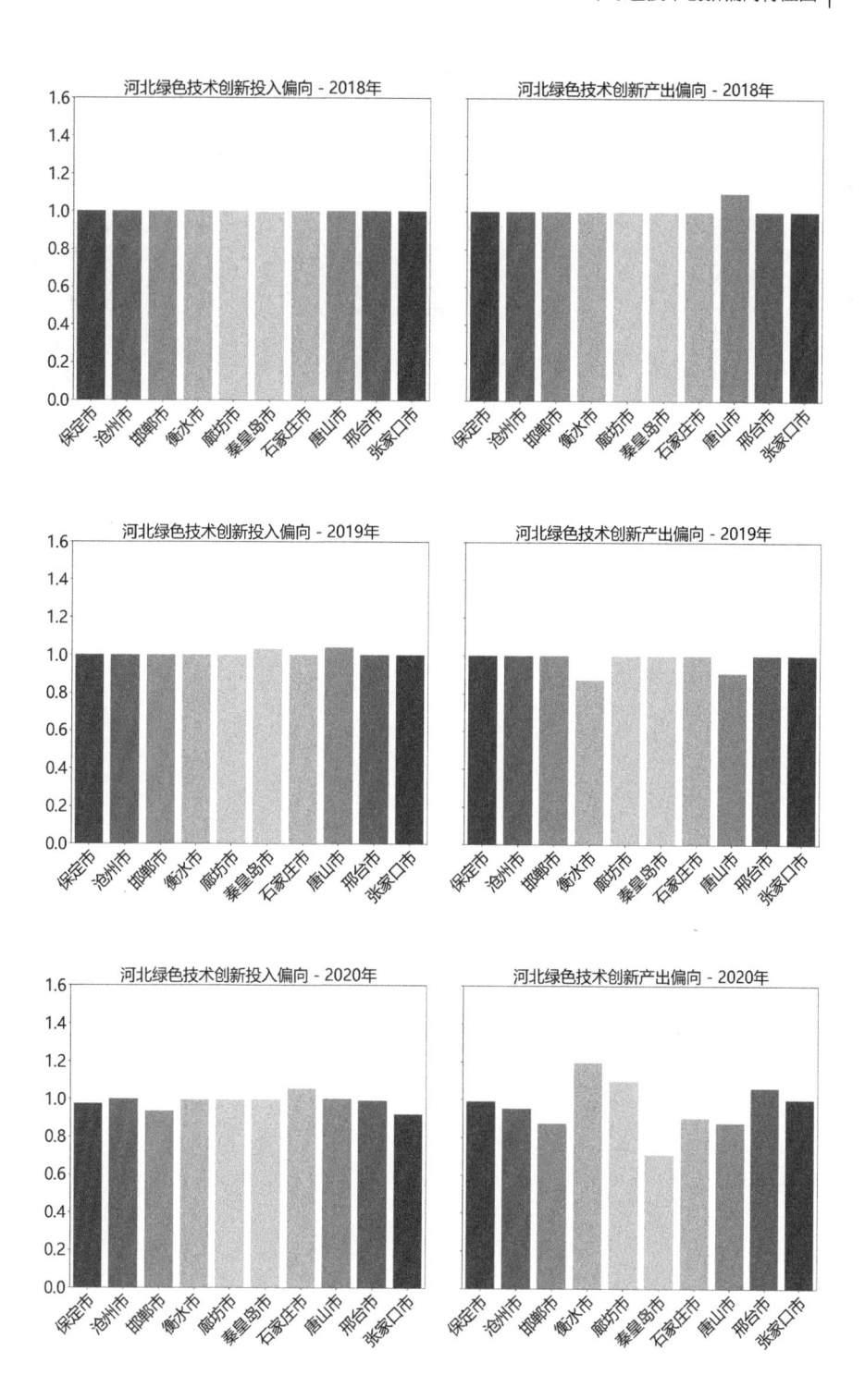

附录一　全国部分省（区、市）2012—2021年绿色技术创新偏向特征图

· 153 ·

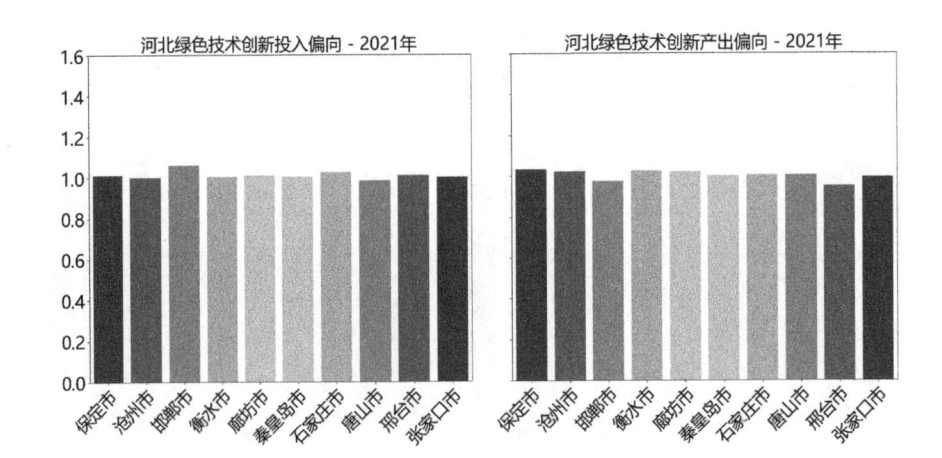

制造业数字化转型与区域绿色偏向型技术创新

附录一 全国部分省（区、市）2012—2021年绿色技术创新偏向特征图

河南省

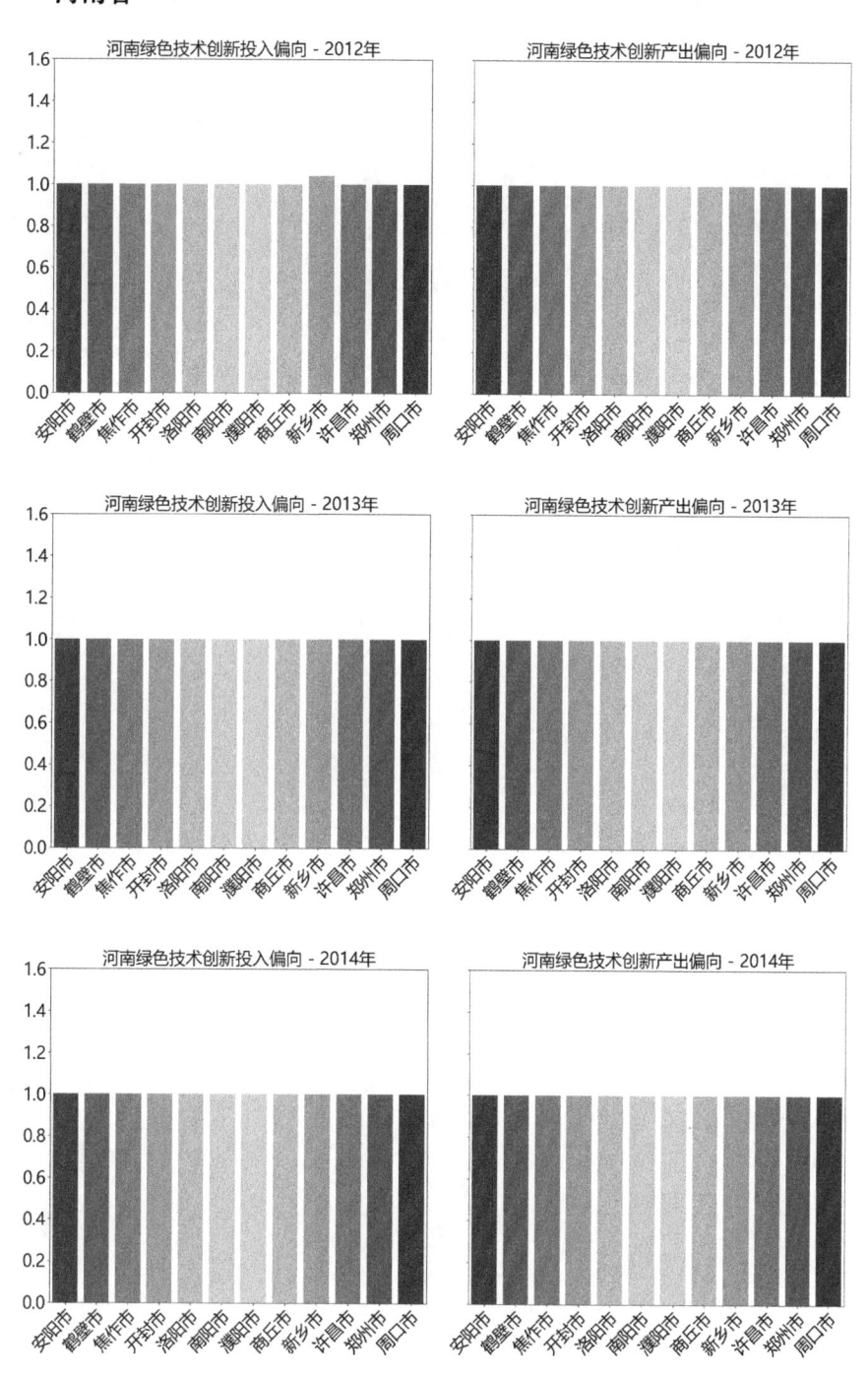

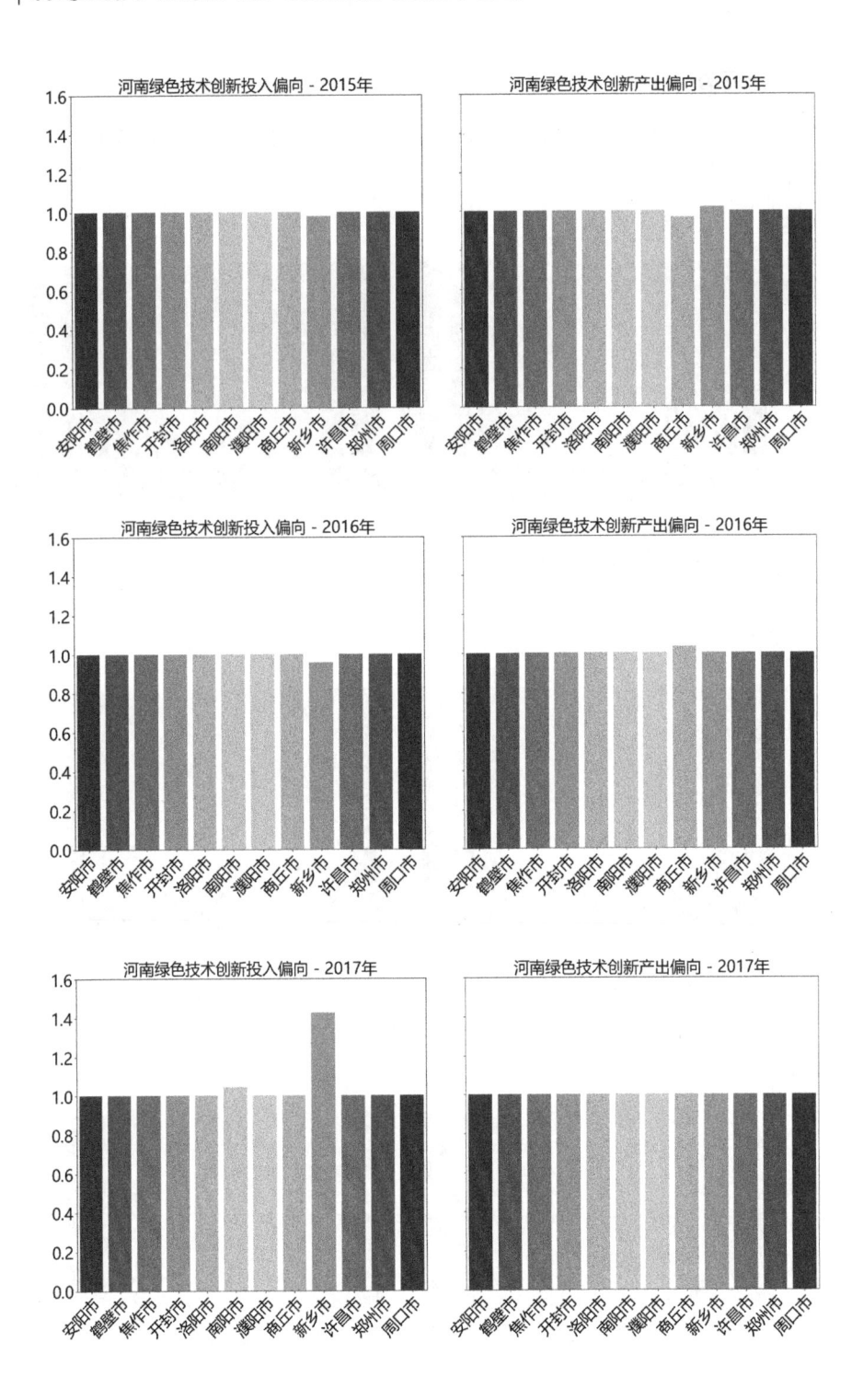

制造业数字化转型与区域绿色偏向型技术创新

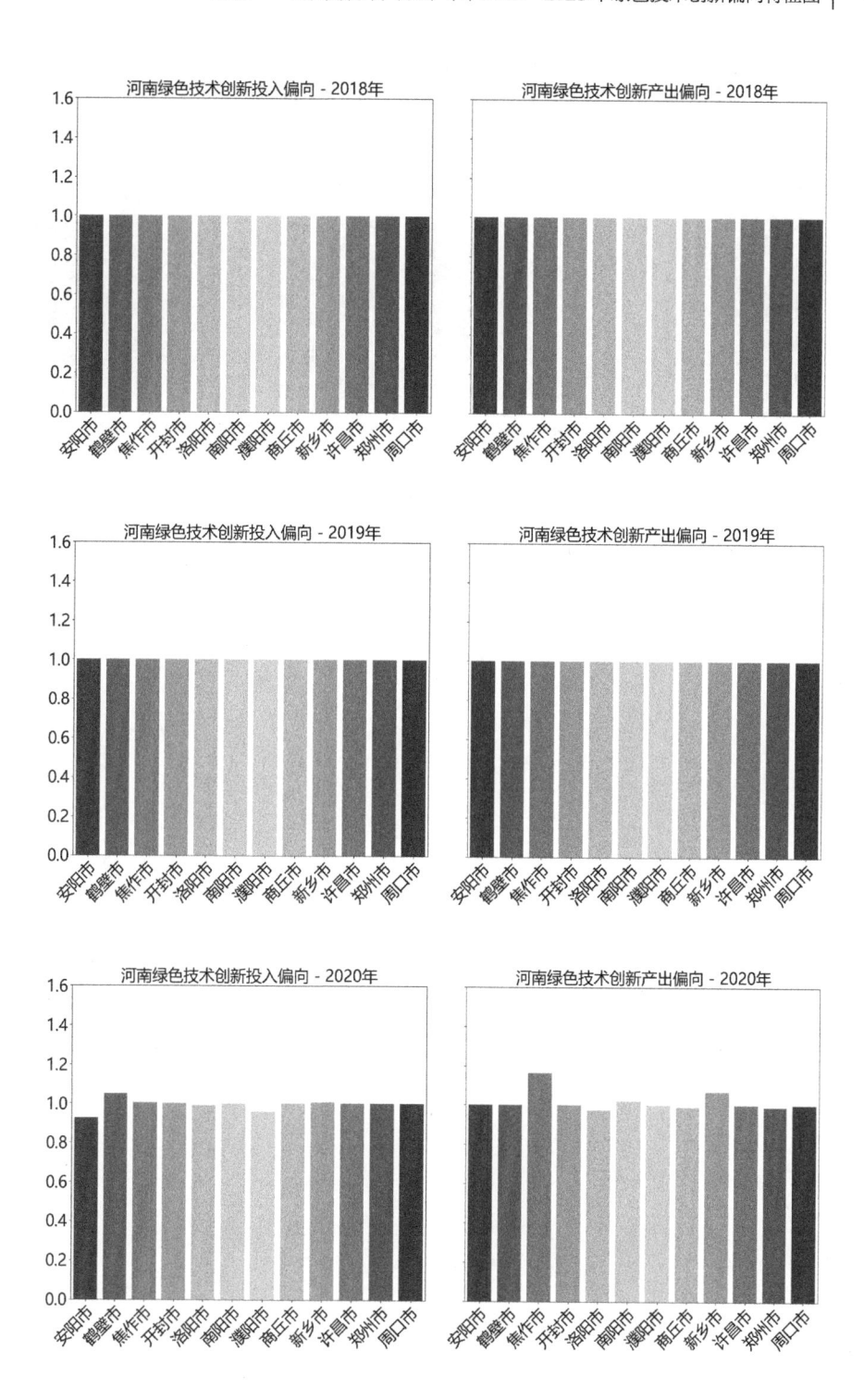

附录一　全国部分省（区、市）2012—2021年绿色技术创新偏向特征图

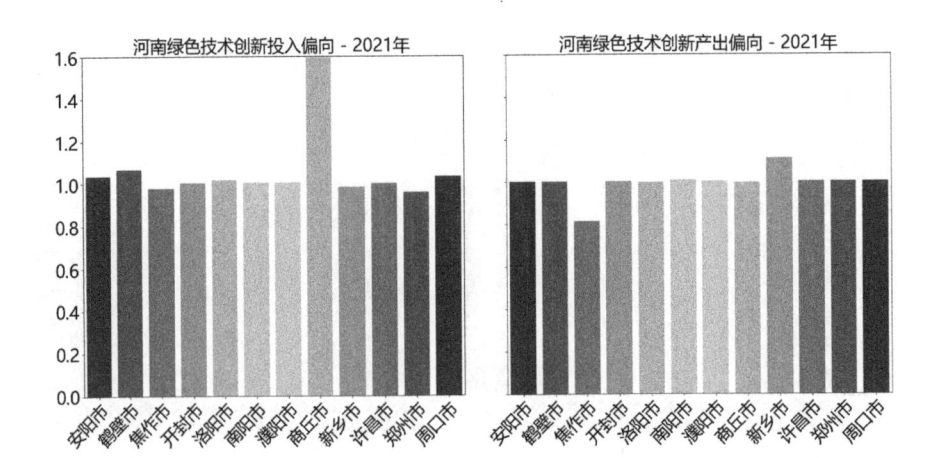

制造业数字化转型与区域绿色偏向型技术创新

附录一 全国部分省（区、市）2012—2021年绿色技术创新偏向特征图

黑龙江省

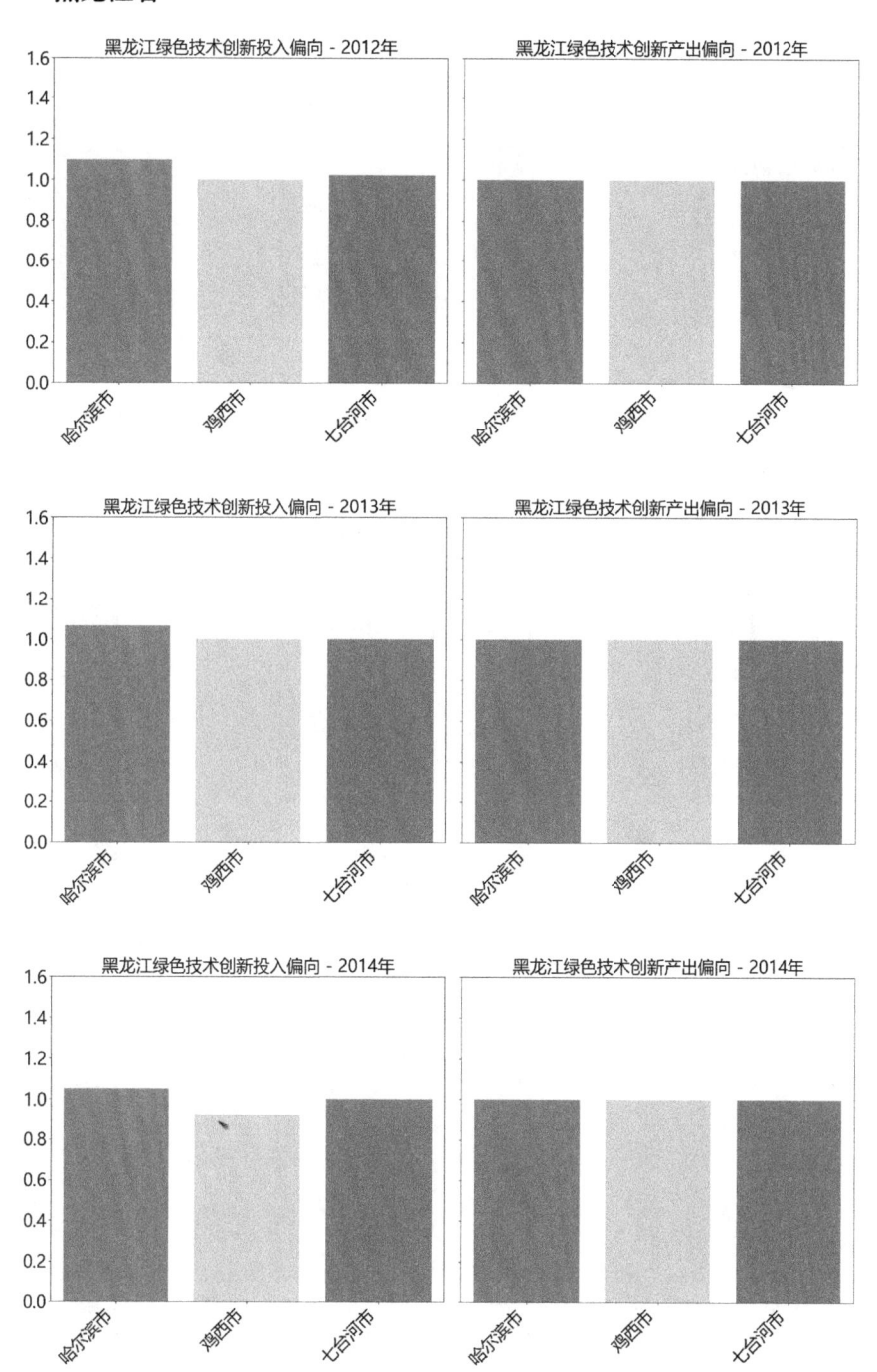

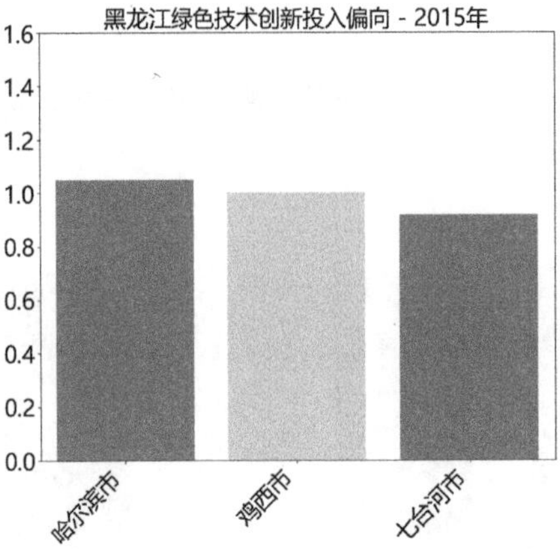
黑龙江绿色技术创新投入偏向 - 2015年
1.6
1.4
1.2
1.0
0.8
0.6
0.4
0.2
0.0
哈尔滨市
鸡西市
七台河市

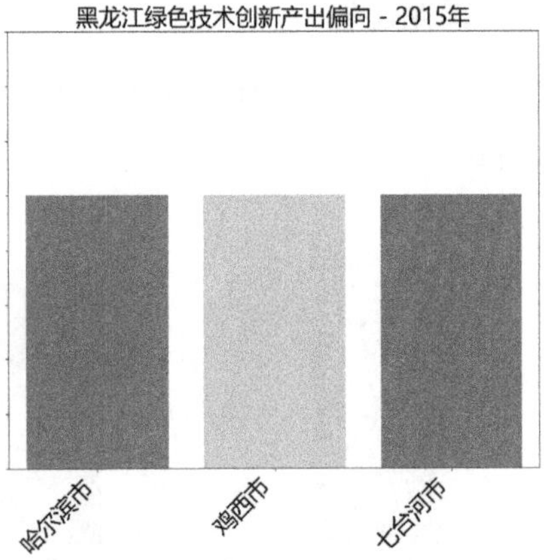
黑龙江绿色技术创新产出偏向 - 2015年
哈尔滨市
鸡西市
七台河市

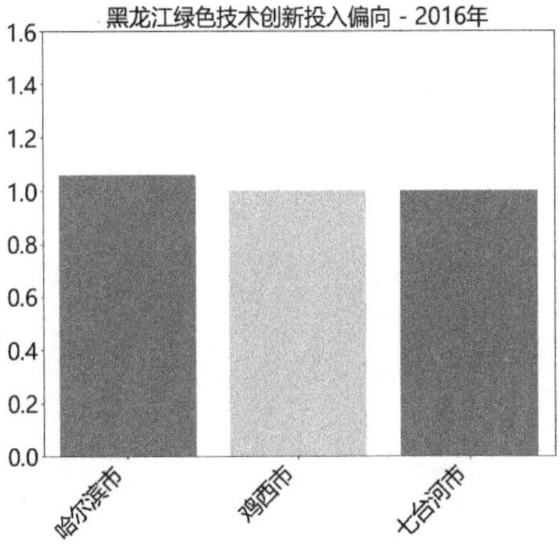
黑龙江绿色技术创新投入偏向 - 2016年
1.6
1.4
1.2
1.0
0.8
0.6
0.4
0.2
0.0
哈尔滨市
鸡西市
七台河市

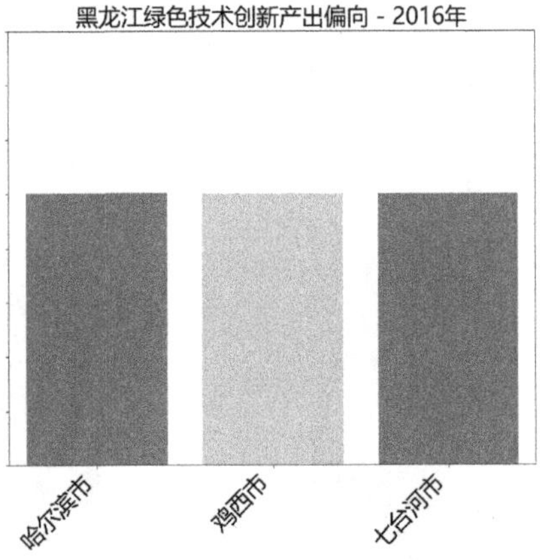
黑龙江绿色技术创新产出偏向 - 2016年
哈尔滨市
鸡西市
七台河市

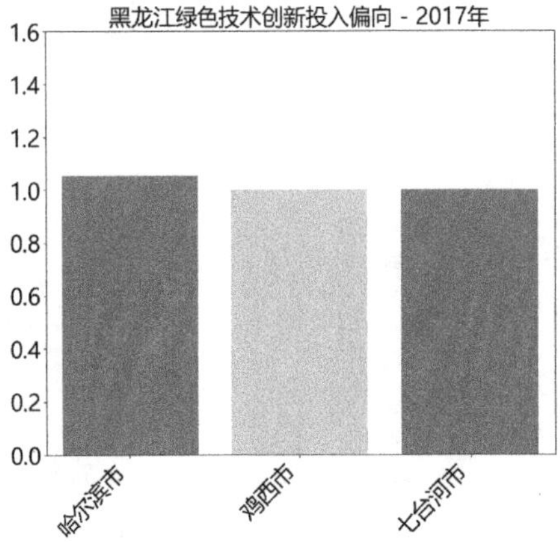
黑龙江绿色技术创新投入偏向 - 2017年
1.6
1.4
1.2
1.0
0.8
0.6
0.4
0.2
0.0
哈尔滨市
鸡西市
七台河市

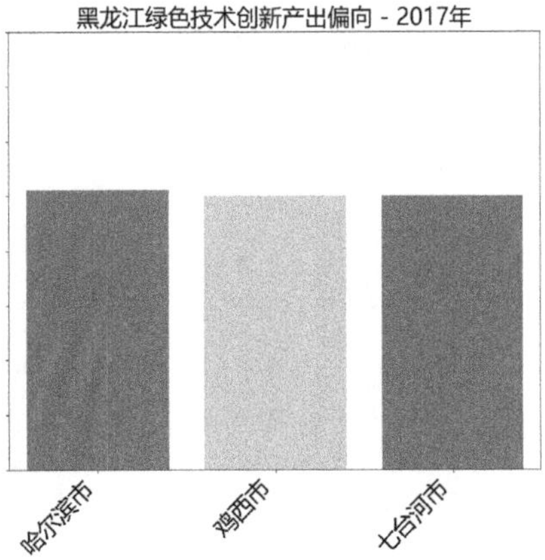
黑龙江绿色技术创新产出偏向 - 2017年
哈尔滨市
鸡西市
七台河市

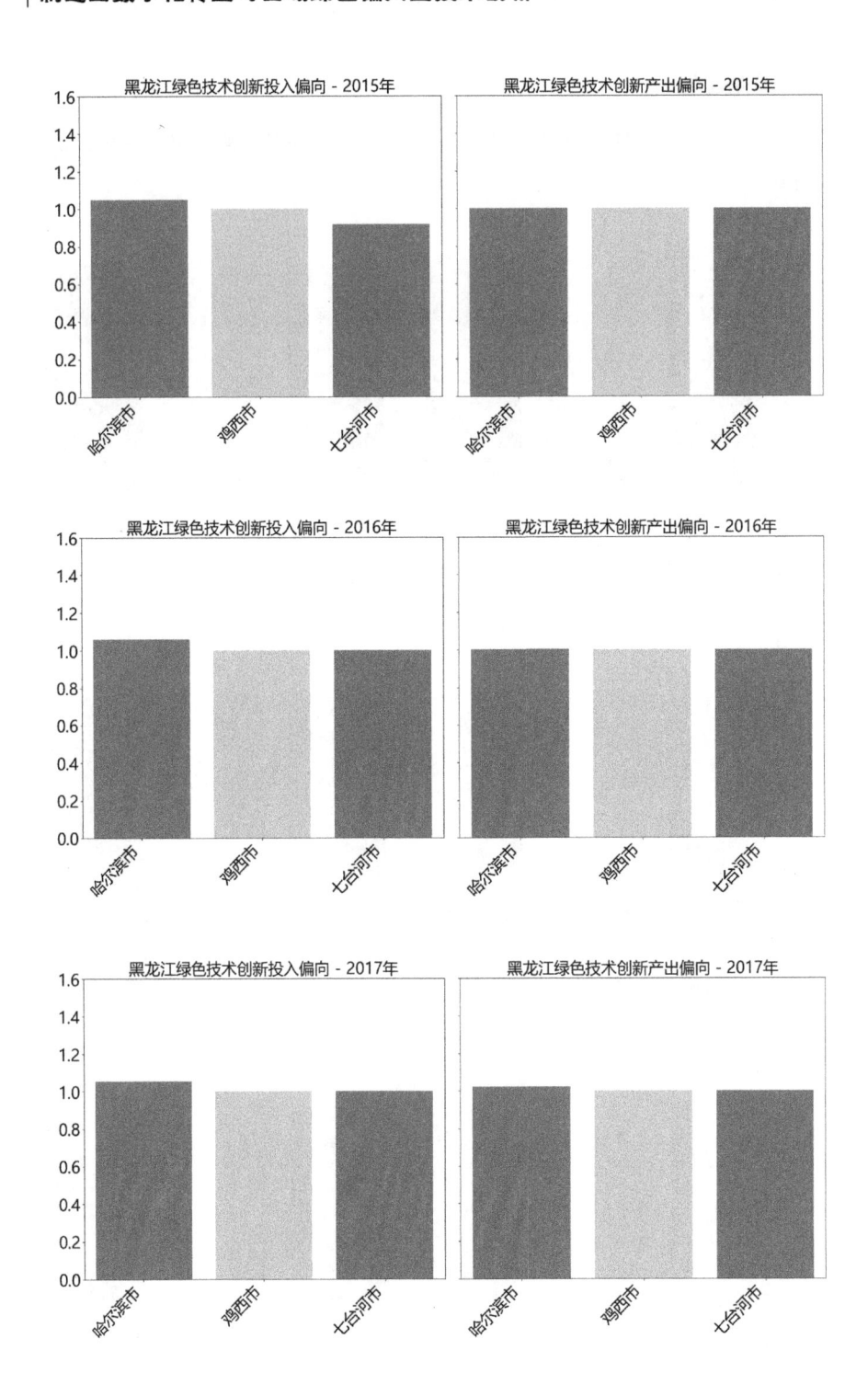

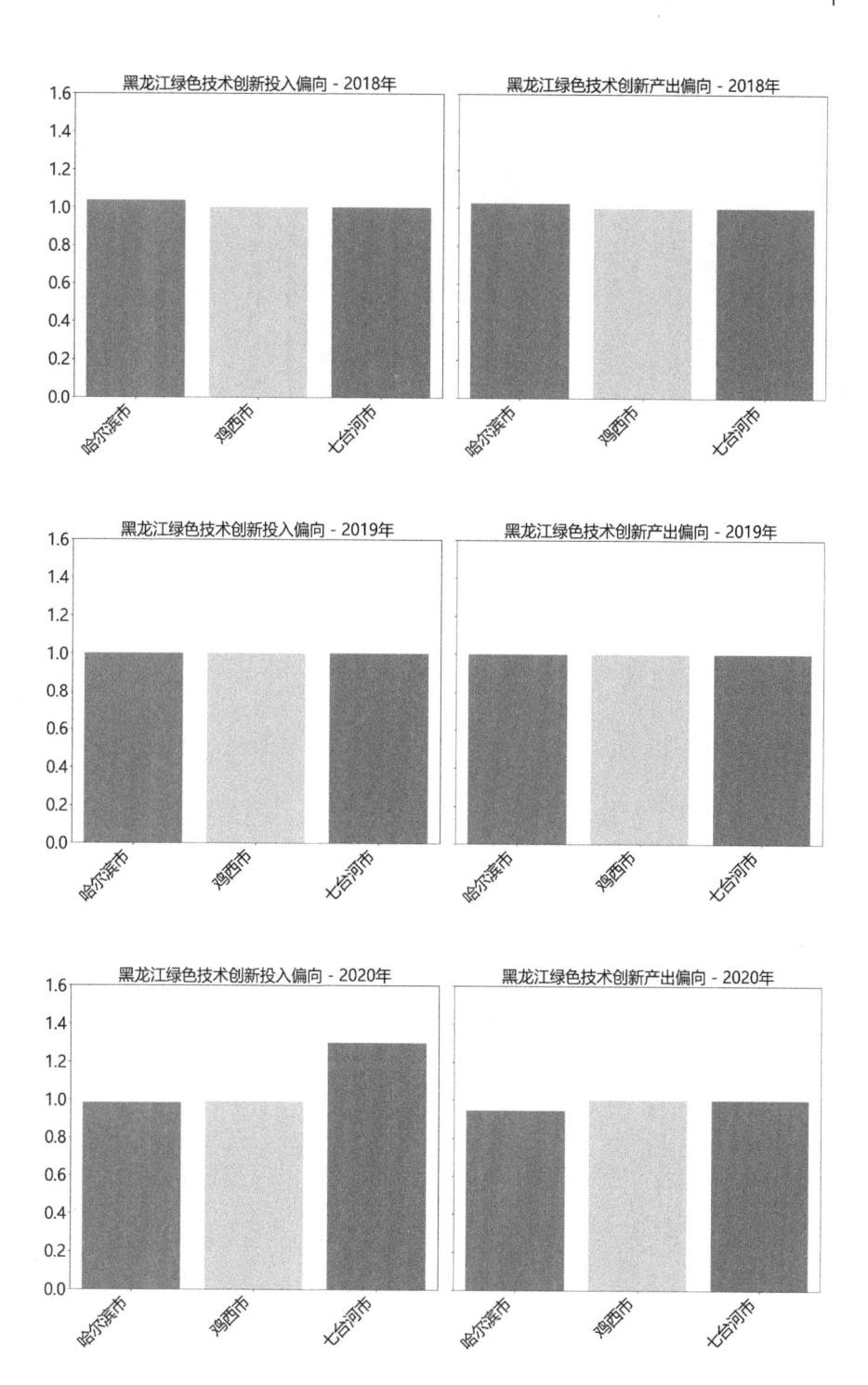

附录一 全国部分省（区、市）2012—2021年绿色技术创新偏向特征图

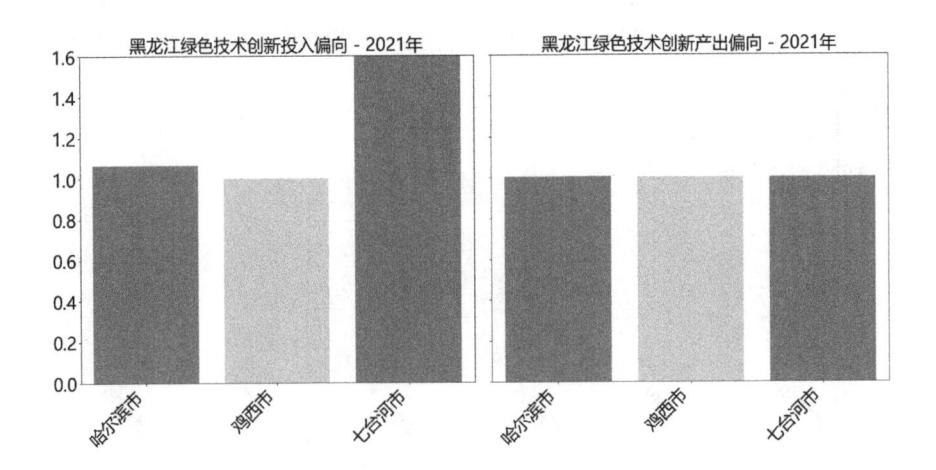

制造业数字化转型与区域绿色偏向型技术创新

湖北省

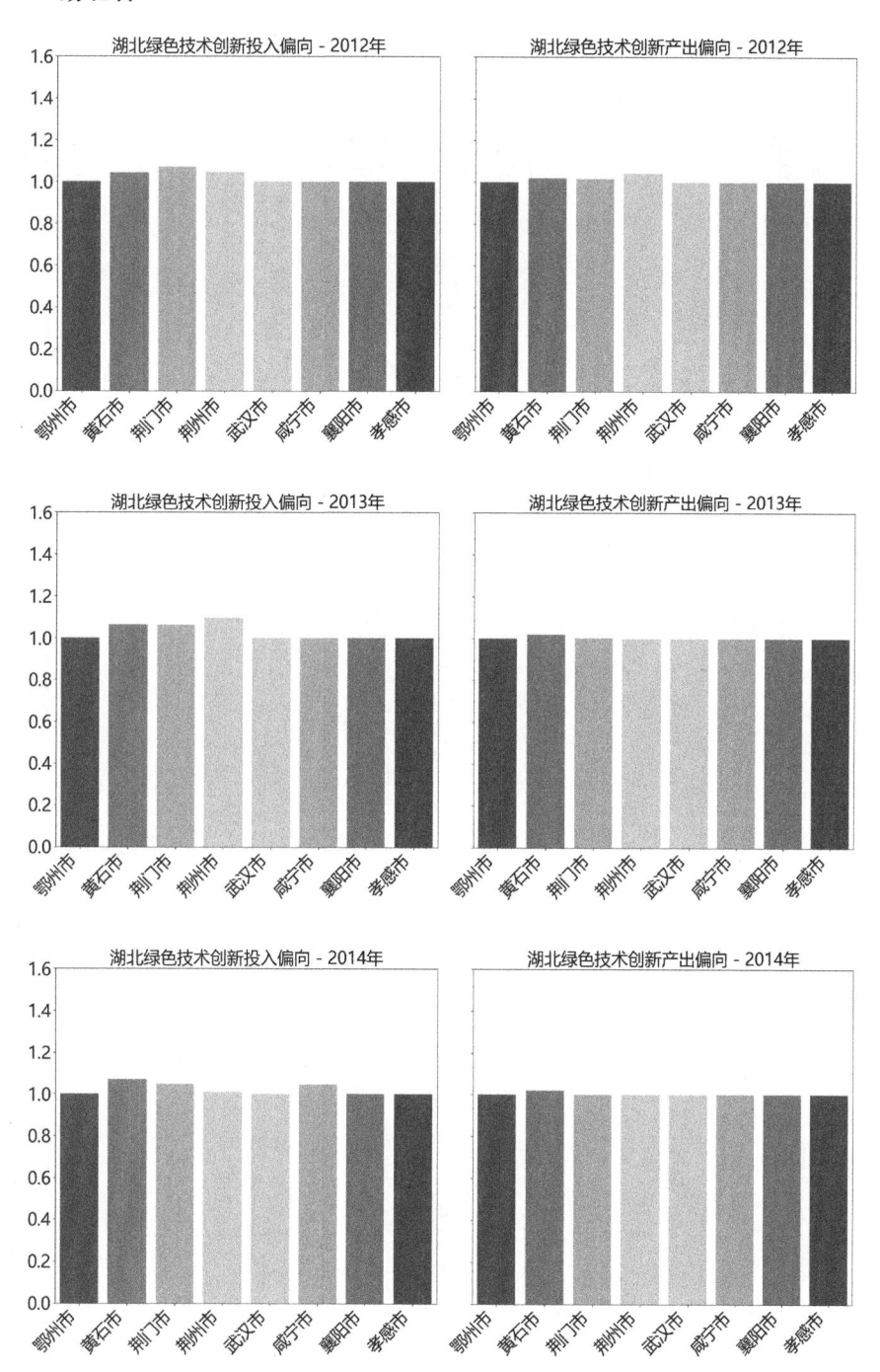

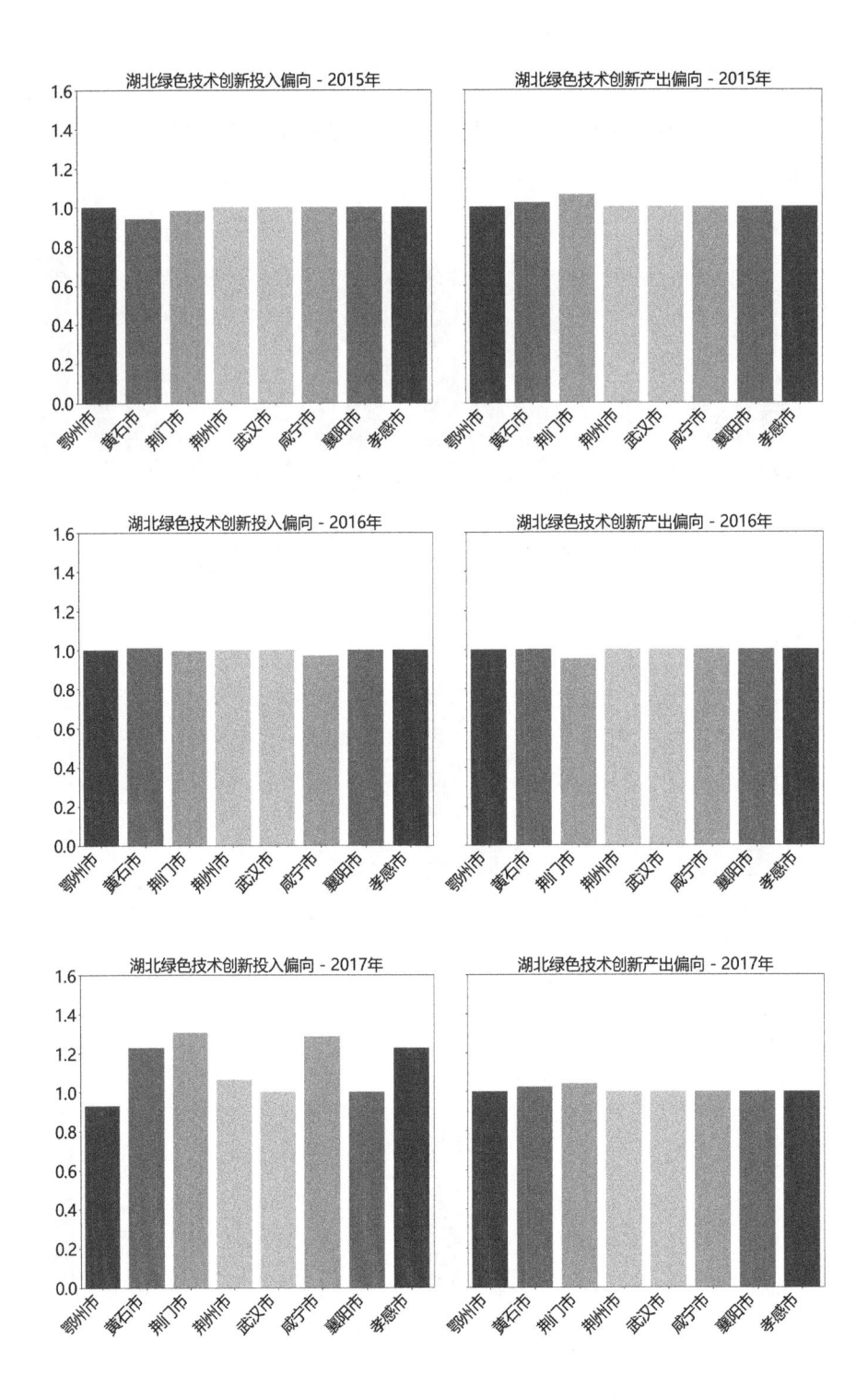

制造业数字化转型与区域绿色偏向型技术创新

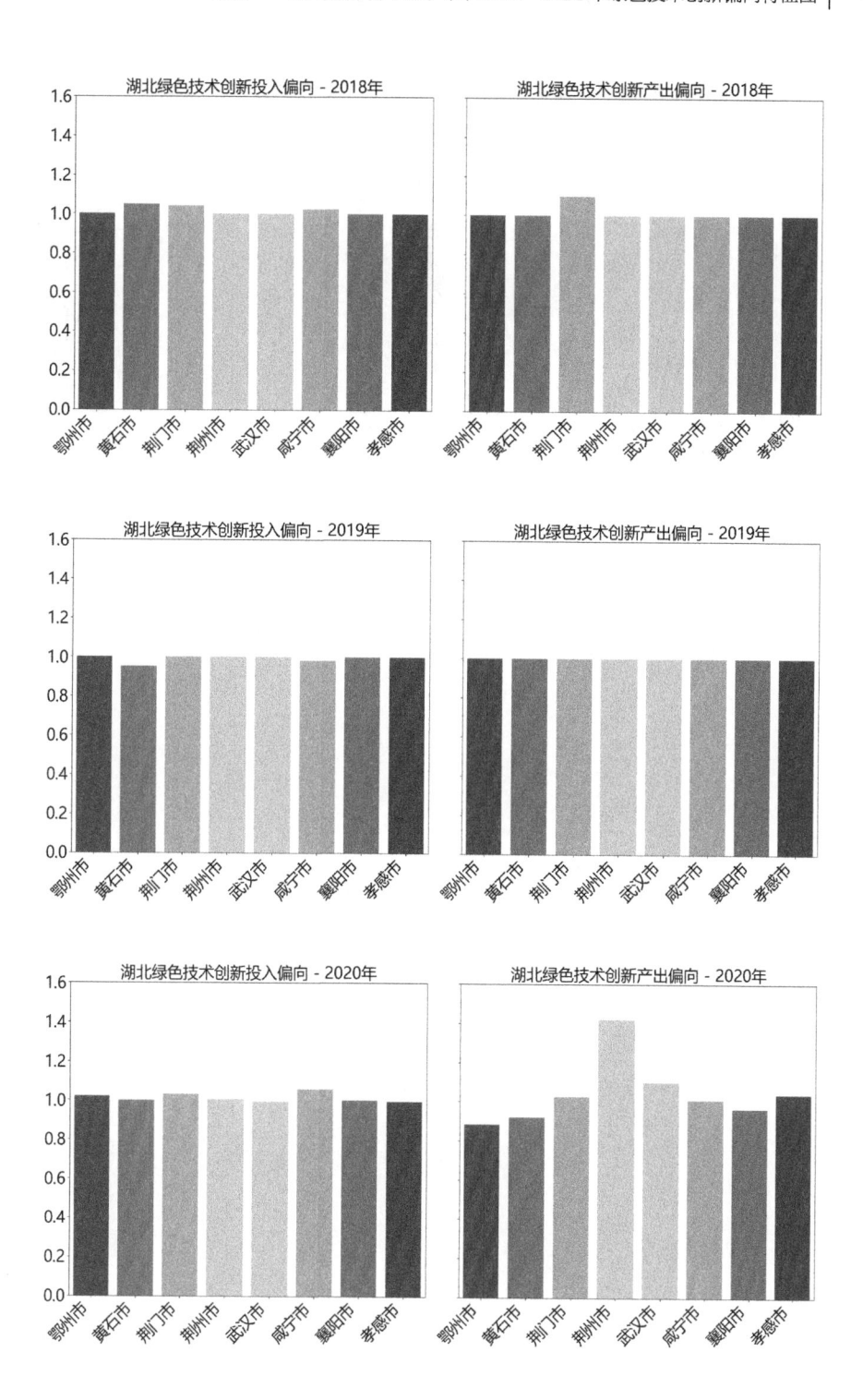

附录一 全国部分省（区、市）2012—2021年绿色技术创新偏向特征图

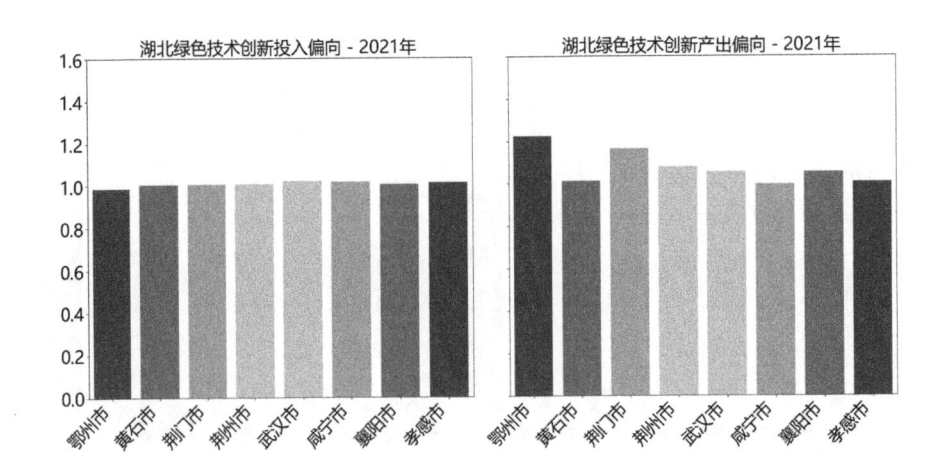

制造业数字化转型与区域绿色偏向型技术创新

附录一 全国部分省（区、市）2012—2021年绿色技术创新偏向特征图

湖南省

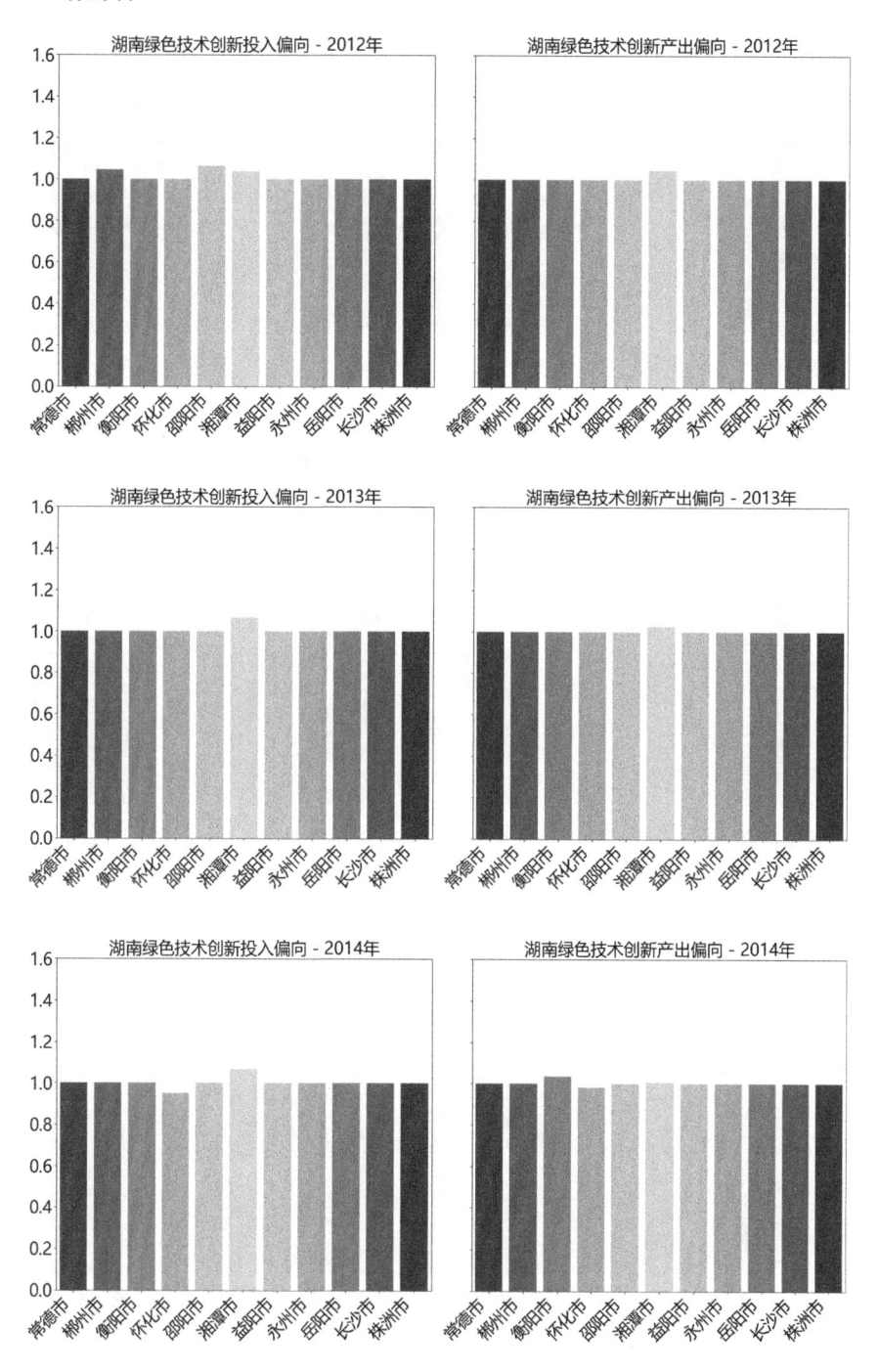

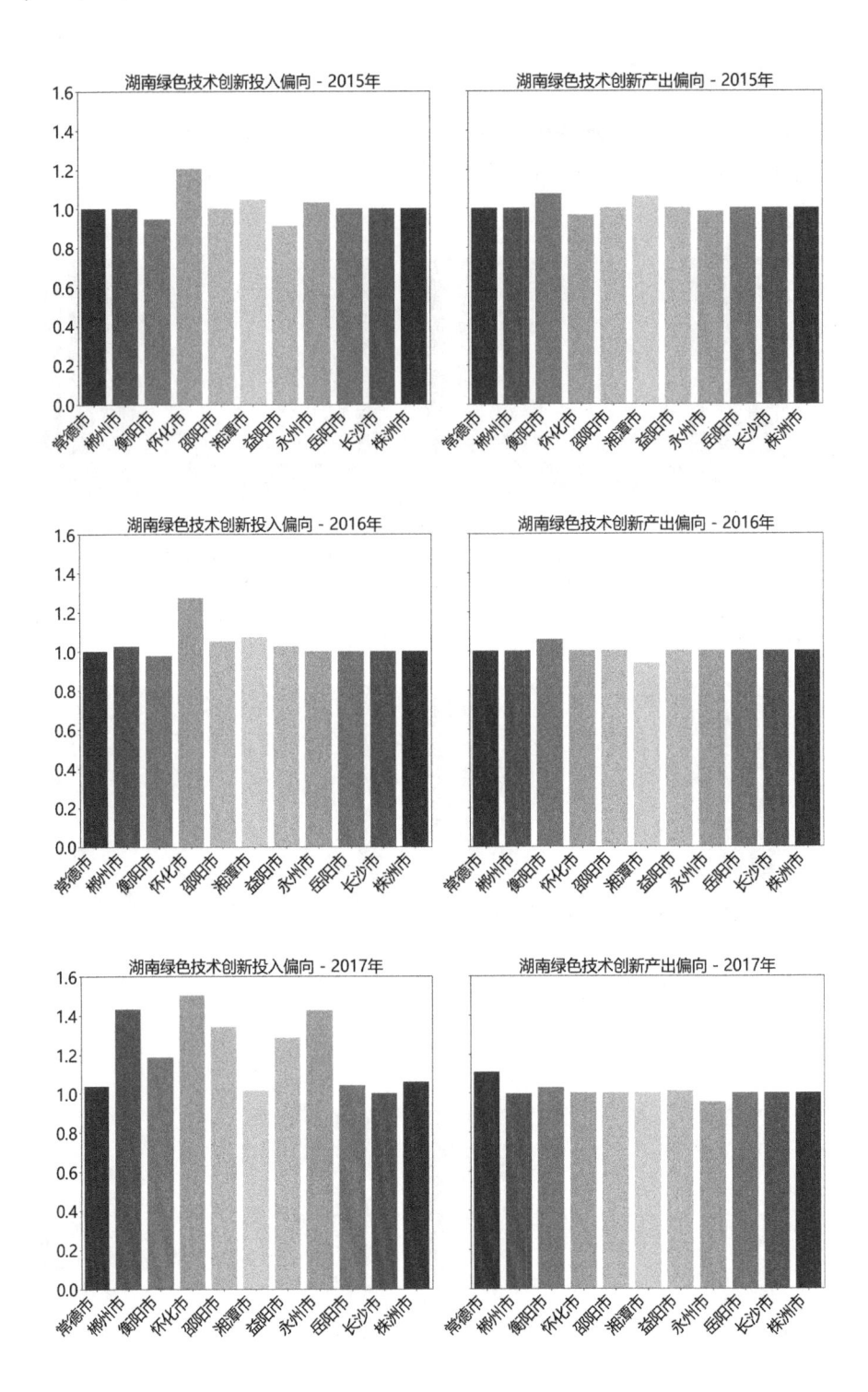

制造业数字化转型与区域绿色偏向型技术创新

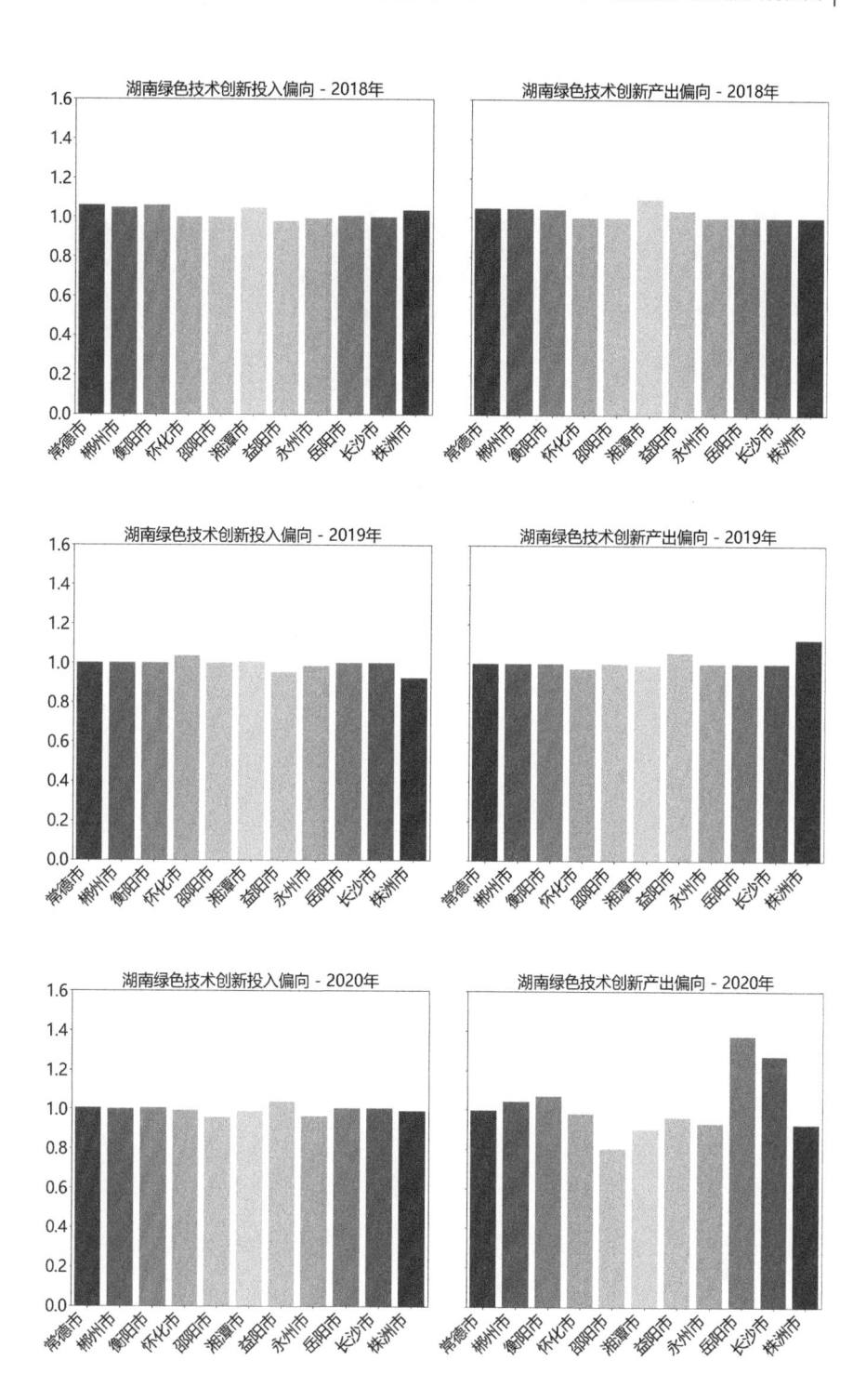

附录一 全国部分省（区、市）2012—2021年绿色技术创新偏向特征图

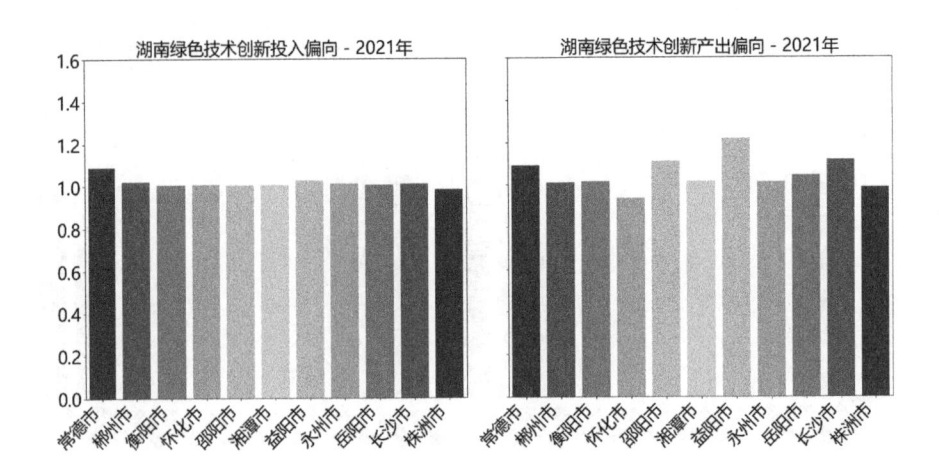

制造业数字化转型与区域绿色偏向型技术创新

吉林省

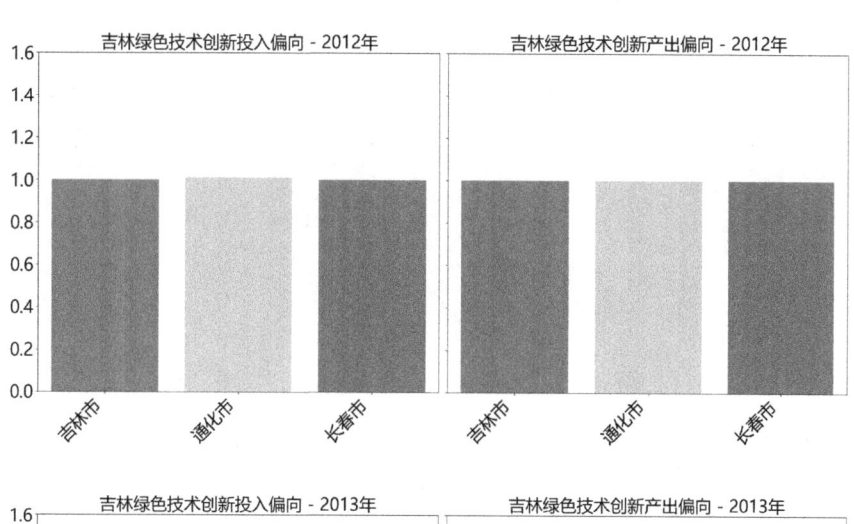

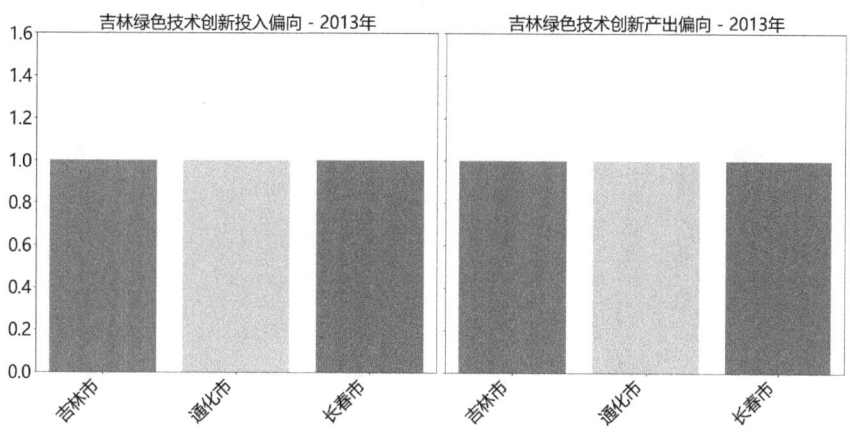

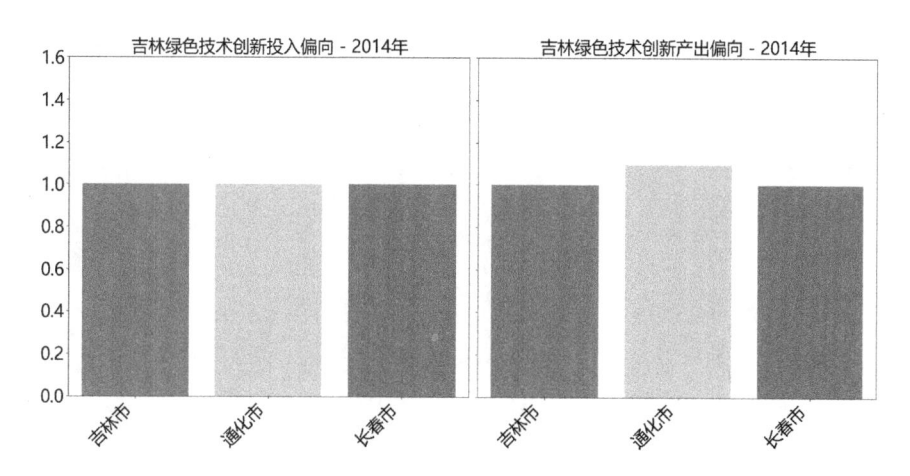

附录一　全国部分省（区、市）2012—2021年绿色技术创新偏向特征图

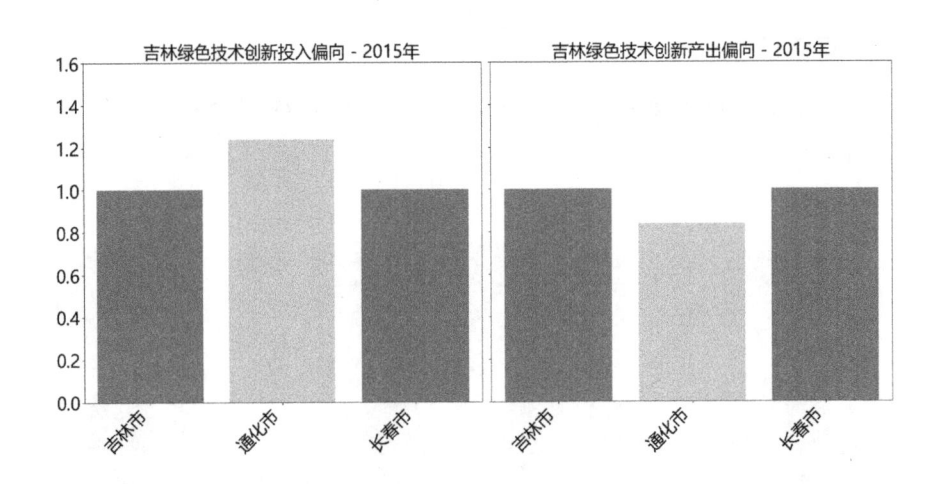

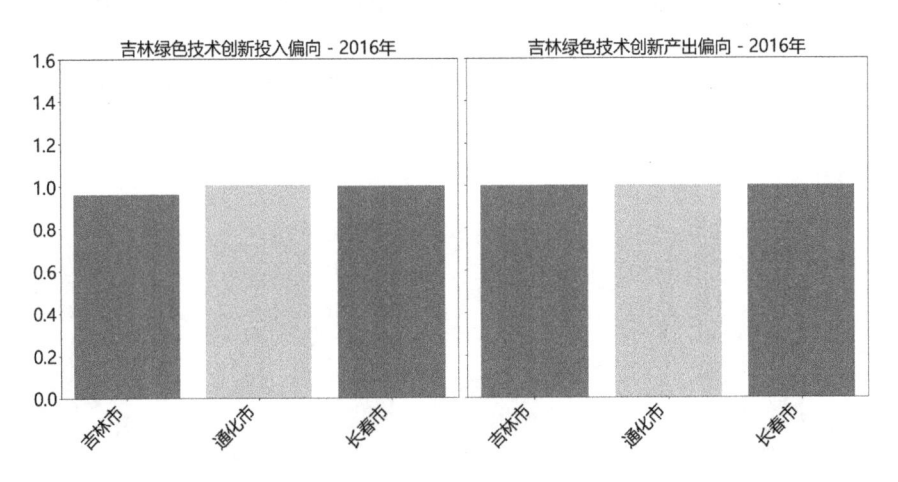

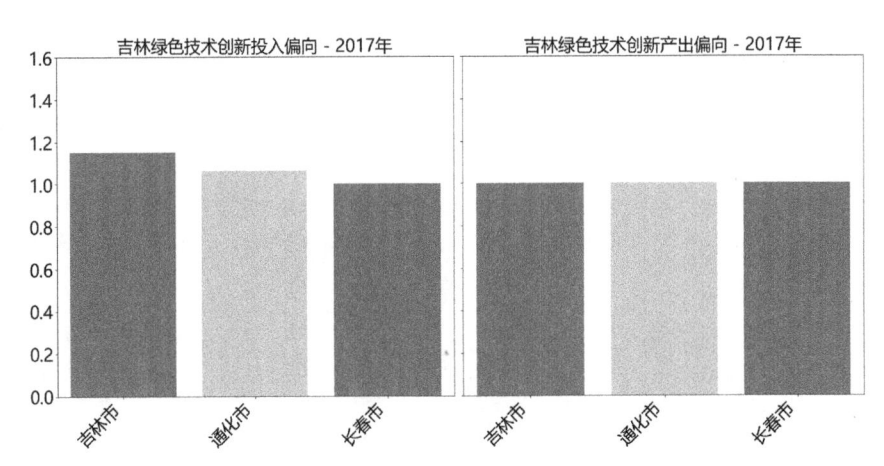

制造业数字化转型与区域绿色偏向型技术创新

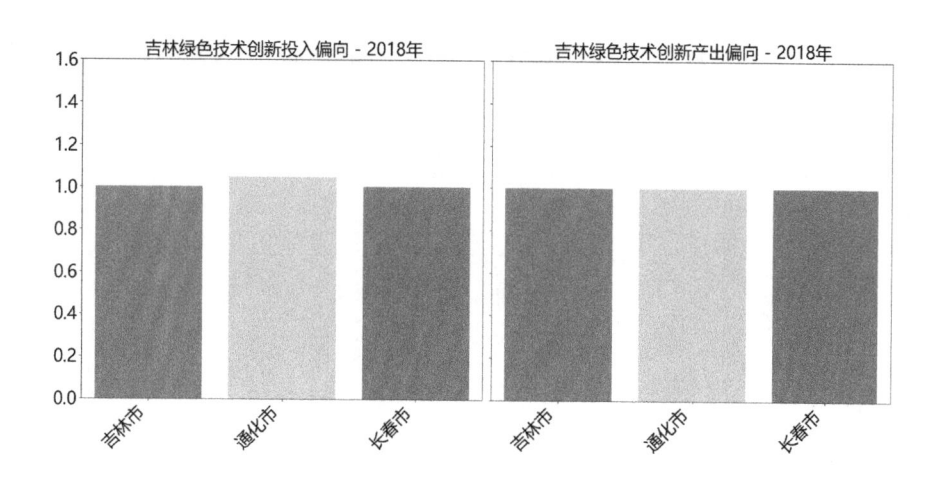

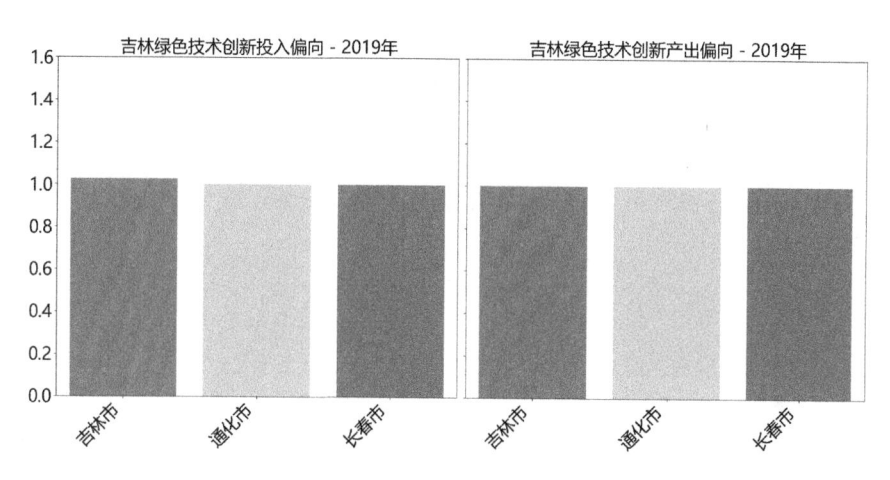

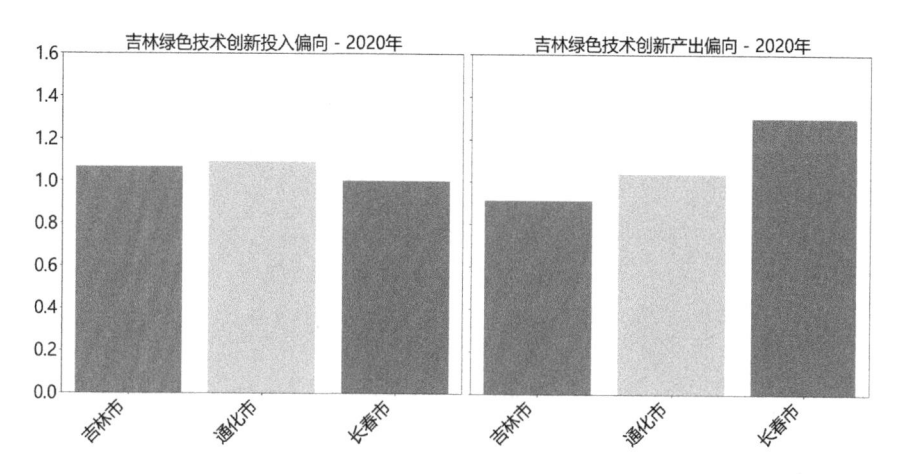

附录一 全国部分省（区、市）2012—2021年绿色技术创新偏向特征图

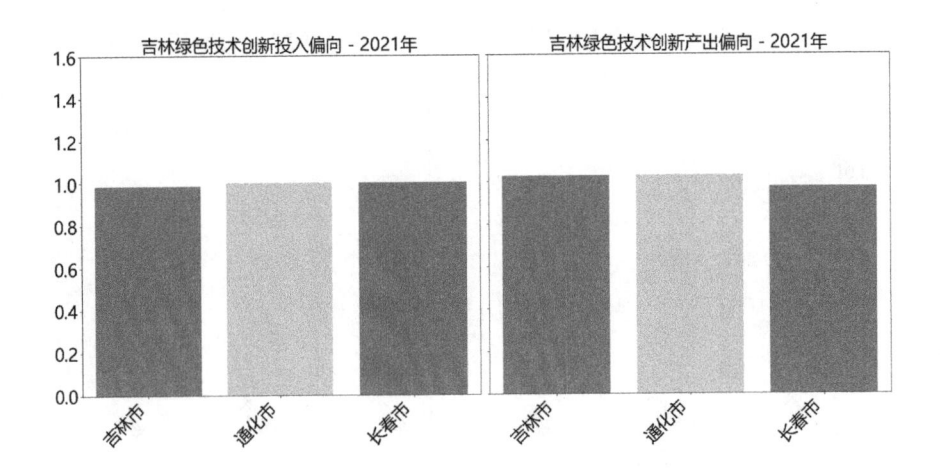

制造业数字化转型与区域绿色偏向型技术创新

附录一 全国部分省（区、市）2012—2021年绿色技术创新偏向特征图

江苏省

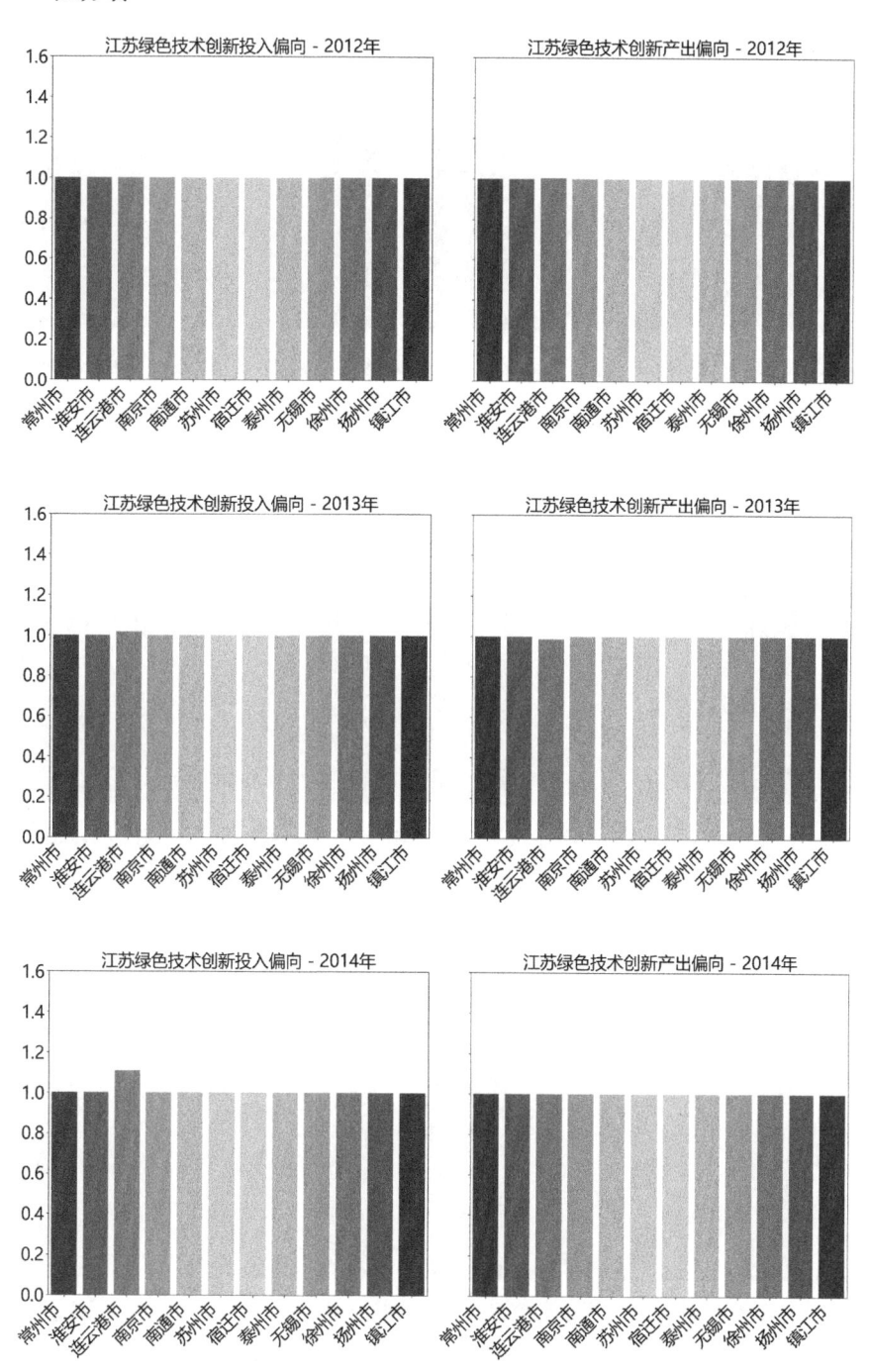

· 175 ·

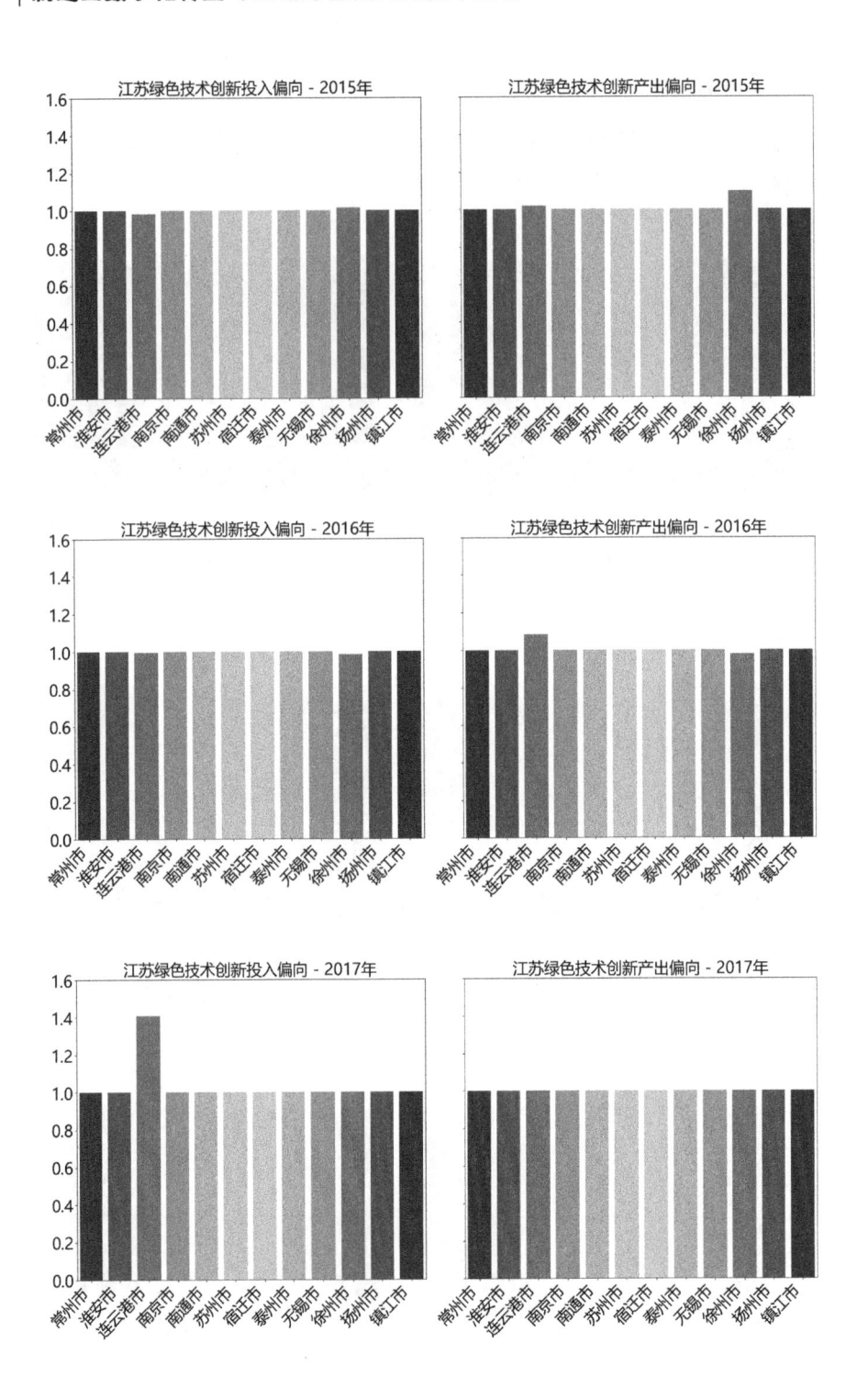

制造业数字化转型与区域绿色偏向型技术创新

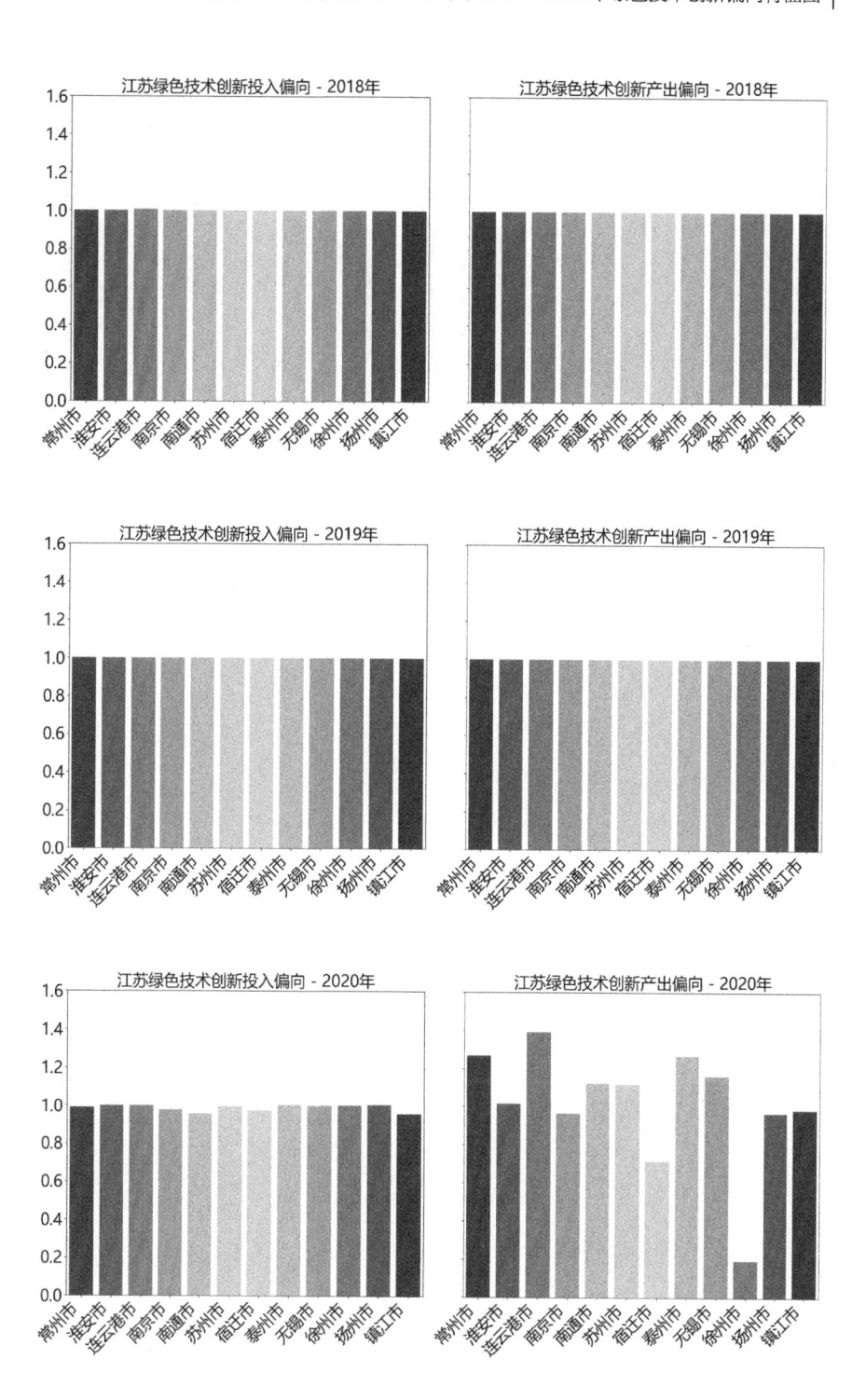

附录一 全国部分省（区、市）2012—2021年绿色技术创新偏向特征图

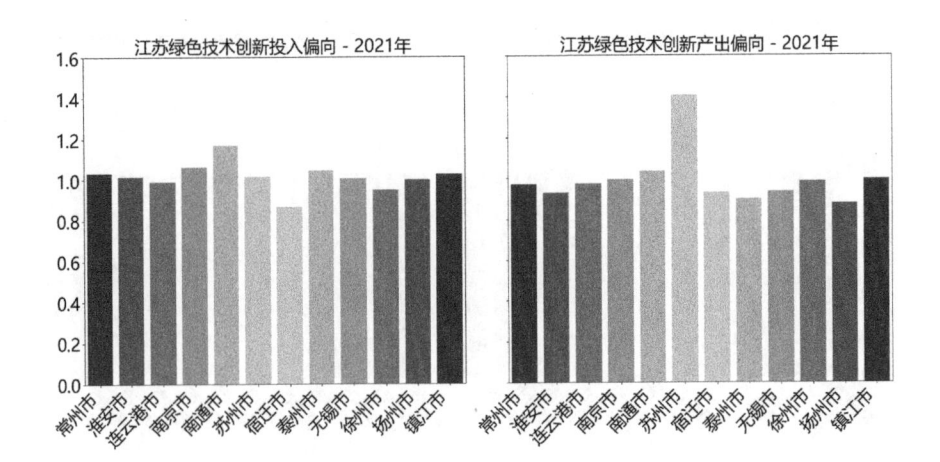

制造业数字化转型与区域绿色偏向型技术创新

附录一 全国部分省（区、市）2012—2021年绿色技术创新偏向特征图

江西省

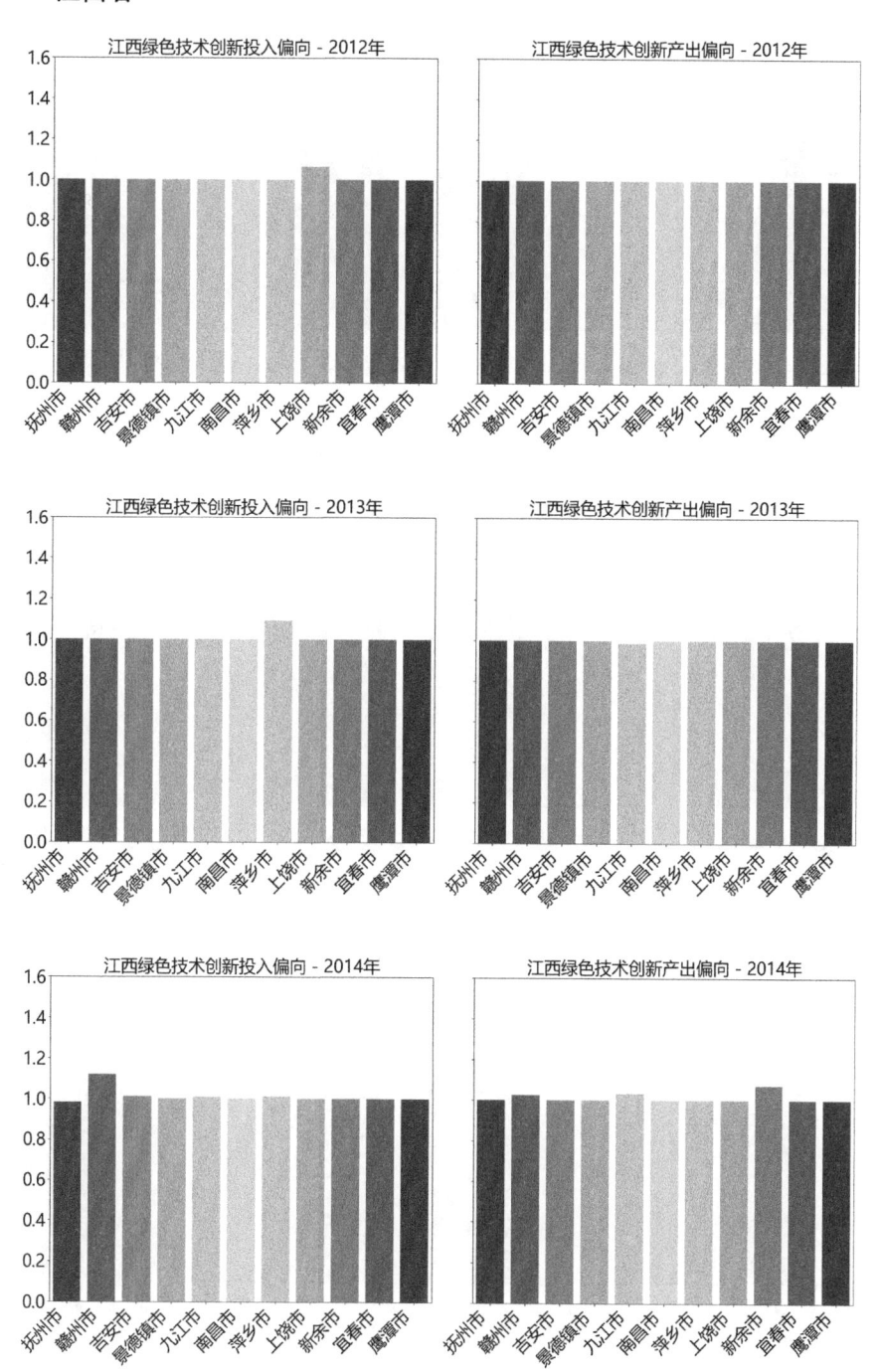

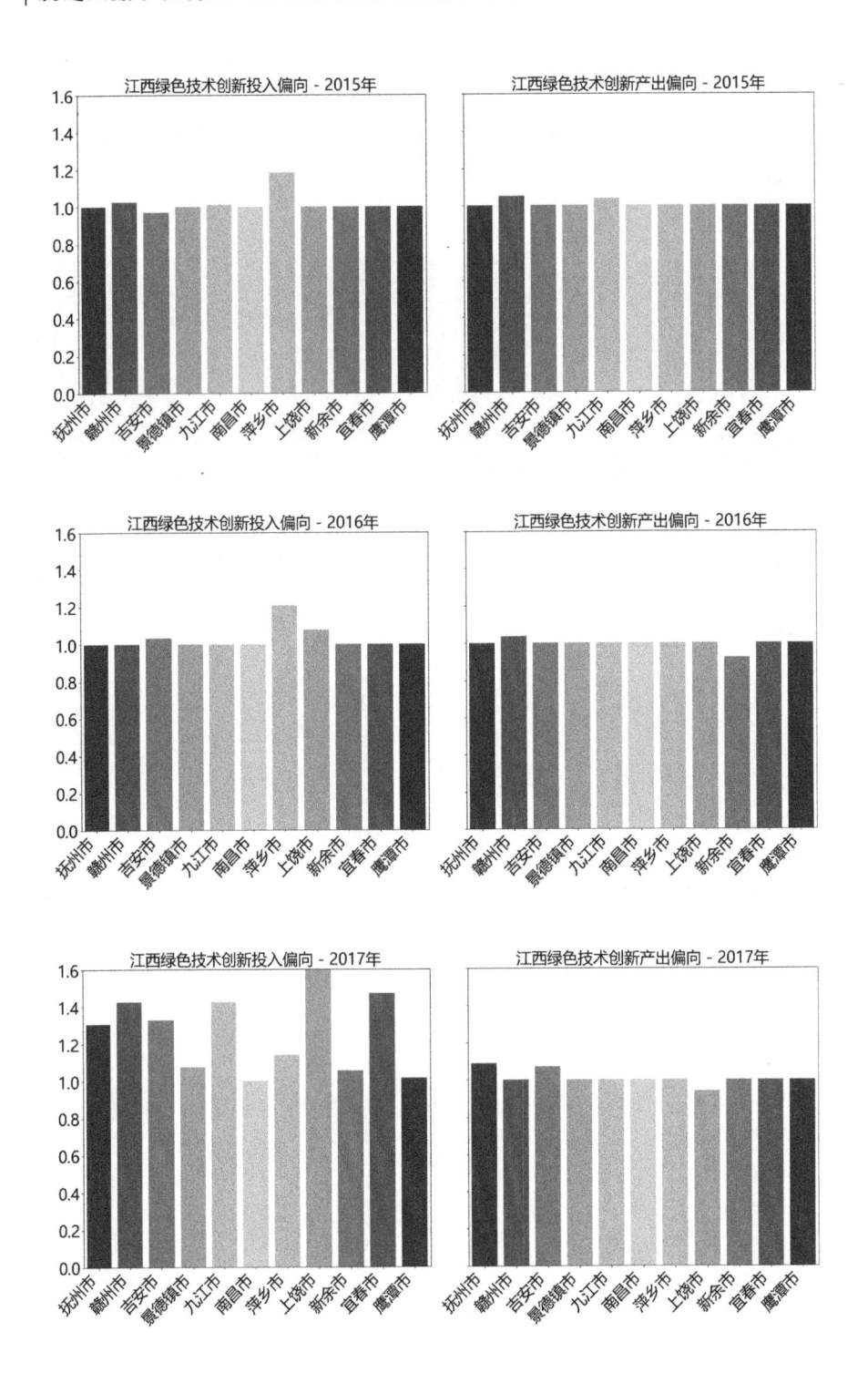

制造业数字化转型与区域绿色偏向型技术创新

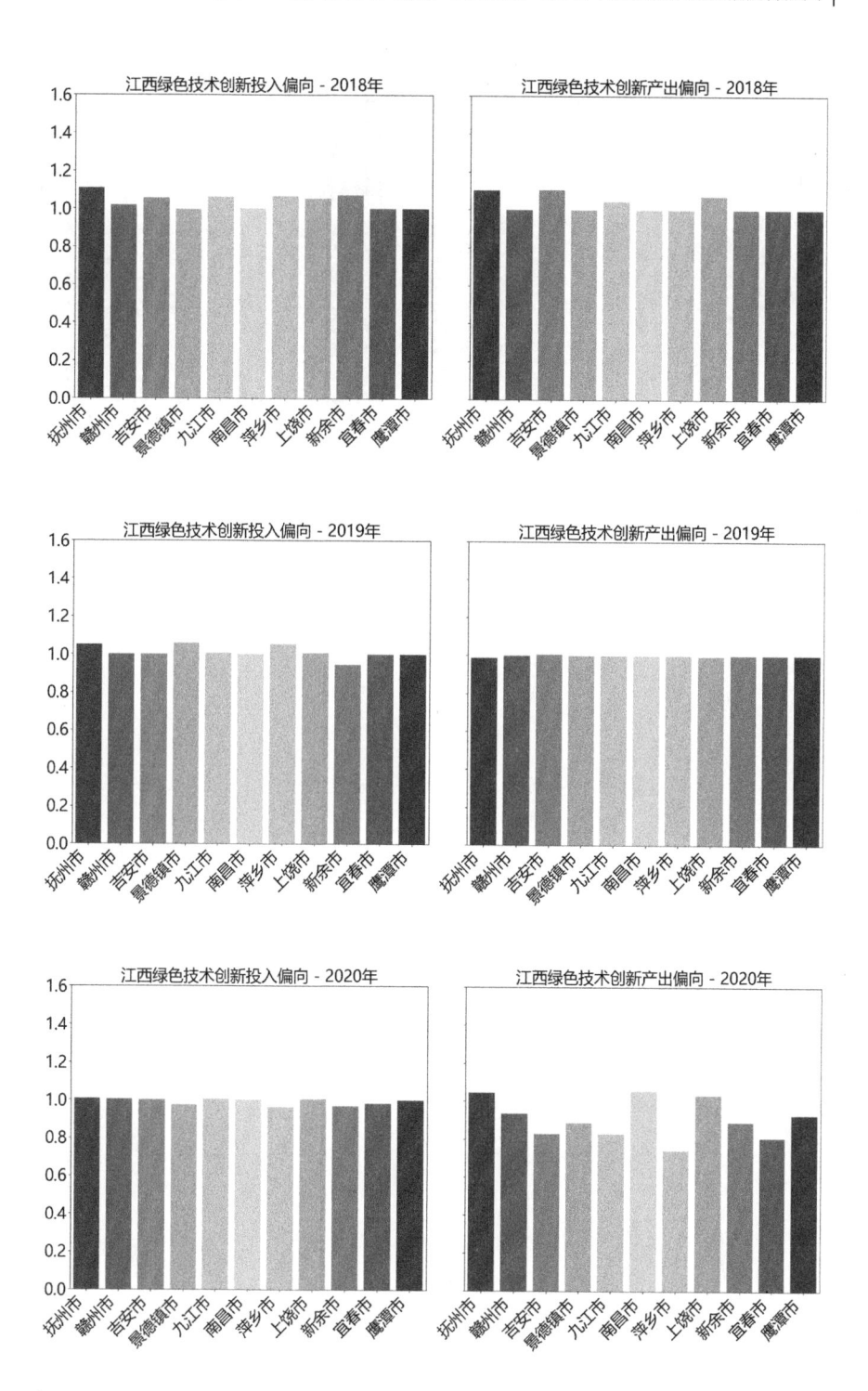

附录一 全国部分省（区、市）2012—2021年绿色技术创新偏向特征图

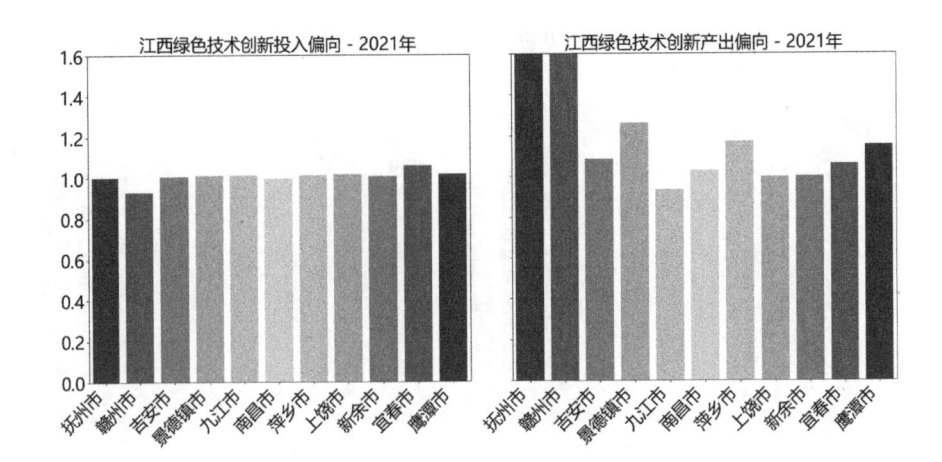

制造业数字化转型与区域绿色偏向型技术创新

附录一　全国部分省（区、市）2012—2021年绿色技术创新偏向特征图

辽宁省

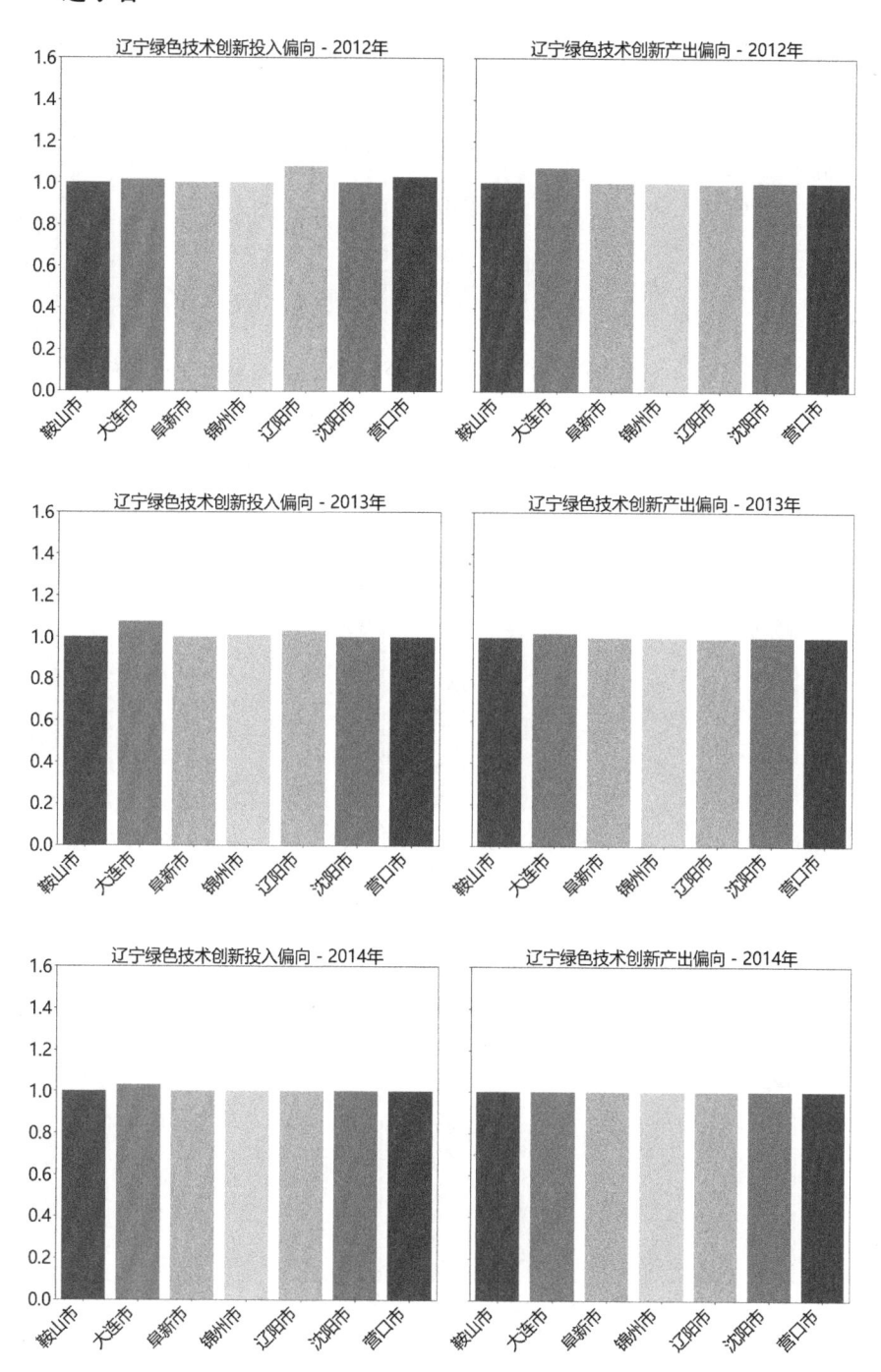

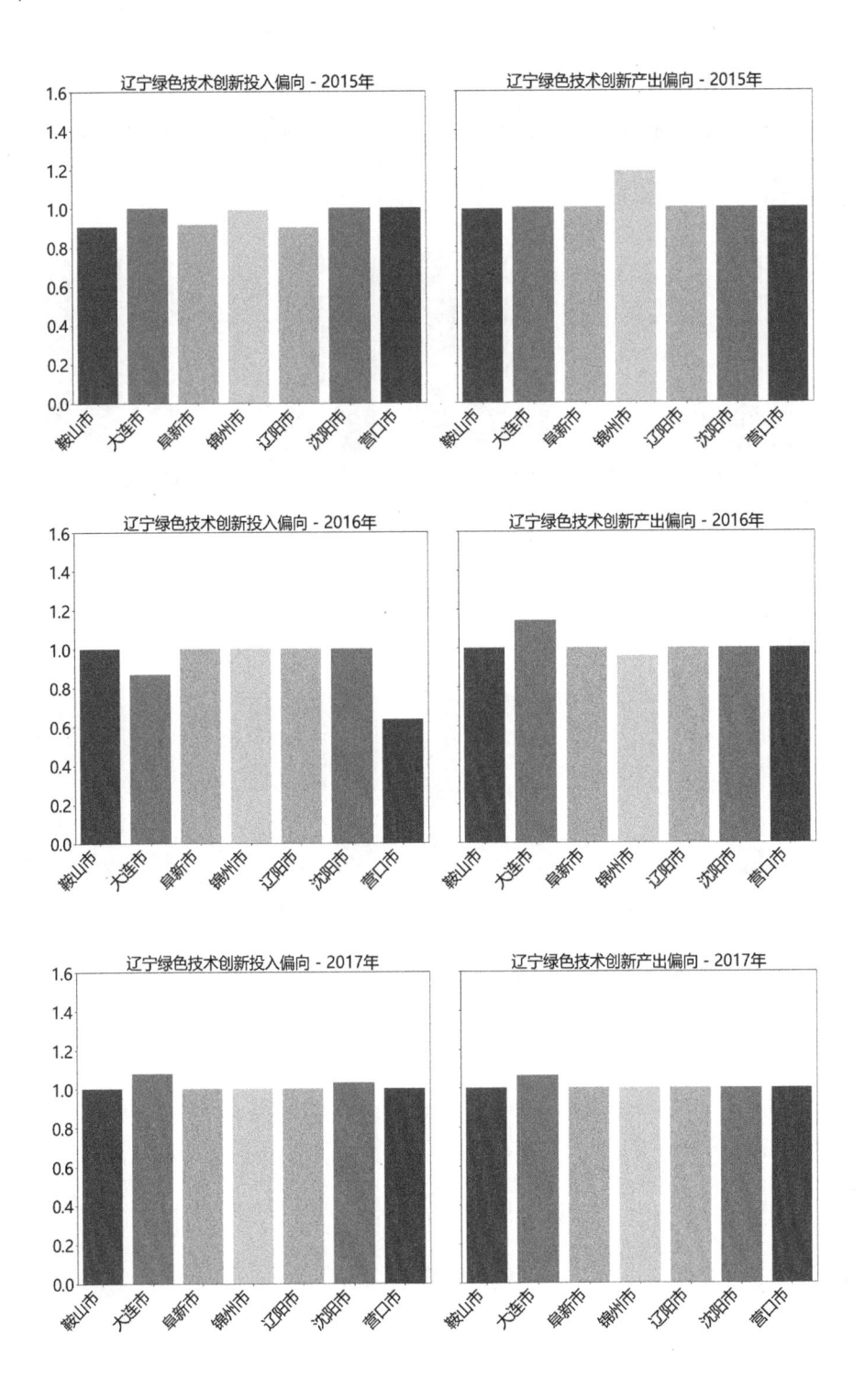

| 制造业数字化转型与区域绿色偏向型技术创新

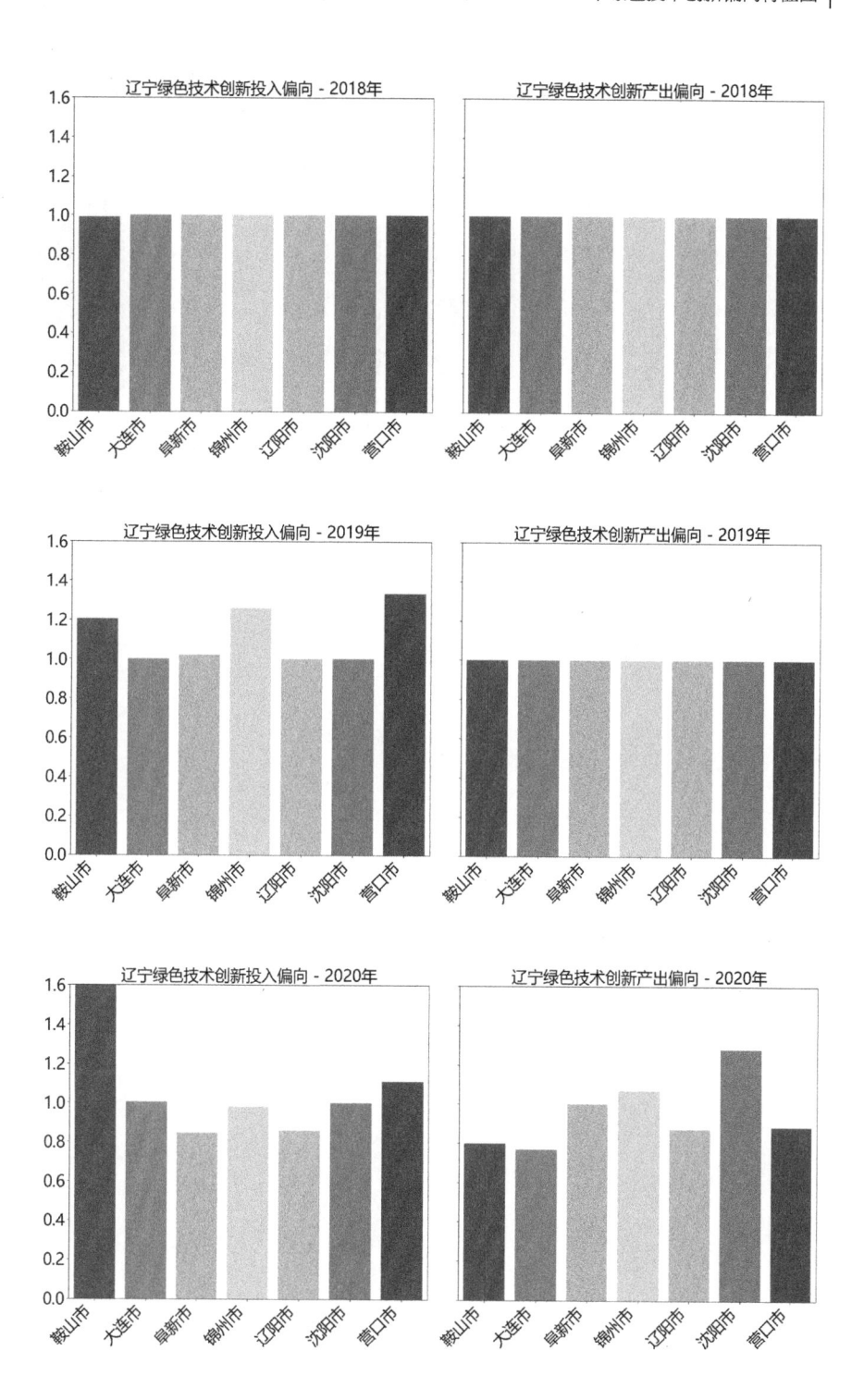

附录一 全国部分省（区、市）2012—2021年绿色技术创新偏向特征图

· 185 ·

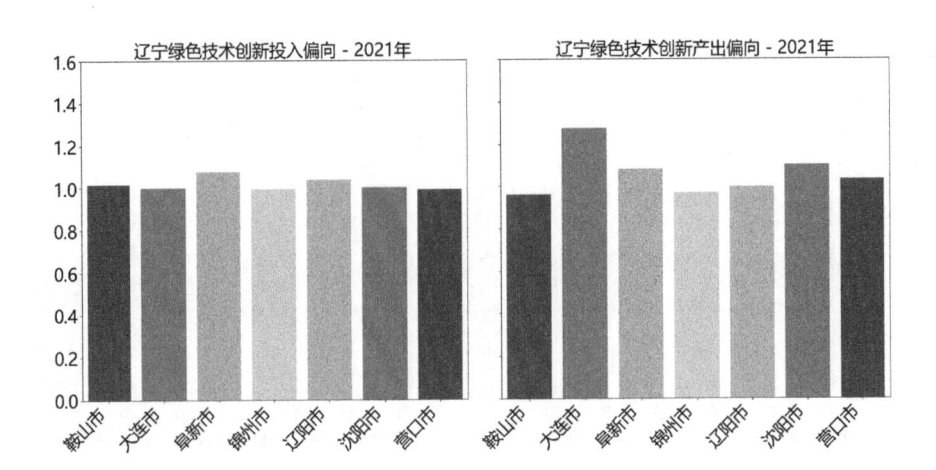

▶▶▶ 制造业数字化转型与区域绿色偏向型技术创新

附录一 全国部分省（区、市）2012—2021年绿色技术创新偏向特征图

内蒙古自治区

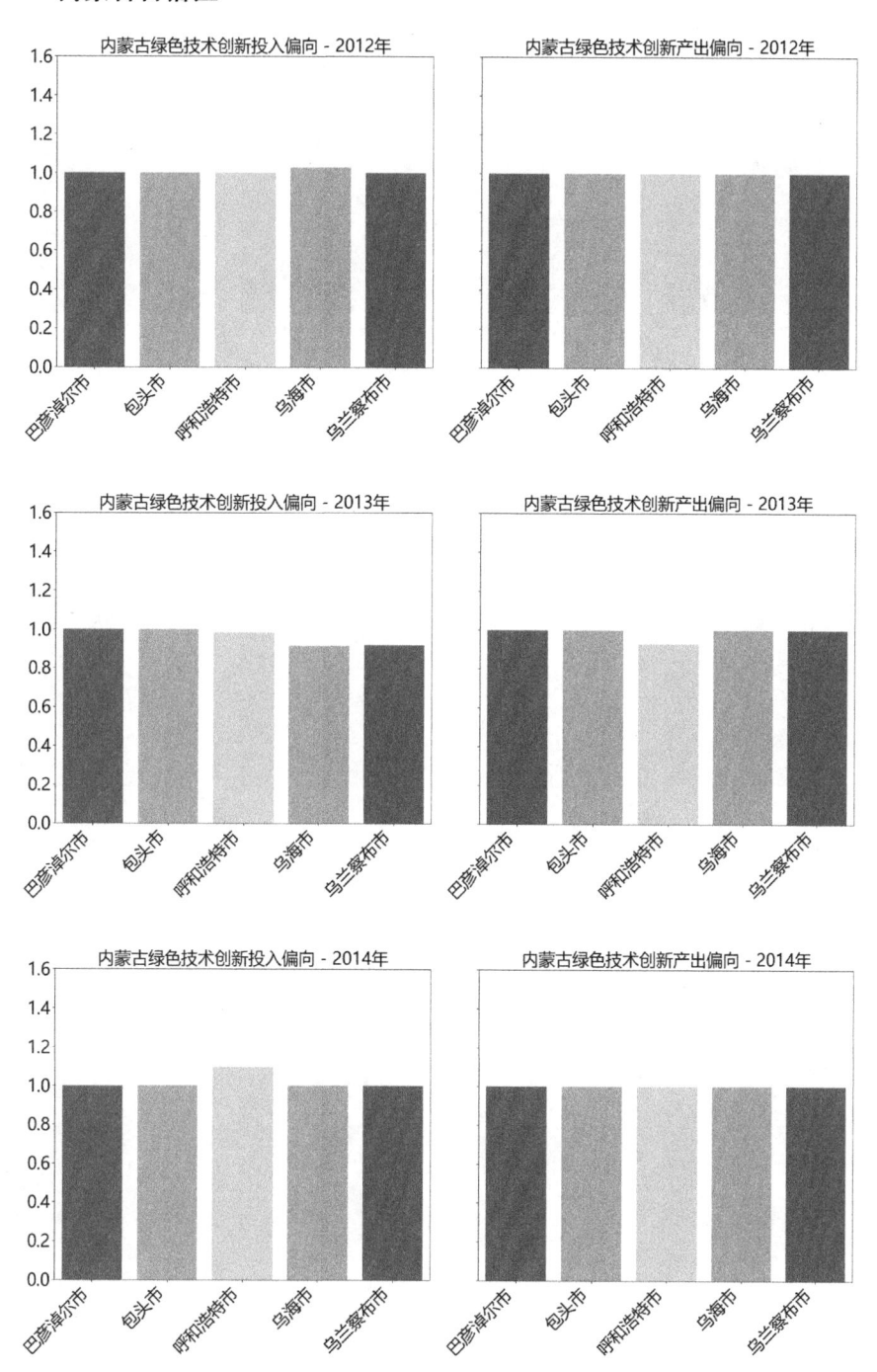

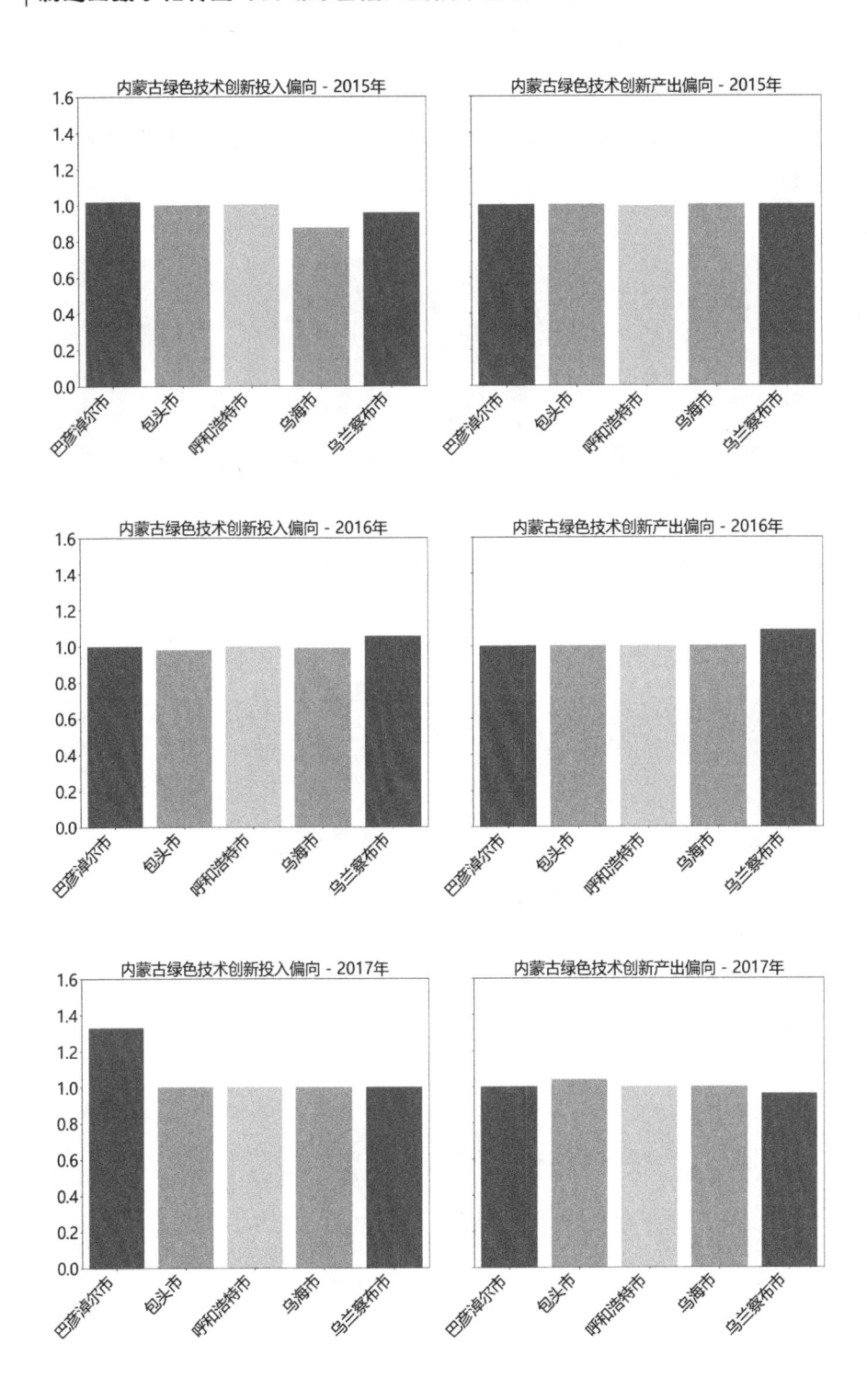

制造业数字化转型与区域绿色偏向型技术创新

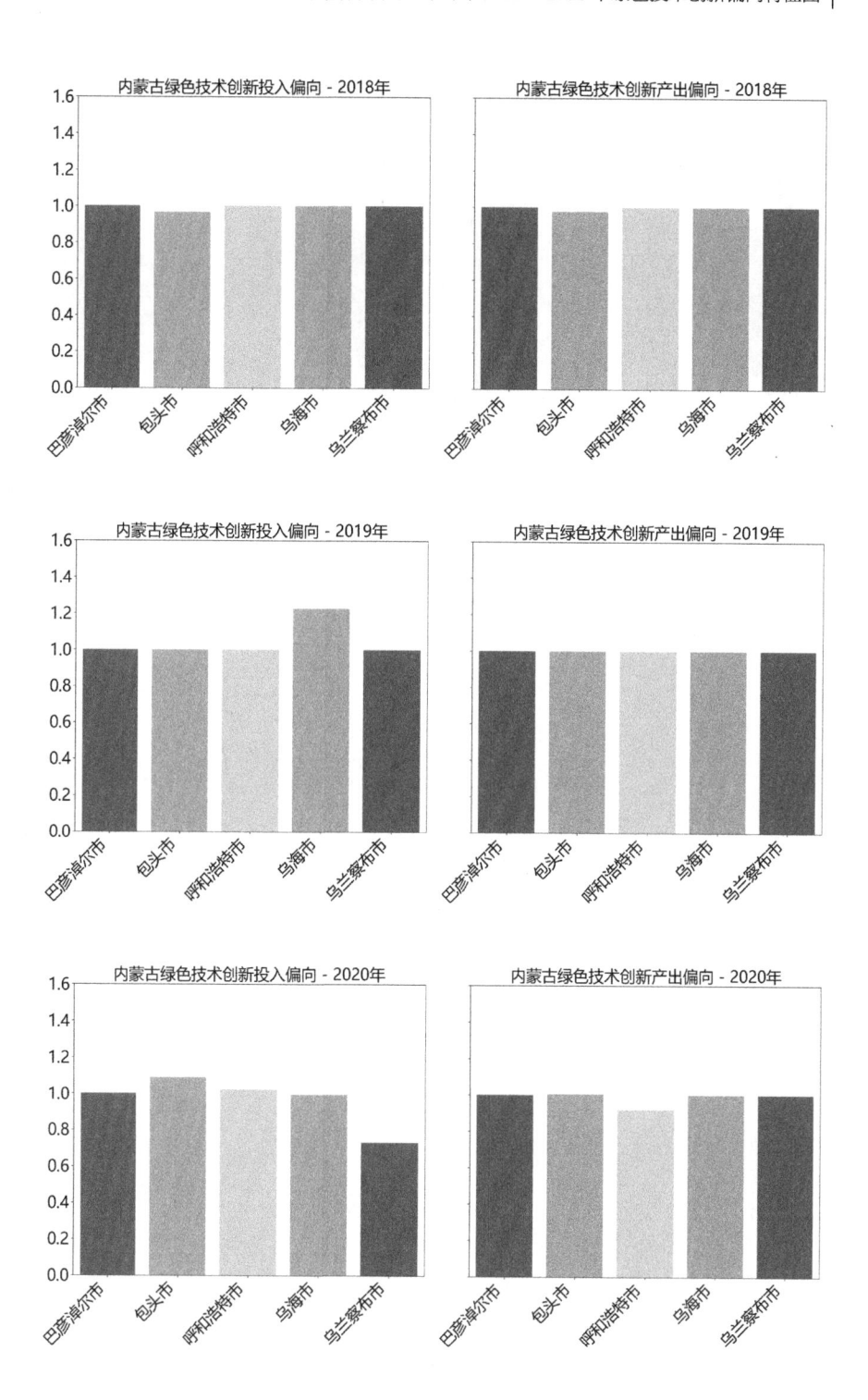

附录一　全国部分省（区、市）2012—2021年绿色技术创新偏向特征图

· 189 ·

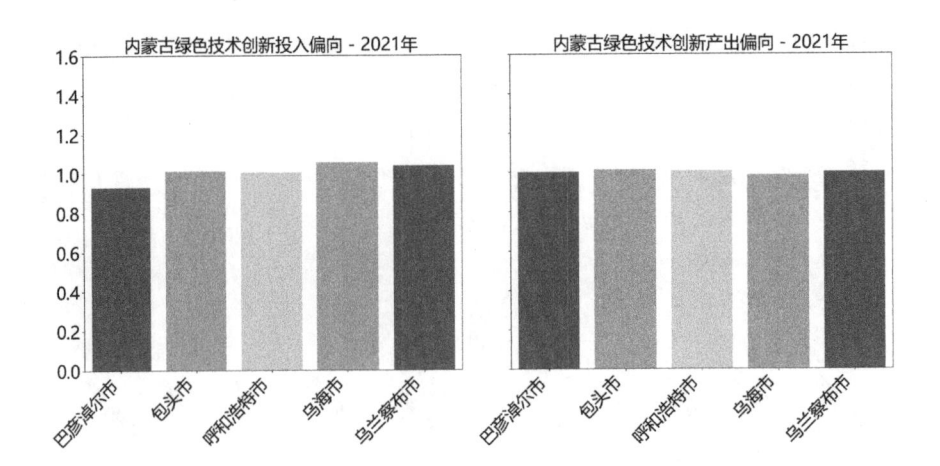

| 制造业数字化转型与区域绿色偏向型技术创新

附录一 全国部分省（区、市）2012—2021年绿色技术创新偏向特征图

宁夏回族自治区

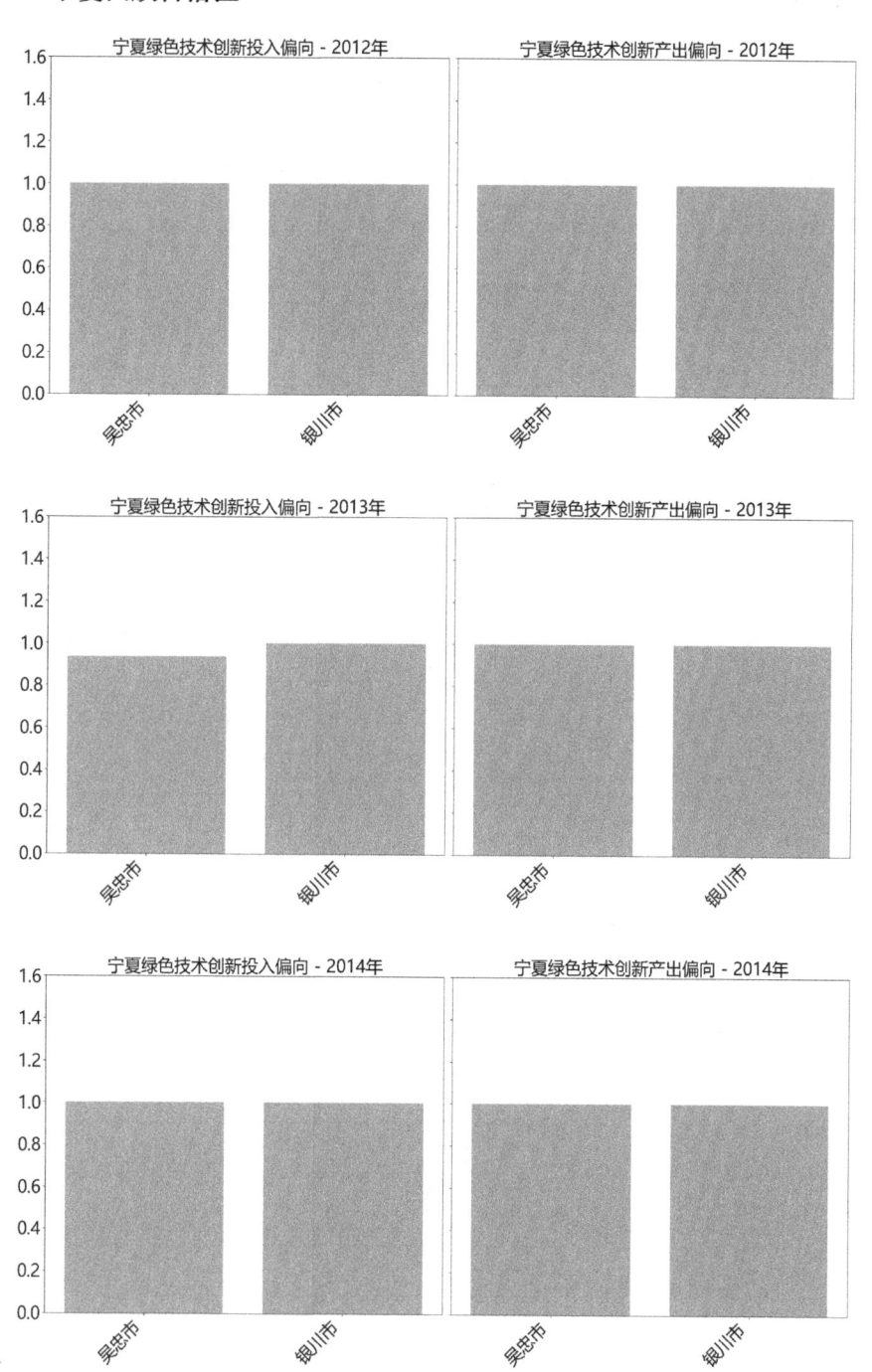

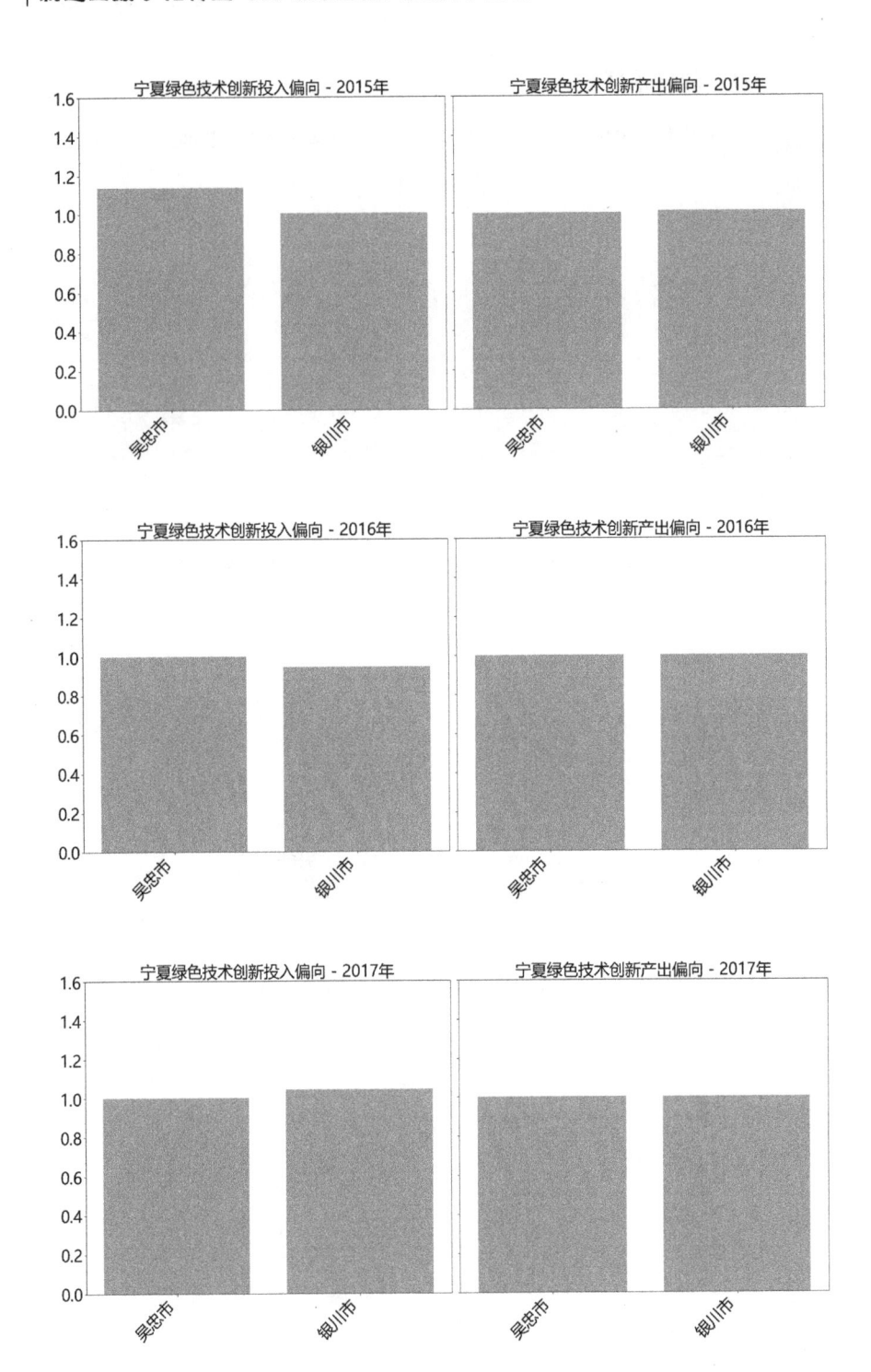

制造业数字化转型与区域绿色偏向型技术创新

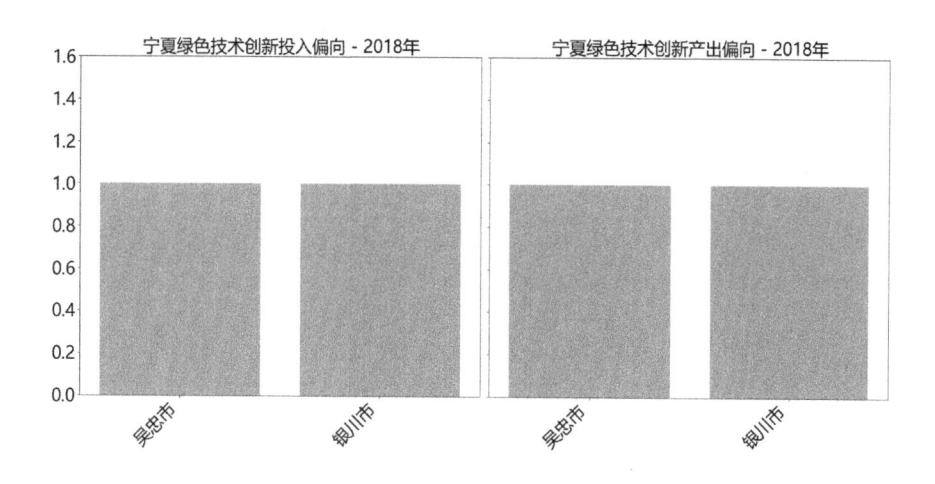

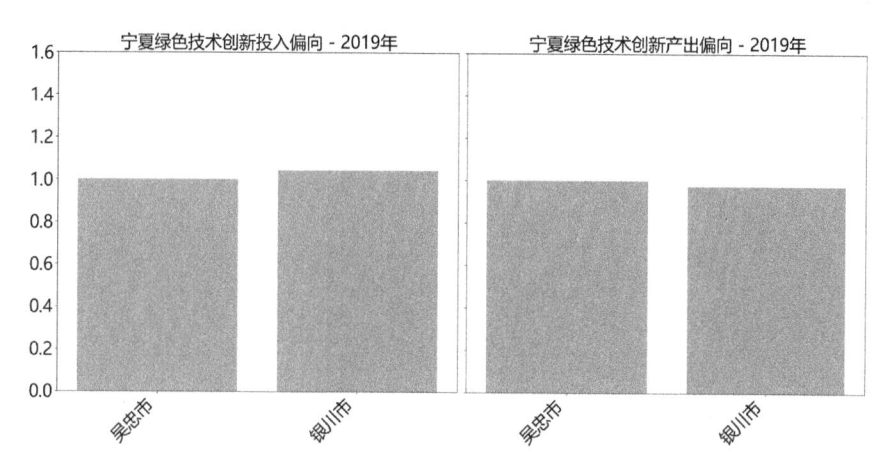

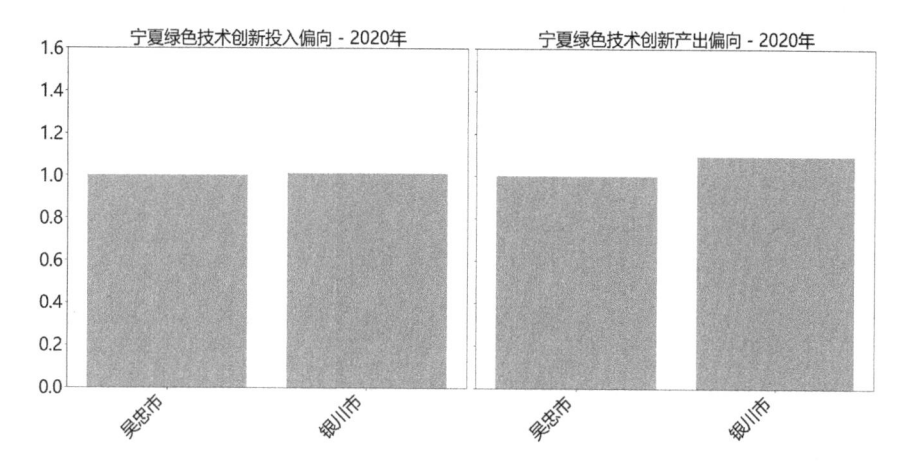

附录一 全国部分省（区、市）2012—2021年绿色技术创新偏向特征图

宁夏绿色技术创新投入偏向 - 2018年

宁夏绿色技术创新产出偏向 - 2018年

宁夏绿色技术创新投入偏向 - 2019年

宁夏绿色技术创新产出偏向 - 2019年

宁夏绿色技术创新投入偏向 - 2020年

宁夏绿色技术创新产出偏向 - 2020年

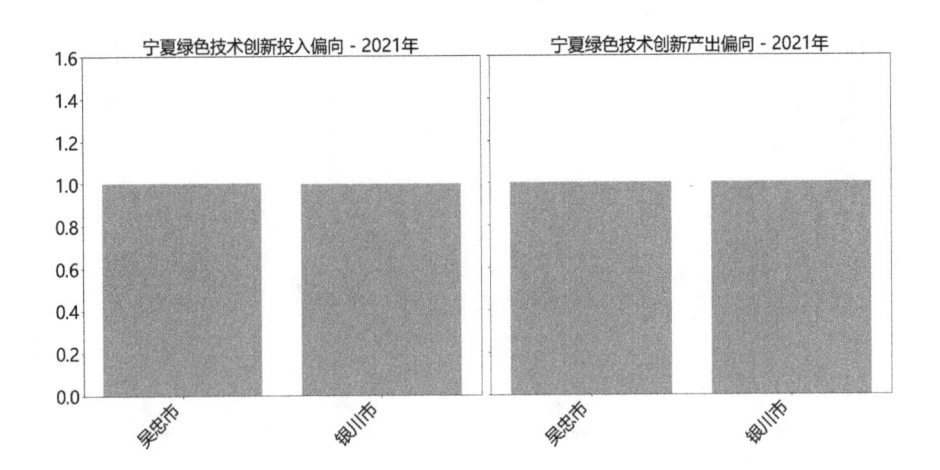

▶▶▶ 制造业数字化转型与区域绿色偏向型技术创新

附录一 全国部分省（区、市）2012—2021年绿色技术创新偏向特征图

山东省

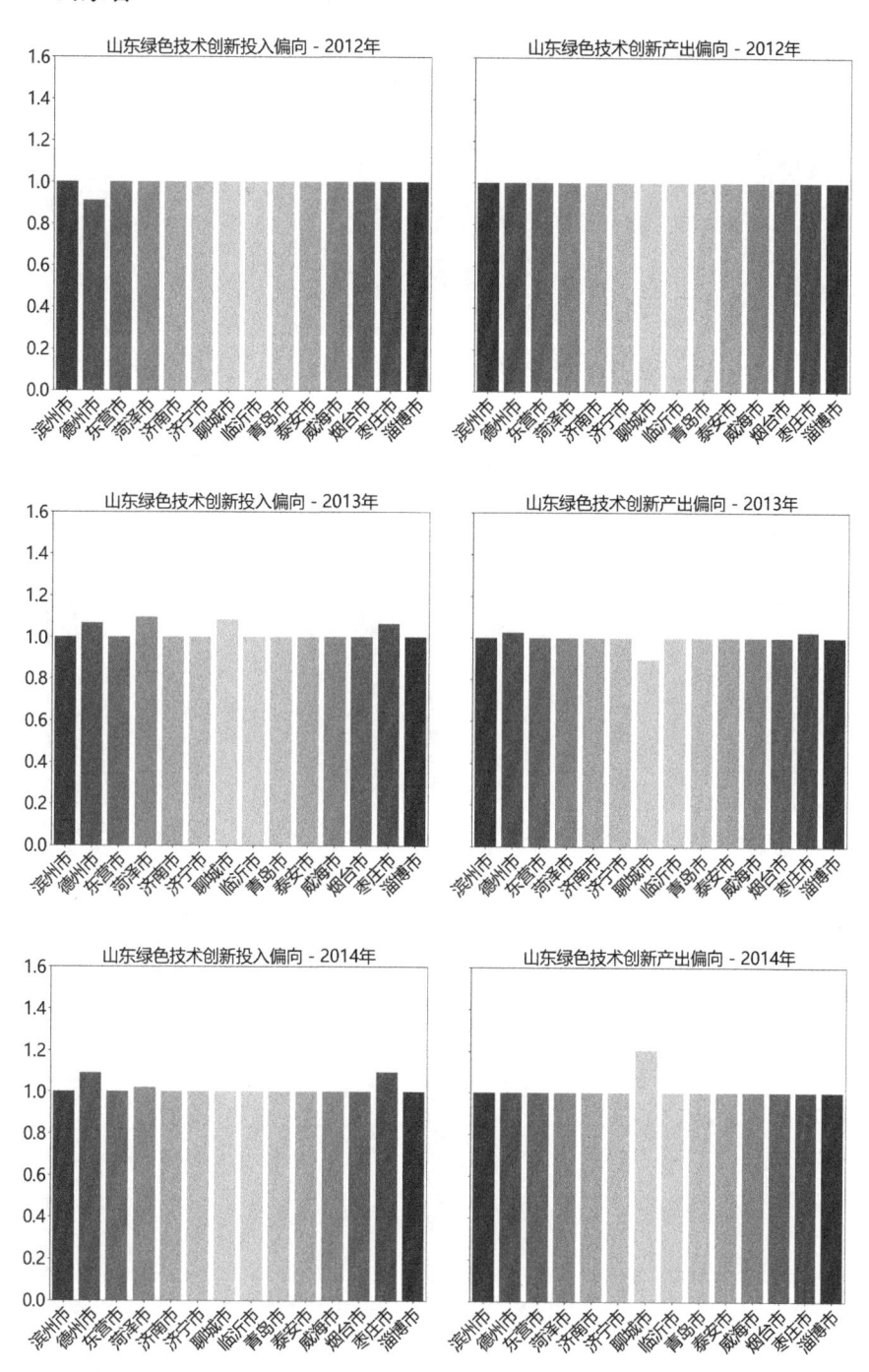

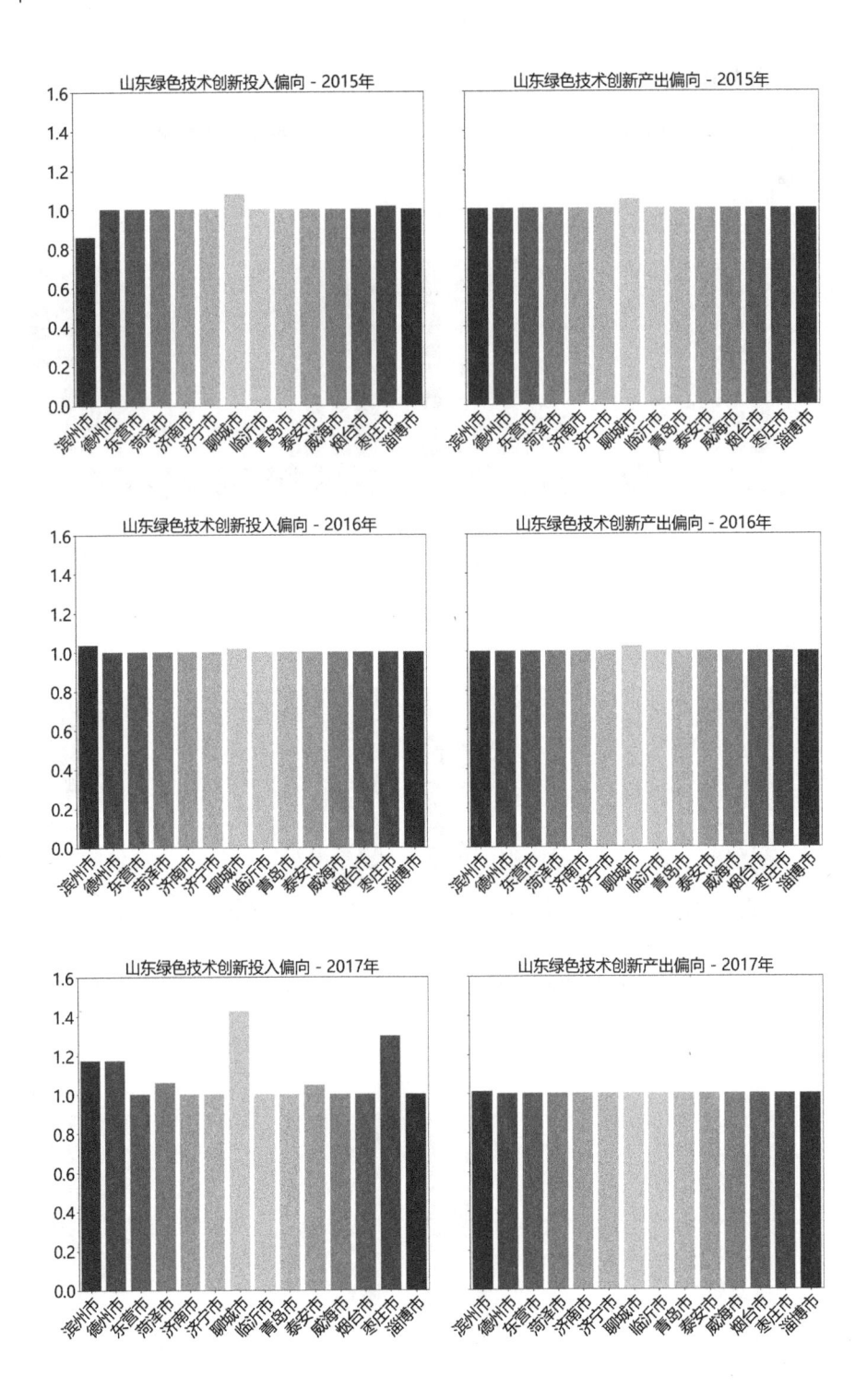

制造业数字化转型与区域绿色偏向型技术创新

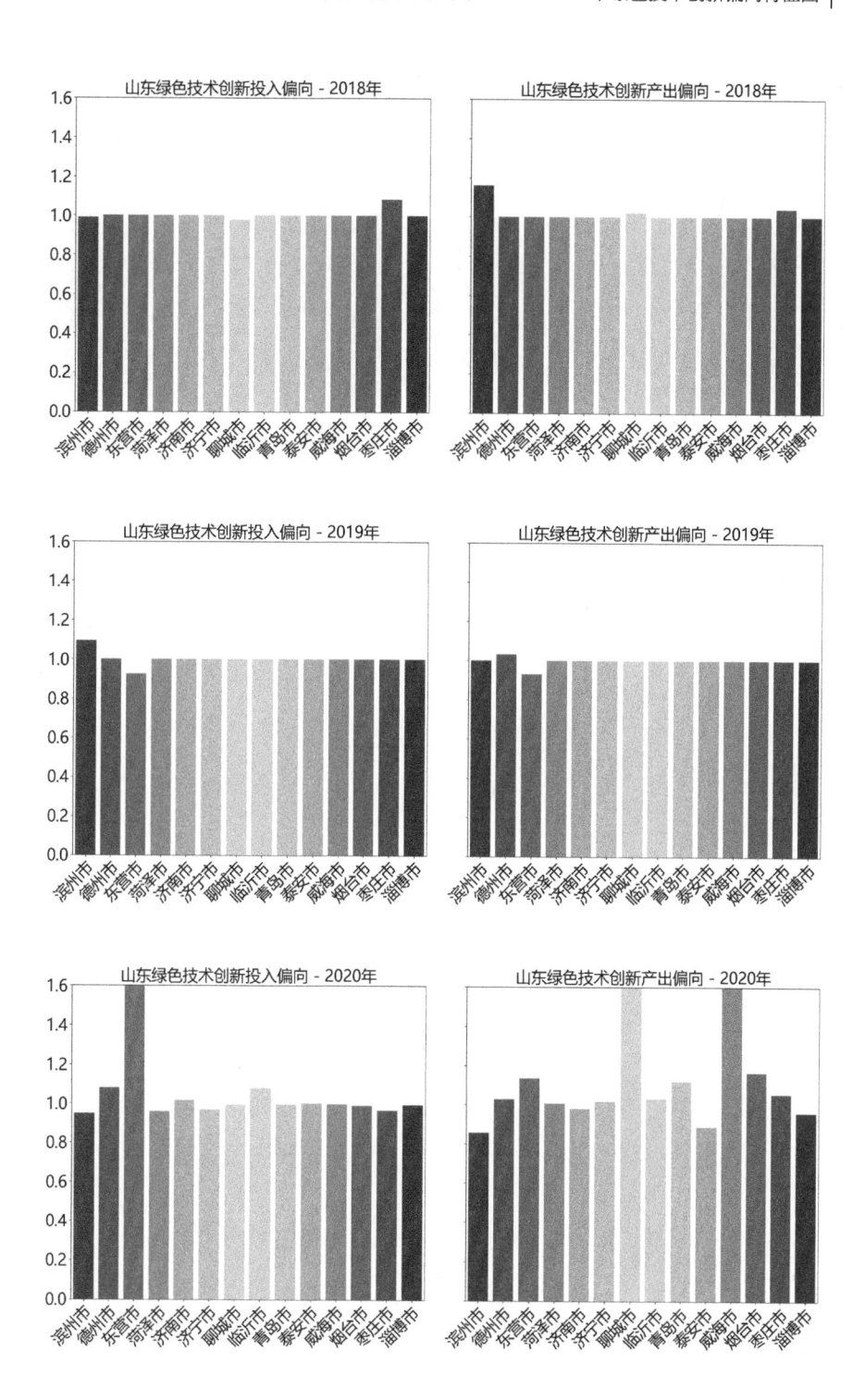

附录一　全国部分省（区、市）2012—2021年绿色技术创新偏向特征图

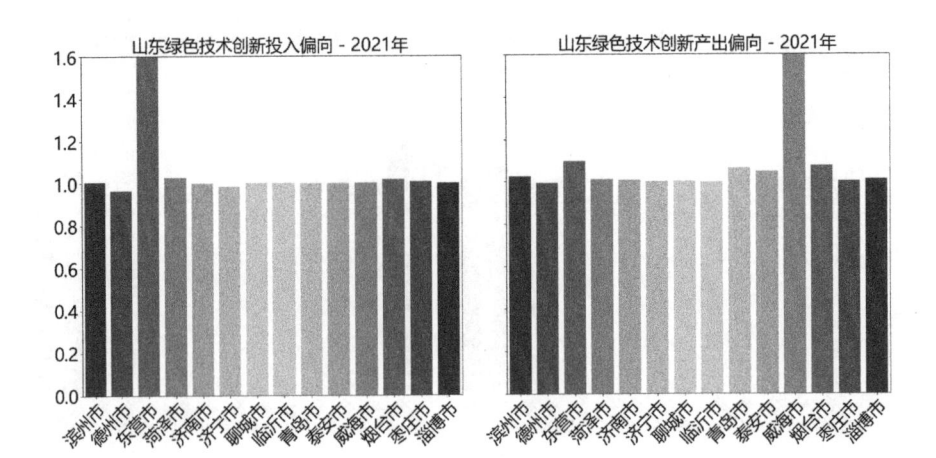

制造业数字化转型与区域绿色偏向型技术创新

附录一　全国部分省（区、市）2012—2021年绿色技术创新偏向特征图

山西省

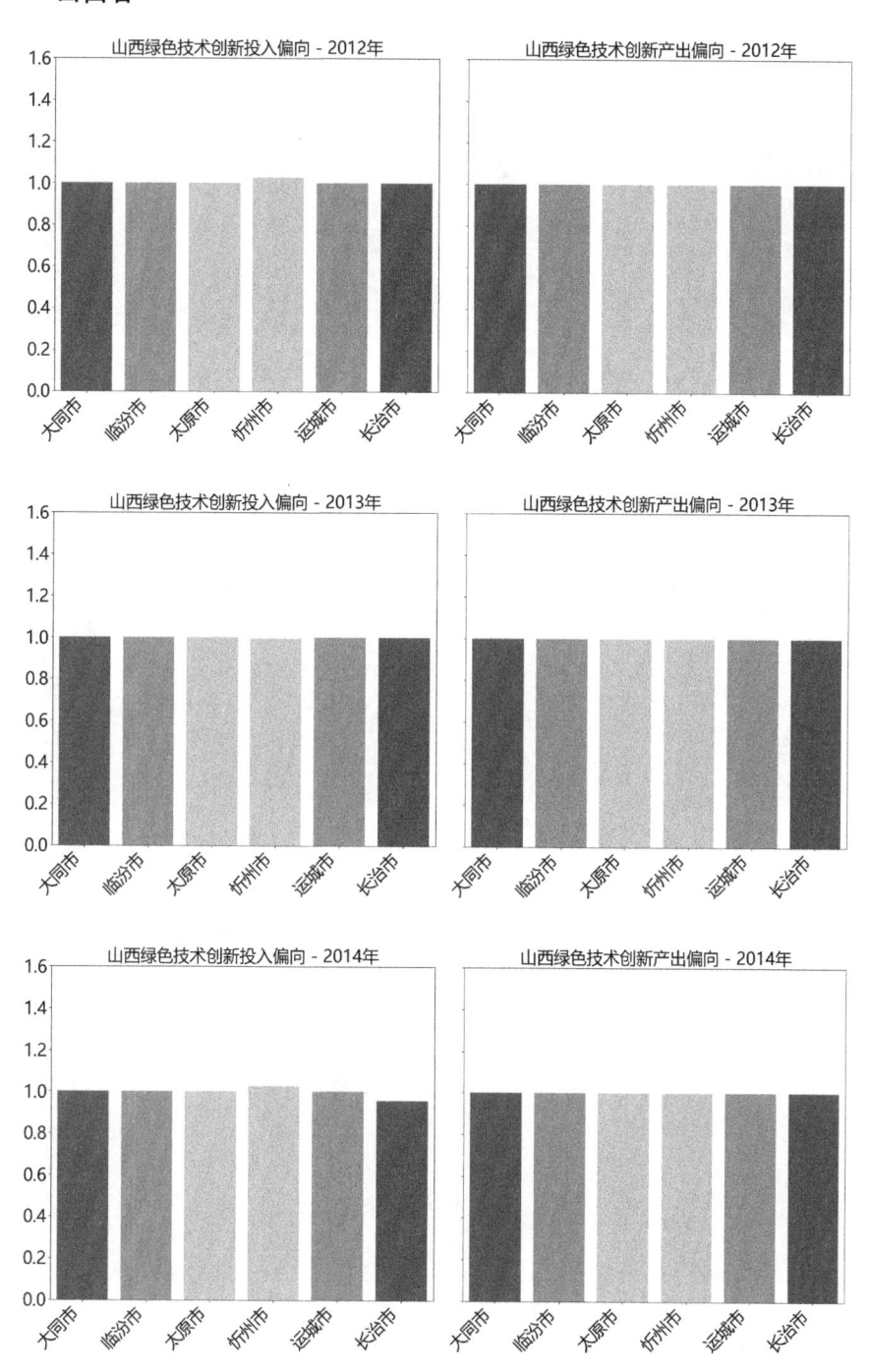

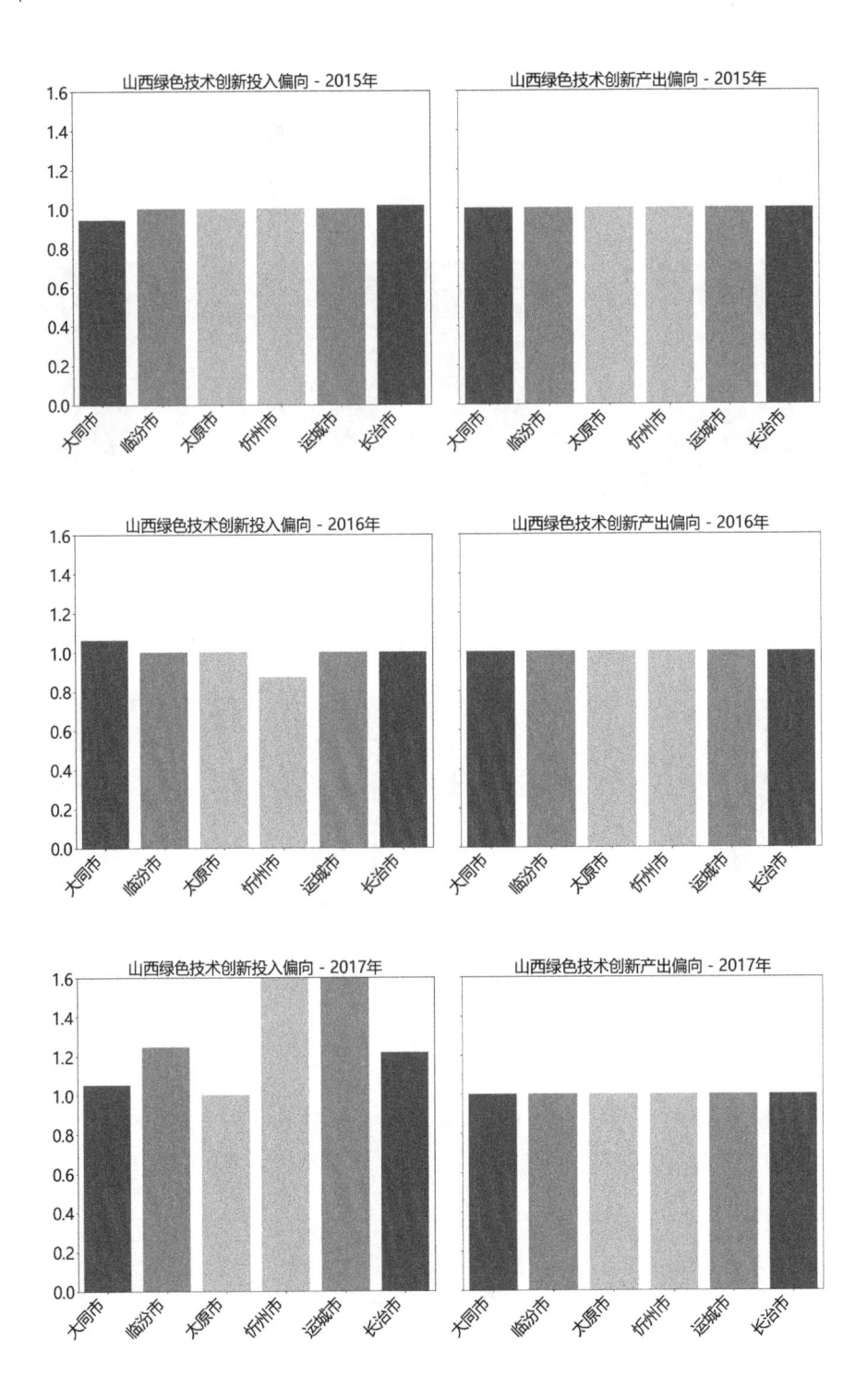

制造业数字化转型与区域绿色偏向型技术创新

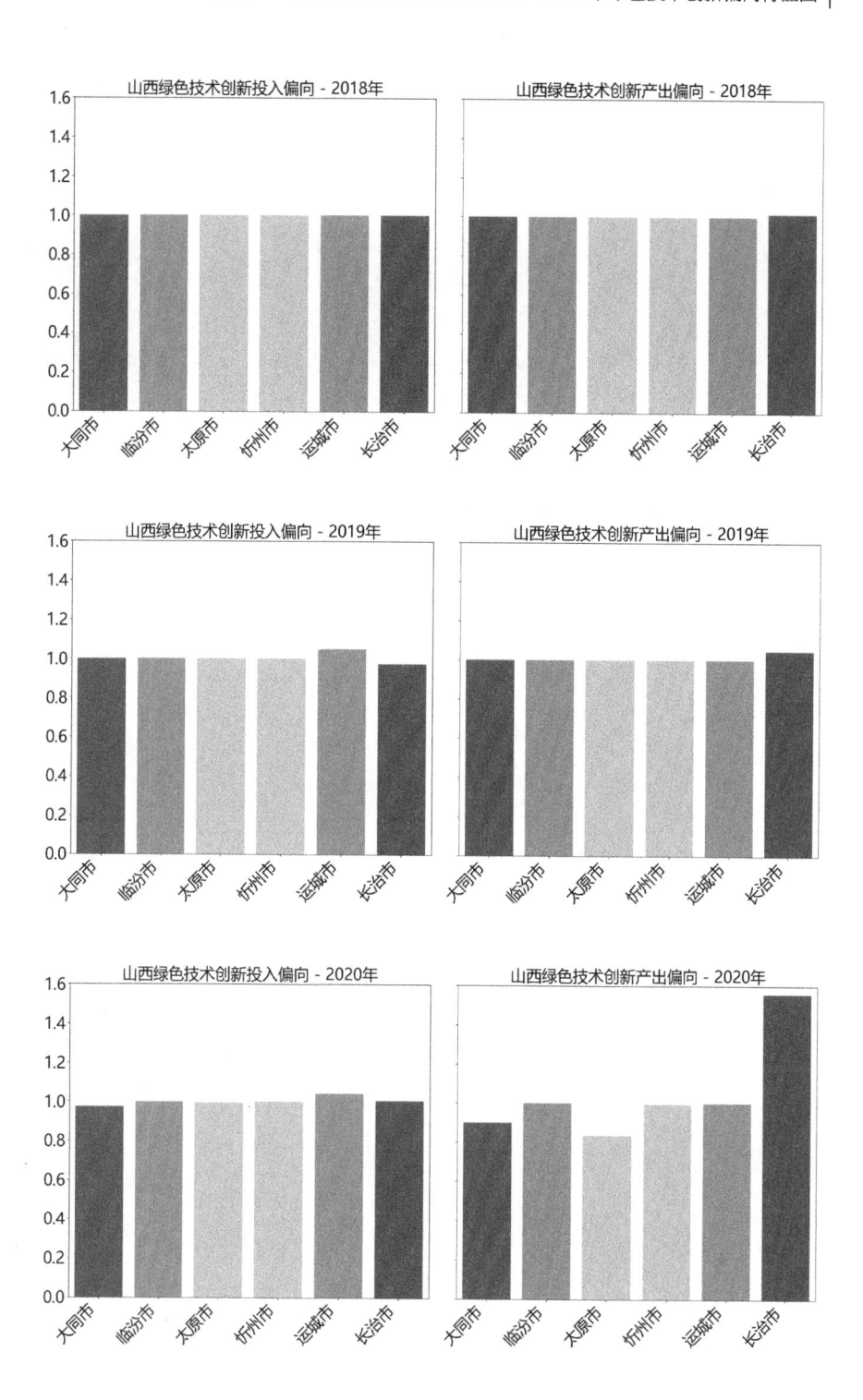

附录一 全国部分省（区、市）2012—2021年绿色技术创新偏向特征图

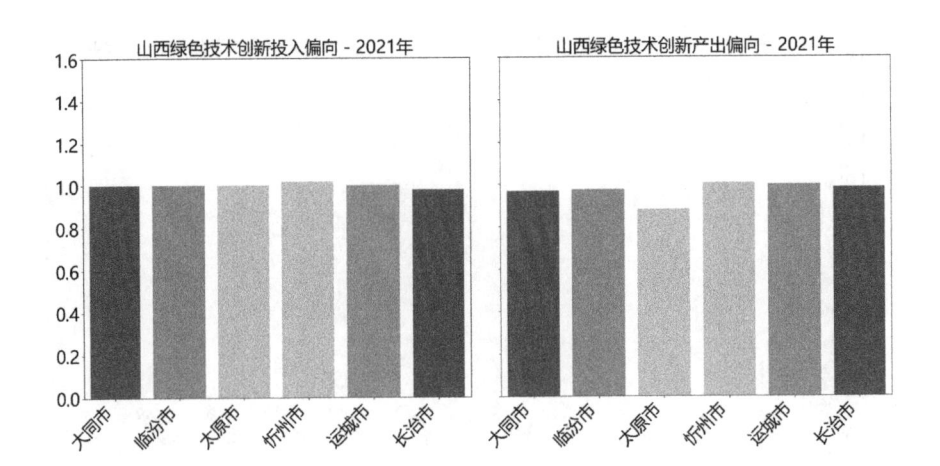

制造业数字化转型与区域绿色偏向型技术创新

陕西省

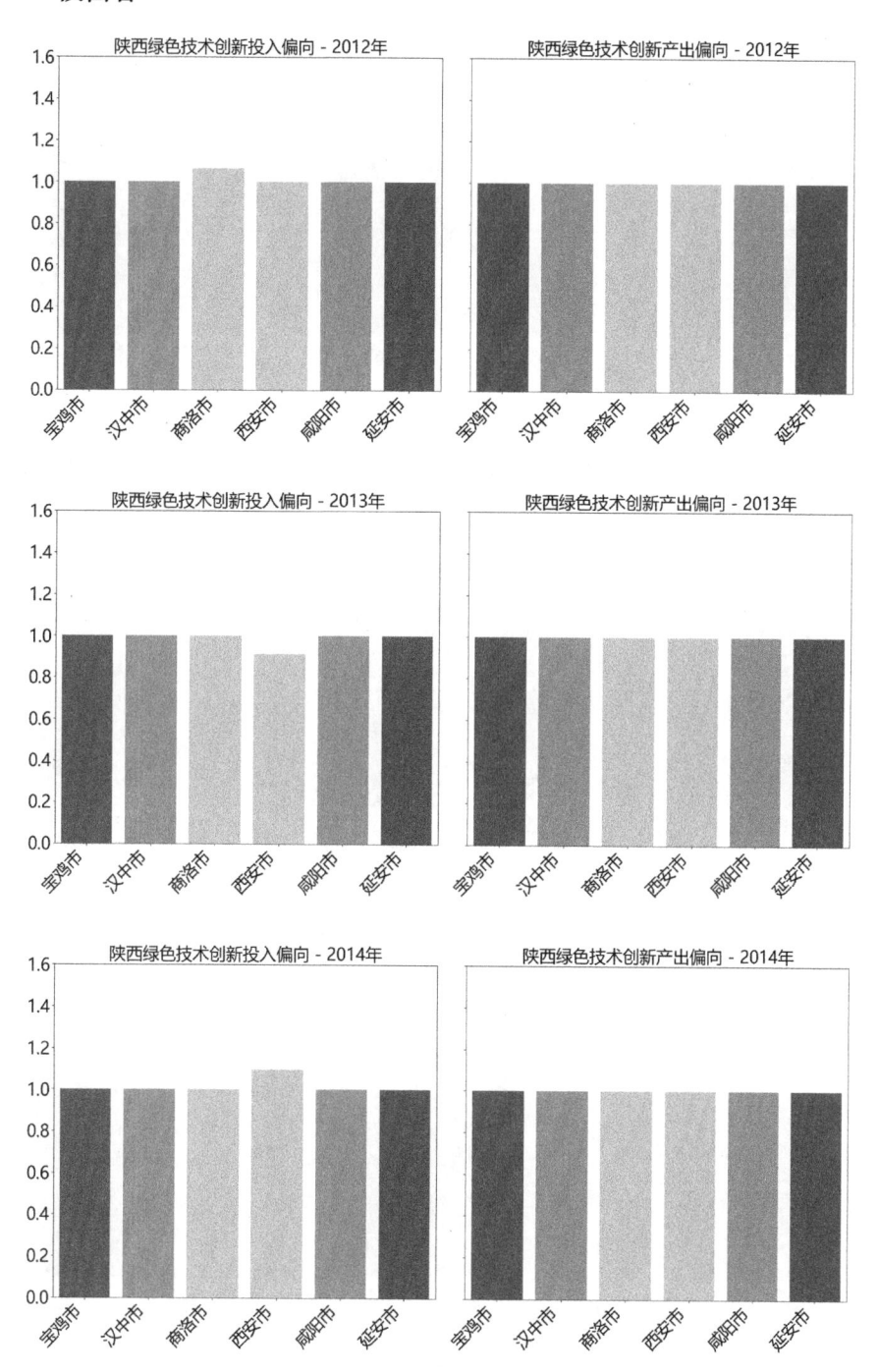

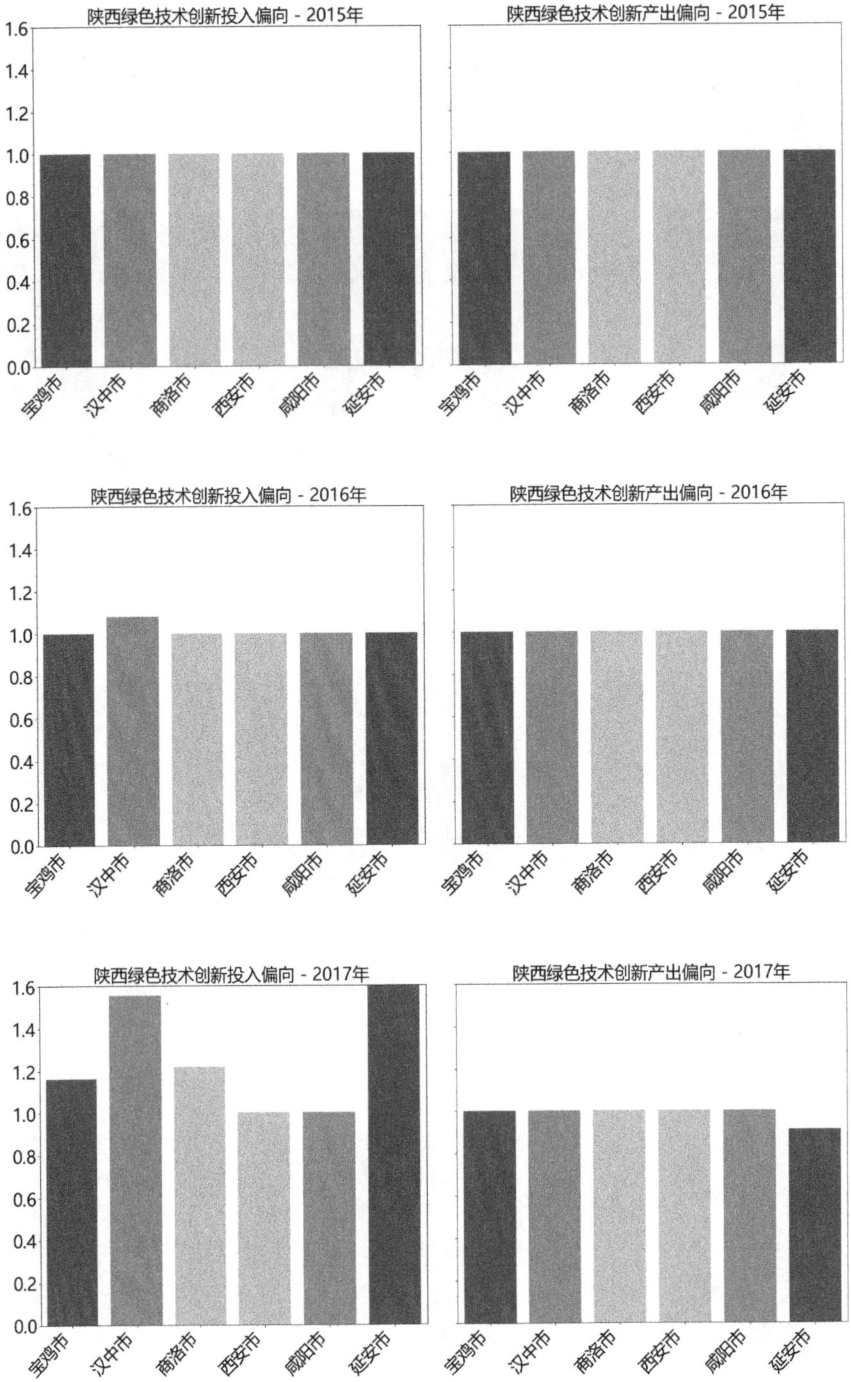
陕西绿色技术创新投入偏向 - 2015年
陕西绿色技术创新产出偏向 - 2015年
陕西绿色技术创新投入偏向 - 2016年
陕西绿色技术创新产出偏向 - 2016年
陕西绿色技术创新投入偏向 - 2017年
陕西绿色技术创新产出偏向 - 2017年
0.0 0.2 0.4 0.6 0.8 1.0 1.2 1.4 1.6
宝鸡市 汉中市 商洛市 西安市 咸阳市 延安市

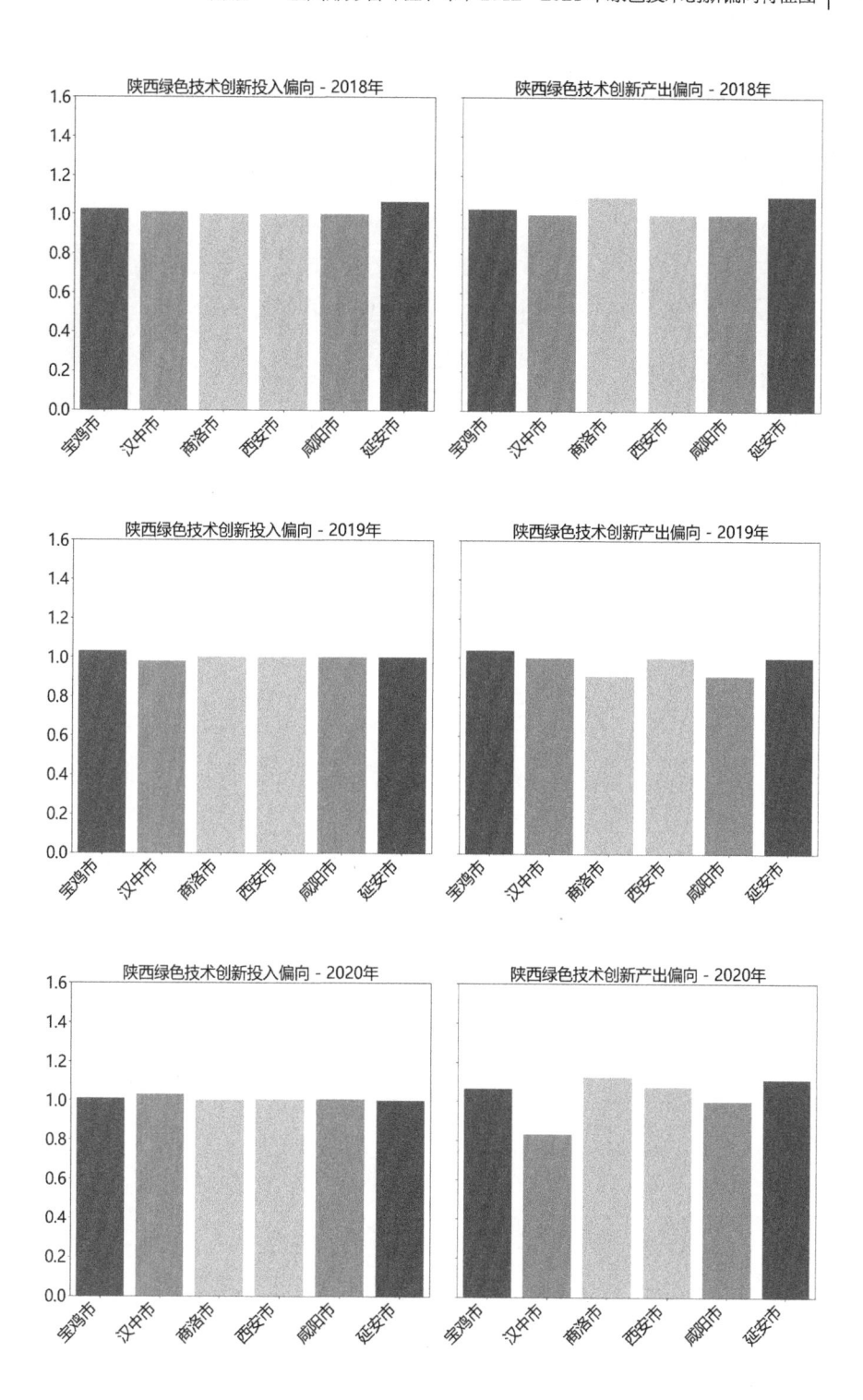

附录一　全国部分省（区、市）2012—2021年绿色技术创新偏向特征图

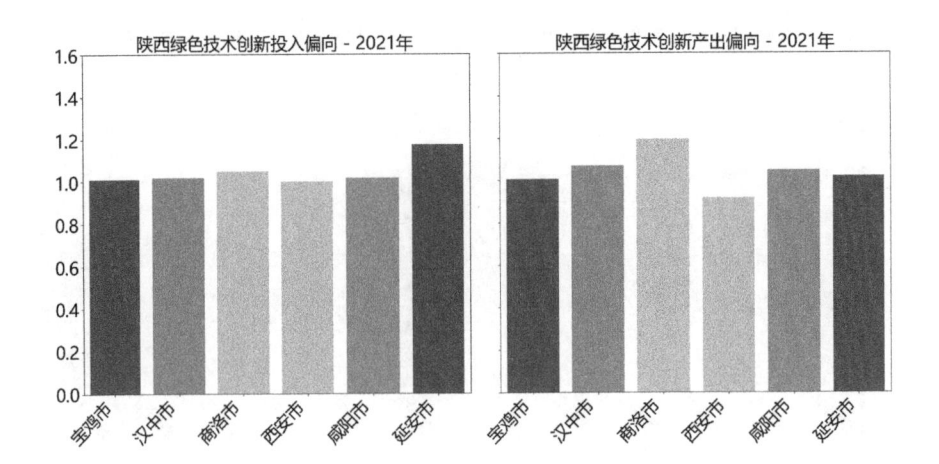

制造业数字化转型与区域绿色偏向型技术创新

附录二 2012—2021年全国城市间绿色技术创新投入偏向中心度数据分析

2012年

城市	度数中心度	接近中心度	中介中心度	特征向量中心度
安庆市	18.18181801	55	0.043833777	8.382261276
安顺市	51.51515198	67.34693909	1.129392385	17.62112617
安阳市	23.48484802	56.65235901	0.102733523	10.10403252
巴彦淖尔市	34.09090805	60.27397156	0.409052789	12.60982895
蚌埠市	18.18181801	55	0.045738801	8.355830193
包头市	88.63636017	89.79592133	4.374150753	25.65576363
宝鸡市	24.24242401	56.89655304	0.121697247	10.41106319
北京市	70.45454407	77.19298553	2.650294304	19.50561142
滨州市	32.57575607	59.728508	0.307003647	12.15015125
长沙市	40.90909195	62.8571434	0.717176735	12.35784245
常德市	20.45454597	55.69620132	0.070399337	9.355752945
常州市	44.69696808	64.39024353	0.771625042	13.85131741
潮州市	26.51515198	57.641922	0.148300901	10.69639492
郴州市	20.45454597	55.69620132	0.07415805	8.882860184
池州市	16.66666603	54.54545593	0.035738807	7.812863827

续表

城市	度数中心度	接近中心度	中介中心度	特征向量中心度
滁州市	17.42424202	54.77178574	0.044845216	7.726550579
德州市	22.72727203	56.41025543	0.097223371	9.519258499
东莞市	31.060606	59.19282532	0.308577895	10.72321892
东营市	84.09091187	86.27451324	3.899683714	24.1119175
佛山市	56.81818008	69.84127045	1.677637696	16.21309853
福州市	25	57.1428566	0.120031983	9.854480743
抚州市	18.18181801	55	0.046205614	8.30879879
赣州市	28.78787804	58.40707779	0.201610833	11.21865559
广州市	60.60606003	71.73912811	1.975753427	16.93449593
贵阳市	23.48484802	56.65235901	0.099876188	10.21409798
桂林市	25	57.1428566	0.124928884	10.39515018
海口市	25.75757599	57.39130402	0.157299533	10.4059639
汉中市	36.36363602	61.11111069	0.405706555	13.71871567
杭州市	50	66.66666412	0.976875782	15.63863468
合肥市	25	57.1428566	0.125448167	10.24654388
菏泽市	24.24242401	56.89655304	0.12896575	9.941360474
鹤壁市	21.96969604	56.17021179	0.087315045	9.655851364
衡阳市	22.72727203	56.41025543	0.093725026	9.750191689
呼和浩特市	71.21212006	77.64705658	2.75880909	19.55057526
湖州市	26.51515198	57.641922	0.146228999	10.49871635
怀化市	33.33333206	60	0.279635906	13.0193615
淮安市	16.66666603	54.54545593	0.043654647	7.521326542
淮北市	20.45454597	55.69620132	0.063108377	9.174670219
淮南市	17.42424202	54.77178574	0.039186921	8.308303833
惠州市	22.72727203	56.41025543	0.106293708	9.456472397

续表

城市	度数中心度	接近中心度	中介中心度	特征向量中心度
吉安市	25	57.1428566	0.123313852	10.40817642
济南市	39.39393997	62.26415253	0.64774102	12.24897289
济宁市	21.21212196	55.9322052	0.066017695	9.618308067
嘉兴市	30.30303001	58.92856979	0.250433475	11.04597569
江门市	17.42424202	54.77178574	0.051615071	7.825883865
焦作市	26.51515198	57.641922	0.103706956	11.59740925
揭阳市	30.30303001	58.92856979	0.218572557	11.82655525
金华市	18.939394	55.23012543	0.044527147	8.572352409
景德镇市	14.39393902	53.87755203	0.02190277	7.200965881
九江市	15.909091	54.3209877	0.034232788	7.678978443
开封市	25	57.1428566	0.121927209	10.56199646
昆明市	31.81818199	59.45946121	0.329565674	12.27266121
丽水市	16.66666603	54.54545593	0.028446322	8.018229485
连云港市	18.18181801	55	0.045284197	8.413694382
聊城市	21.96969604	56.17021179	0.08647377	9.491869926
临沧市	64.39393616	73.7430191	2.090147018	20.72492409
临沂市	21.21212196	55.9322052	0.078429885	9.170118332
六安市	20.45454597	55.69620132	0.060317252	9.197260857
龙岩市	17.42424202	54.77178574	0.054327905	7.640100956
洛阳市	28.03030396	58.14978027	0.119273409	12.1255312
马鞍山市	27.27272797	57.89473724	0.157319382	10.94440746
梅州市	34.84848404	60.550457	0.365217894	12.97974682
南昌市	18.18181801	55	0.039361227	8.213356972
南京市	44.69696808	64.39024353	0.779218495	13.81223679
南宁市	25	57.1428566	0.124928884	10.39515018

续表

城市	度数中心度	接近中心度	中介中心度	特征向量中心度
南平市	14.39393902	53.87755203	0.023236617	7.125256062
南通市	31.060606	59.19282532	0.270707011	11.22676182
南阳市	25.75757599	57.39130402	0.138414294	10.89492226
宁波市	56.06060791	69.47368622	1.30385232	17.11237907
宁德市	16.66666603	54.54545593	0.032998491	8.011516571
萍乡市	18.18181801	55	0.04523107	8.652019501
莆田市	16.66666603	54.54545593	0.02733645	8.021009445
濮阳市	23.48484802	56.65235901	0.121413879	9.69770813
青岛市	55.30303192	69.1099472	1.510785341	15.70148659
清远市	27.27272797	57.89473724	0.160561413	10.96839428
衢州市	15.15151501	54.09836197	0.026823455	7.23733902
泉州市	24.24242401	56.89655304	0.118157633	9.603398323
三亚市	34.09090805	60.27397156	0.430039704	12.56457615
汕头市	28.78787804	58.40707779	0.179932758	11.45121574
商洛市	37.12121201	61.3953476	0.460010916	13.82625389
商丘市	23.48484802	56.65235901	0.117771566	9.717022896
上饶市	20.45454597	55.69620132	0.063181356	8.987760544
邵阳市	38.63636398	61.97183228	0.483205259	14.18311214
绍兴市	47.72727203	65.67163849	0.88081181	14.99137878
深圳市	70.45454407	77.19298553	2.549057245	20.278265
苏州市	68.1818161	75.86206818	2.356162548	19.17747116
宿迁市	16.66666603	54.54545593	0.038870323	7.722178459
台州市	19.69696999	55.46218491	0.047593422	8.852552414
泰安市	23.48484802	56.65235901	0.120133072	9.684433937
泰州市	29.54545403	58.66666794	0.202169925	11.29152679

续表

城市	度数中心度	接近中心度	中介中心度	特征向量中心度
天津市	69.69696808	76.7441864	2.628813267	19.15216637
铜陵市	37.87878799	61.68224335	0.497326225	12.39038181
威海市	70.45454407	77.19298553	2.624644518	19.53469086
温州市	16.66666603	54.54545593	0.032998491	8.011516571
乌海市	76.51515198	80.9815979	3.363224983	20.98378372
乌兰察布市	27.27272797	57.89473724	0.200907007	10.42237377
无锡市	66.66666412	75	2.224162817	18.86129189
吴忠市	39.39393997	62.26415253	0.618138313	13.97159576
芜湖市	19.69696999	55.46218491	0.055513542	8.757653236
西安市	30.30303001	58.92856979	0.185276508	12.5147171
厦门市	41.66666794	63.15789413	0.665015519	13.13197517
咸阳市	28.78787804	58.40707779	0.206570268	11.65814686
湘潭市	18.18181801	55	0.041576553	8.687077522
新乡市	24.24242401	56.89655304	0.117319569	10.31221676
新余市	25.75757599	57.39130402	0.224046528	8.451723099
徐州市	27.27272797	57.89473724	0.124084868	11.6495409
许昌市	21.96969604	56.17021179	0.069743492	10.08843517
宣城市	16.66666603	54.54545593	0.039397053	7.643015862
烟台市	52.27272797	67.69230652	1.26020968	15.25242805
延安市	37.12121201	61.3953476	0.485587478	13.3377552
扬州市	31.060606	59.19282532	0.282338947	11.16429615
阳江市	24.24242401	56.89655304	0.122123443	9.982439041
宜春市	21.21212196	55.9322052	0.069826238	9.522173882
益阳市	25.75757599	57.39130402	0.118902087	11.00408363
银川市	46.21212006	65.02462769	1.024676561	15.21907043

续表

城市	度数中心度	接近中心度	中介中心度	特征向量中心度
鹰潭市	15.909091	54.3209877	0.026713885	7.734615326
永州市	32.57575607	59.728508	0.286081314	12.3749342
玉溪市	31.060606	59.19282532	0.288233101	12.20868111
岳阳市	19.69696999	55.46218491	0.056577004	9.258111
云浮市	34.84848404	60.550457	0.376034468	12.8909235
枣庄市	27.27272797	57.89473724	0.124991603	11.67029572
湛江市	37.87878799	61.68224335	0.469216049	13.78227329
漳州市	13.63636398	53.658535	0.024128791	6.57248497
肇庆市	20.45454597	55.69620132	0.078343272	8.780449867
镇江市	43.93939209	64.07766724	0.729074955	13.79024124
郑州市	30.30303001	58.92856979	0.254171669	11.01264286
中山市	46.96969604	65.34653473	1.034751892	13.56683826
舟山市	58.33333206	70.58823395	1.513315201	17.25237274
周口市	24.24242401	56.89655304	0.11678382	10.17985249
株洲市	18.18181801	55	0.042353198	8.59171772
珠海市	61.36363602	72.13114929	1.994475484	17.22130394
淄博市	46.96969604	65.34653473	1.018383384	13.76742363
遵义市	37.87878799	61.68224335	0.422175527	14.31557465
平均值	32.14	60.25	0.518	11.695

2013 年

城市	度数中心度	接近中心度	中介中心度	特征向量中心度
安庆市	14.39394	53.87755	0.01967	9.159253
安顺市	34.84848	60.55046	0.63886	15.56848
安阳市	12.12121	53.22581	0.024959	7.138609

续表

城市	度数中心度	接近中心度	中介中心度	特征向量中心度
巴彦淖尔市	17.42424	54.77179	0.078952	9.110691
蚌埠市	10.60606	52.8	0.011922	7.129108
包头市	79.54546	83.01887	5.526155	23.78079
宝鸡市	18.18182	55	0.078256	9.993938
北京市	44.69697	64.39024	0.90327	17.41606
滨州市	8.333333	52.17391	0.005377	6.011008
长沙市	18.18182	55	0.170316	7.24827
常德市	18.93939	55.23013	0.053596	11.32217
常州市	35.60606	60.82949	0.567394	13.22381
潮州市	17.42424	54.77179	0.051622	9.878555
郴州市	18.93939	55.23013	0.063836	10.62667
池州市	13.63636	53.65854	0.016413	8.908588
滁州市	10.60606	52.8	0.013671	6.842095
德州市	9.848485	52.58964	0.01544	6.339225
东莞市	90.15151	91.03448	7.010787	28.96116
东营市	68.93939	76.30058	3.685492	21.8544
佛山市	78.0303	81.98758	5.009207	24.0022
福州市	21.9697	56.17021	0.130055	10.78523
抚州市	17.42424	54.77179	0.041943	10.4881
赣州市	18.18182	55	0.053926	10.43941
广州市	78.0303	81.98758	4.984928	24.04179
贵阳市	17.42424	54.77179	0.044002	10.65334
桂林市	21.21212	55.93221	0.087872	11.6682
海口市	18.93939	55.23013	0.096991	10.34379
汉中市	25	57.14286	0.2116	12.5074

续表

城市	度数中心度	接近中心度	中介中心度	特征向量中心度
杭州市	34.09091	60.27397	0.560747	12.48748
合肥市	10.60606	52.8	0.011989	6.92397
菏泽市	12.87879	53.4413	0.027748	7.614988
鹤壁市	9.090909	52.38095	0.010428	6.169777
衡阳市	21.21212	55.93221	0.073193	12.2425
呼和浩特市	62.12121	72.52747	2.650775	21.13806
湖州市	15.15152	54.09836	0.032652	8.823021
怀化市	22.72727	56.41026	0.094782	12.72201
淮安市	8.333333	52.17391	0.005656	6.09427
淮北市	9.848485	52.58964	0.010325	6.828262
淮南市	9.090909	52.38095	0.006819	6.631953
惠州市	25	57.14286	0.410186	8.397509
吉安市	19.69697	55.46218	0.057001	11.67835
济南市	30.30303	58.92857	0.33511	13.02709
济宁市	7.575758	51.9685	0.005377	5.601777
嘉兴市	25.75758	57.3913	0.213198	11.64507
江门市	15.90909	54.32099	0.047308	8.772985
焦作市	9.090909	52.38095	0.008622	6.484364
揭阳市	17.42424	54.77179	0.066994	9.149581
金华市	12.87879	53.4413	0.021329	7.785178
景德镇市	13.63636	53.65854	0.017331	9.05899
九江市	15.90909	54.32099	0.028277	10.09951
开封市	12.12121	53.22581	0.019138	7.480059
昆明市	19.69697	55.46218	0.136246	10.72258
丽水市	12.12121	53.22581	0.012122	8.131611

续表

城市	度数中心度	接近中心度	中介中心度	特征向量中心度
连云港市	9.090909	52.38095	0.013641	5.94913
聊城市	9.848485	52.58964	0.01544	6.339225
临沧市	40.90909	62.85714	0.965681	17.50543
临沂市	9.848485	52.58964	0.015214	6.23907
六安市	14.39394	53.87755	0.030692	8.955188
龙岩市	18.93939	55.23013	0.047072	11.2871
洛阳市	9.848485	52.58964	0.011849	6.776283
马鞍山市	9.848485	52.58964	0.005908	6.867452
梅州市	18.93939	55.23013	0.087521	10.00551
南昌市	13.63636	53.65854	0.018915	8.646128
南京市	35.60606	60.82949	0.564419	13.24009
南宁市	21.21212	55.93221	0.083019	11.88575
南平市	15.15152	54.09836	0.024751	9.556227
南通市	12.87879	53.4413	0.019535	7.822263
南阳市	16.66667	54.54546	0.048001	9.791997
宁波市	47.72727	65.67164	1.487013	15.89962
宁德市	15.15152	54.09836	0.024751	9.556227
萍乡市	20.45455	55.6962	0.064932	11.97027
莆田市	17.42424	54.77179	0.041462	10.50618
濮阳市	12.12121	53.22581	0.024959	7.138609
青岛市	44.69697	64.39024	0.905534	17.12686
清远市	18.93939	55.23013	0.082728	9.868286
衢州市	12.87879	53.4413	0.014535	8.607738
泉州市	22.72727	56.41026	0.172488	10.54059
三亚市	28.78788	58.40708	0.492542	12.86924

续表

城市	度数中心度	接近中心度	中介中心度	特征向量中心度
汕头市	16.66667	54.54546	0.049432	9.317447
商洛市	19.69697	55.46218	0.090153	10.61441
商丘市	15.15152	54.09836	0.046084	8.601608
上饶市	17.42424	54.77179	0.041717	10.58387
邵阳市	25	57.14286	0.157005	13.27049
绍兴市	21.9697	56.17021	0.138798	10.37646
深圳市	95.45454	95.65218	7.71981	31.10128
苏州市	72.72727	78.57143	4.129931	23.00011
宿迁市	9.848485	52.58964	0.016201	6.249978
台州市	11.36364	53.01205	0.008051	7.683293
泰安市	8.333333	52.17391	0.005377	6.011008
泰州市	9.848485	52.58964	0.005908	6.867452
天津市	45.45454	64.70588	0.94093	17.48298
铜陵市	21.21212	55.93221	0.1306	10.1353
威海市	46.9697	65.34653	1.029278	17.79528
温州市	12.87879	53.4413	0.010461	8.561226
乌海市	59.84848	71.35135	2.404592	20.37784
乌兰察布市	21.21212	55.93221	0.176111	9.923818
无锡市	59.84848	71.35135	2.600454	19.30293
吴忠市	24.24242	56.89655	0.235198	11.35152
芜湖市	9.848485	52.58964	0.005908	6.867452
西安市	9.090909	52.38095	0.008622	6.484364
厦门市	68.18182	75.86207	3.914449	20.36726
咸阳市	18.18182	55	0.079644	9.845686
湘潭市	19.69697	55.46218	0.053596	11.73139

续表

城市	度数中心度	接近中心度	中介中心度	特征向量中心度
新乡市	9.848485	52.58964	0.012676	6.416189
新余市	12.87879	53.4413	0.017146	8.169995
徐州市	8.333333	52.17391	0.005404	6.121054
许昌市	9.090909	52.38095	0.008622	6.484364
宣城市	11.36364	53.01205	0.011032	7.554524
烟台市	35.60606	60.82949	0.500897	14.55143
延安市	9.090909	52.38095	0.010269	6.220358
扬州市	11.36364	53.01205	0.017121	6.817218
阳江市	19.69697	55.46218	0.083091	10.54531
宜春市	18.18182	55	0.045083	11.0227
益阳市	21.21212	55.93221	0.073193	12.2425
银川市	35.60606	60.82949	0.518834	14.69646
鹰潭市	15.15152	54.09836	0.020278	9.808393
永州市	19.69697	55.46218	0.083091	10.54531
玉溪市	21.21212	55.93221	0.094766	11.90318
岳阳市	17.42424	54.77179	0.043369	10.66221
云浮市	22.72727	56.41026	0.199374	10.75754
枣庄市	6.818182	51.76471	0.004139	5.150529
湛江市	25.75758	57.3913	0.280286	12.03814
漳州市	19.69697	55.46218	0.05441	11.57903
肇庆市	18.18182	55	0.071682	9.631348
镇江市	35.60606	60.82949	0.518905	14.17197
郑州市	12.12121	53.22581	0.020765	7.652654
中山市	78.0303	81.98758	5.001065	23.99161
舟山市	34.09091	60.27397	0.453729	13.8744

续表

城市	度数中心度	接近中心度	中介中心度	特征向量中心度
周口市	14.39394	53.87755	0.029422	8.692397
株洲市	19.69697	55.46218	0.053596	11.7314
珠海市	71.21212	77.64706	4.265649	21.07592
淄博市	34.09091	60.27397	0.451037	14.05876
遵义市	27.27273	57.89474	0.244478	13.80378

2014年

城市	度数中心度	接近中心度	中介中心度	特征向量中心度
安庆市	18.93939	55.23013	0.055107	8.697838
安顺市	46.9697	65.34653	0.911621	16.58693
安阳市	23.48485	56.65236	0.118661	9.891111
巴彦淖尔市	31.81818	59.45946	0.297363	12.31128
蚌埠市	17.42424	54.77179	0.043012	8.110047
包头市	81.81818	84.61539	3.927345	23.34701
宝鸡市	25	57.14286	0.147233	10.5742
北京市	68.93939	76.30058	2.584226	19.61019
滨州市	28.0303	58.14978	0.219405	10.88901
长沙市	42.42424	63.46154	0.861015	12.51022
常德市	22.72727	56.41026	0.089706	10.39243
常州市	50	66.66666	1.089272	15.1374
潮州市	28.0303	58.14978	0.196914	11.06063
郴州市	20.45455	55.6962	0.074684	9.140394
池州市	17.42424	54.77179	0.046492	8.12709
滁州市	15.15152	54.09836	0.035716	6.845046
德州市	21.9697	56.17021	0.105187	9.120382

续表

城市	度数中心度	接近中心度	中介中心度	特征向量中心度
东莞市	31.06061	59.19283	0.308662	10.66809
东营市	83.33334	85.71429	4.065517	24.11505
佛山市	50.75758	67.00507	1.381047	14.38096
福州市	25.75758	57.3913	0.155457	10.01715
抚州市	20.45455	55.6962	0.066855	9.194005
赣州市	31.81818	59.45946	0.291848	12.13336
广州市	62.87879	72.92818	2.249692	17.80559
贵阳市	19.69697	55.46218	0.067917	9.127664
桂林市	24.24242	56.89655	0.12676	10.19736
海口市	23.48485	56.65236	0.148534	9.702104
汉中市	36.36364	61.11111	0.439451	13.83244
杭州市	49.24242	66.33166	1.060937	14.94421
合肥市	23.48485	56.65236	0.109923	9.781894
菏泽市	25.75758	57.3913	0.153341	10.66087
鹤壁市	22.72727	56.41026	0.096897	10.02172
衡阳市	23.48485	56.65236	0.104806	10.19898
呼和浩特市	69.69697	76.74419	2.687144	19.65296
湖州市	25	57.14286	0.127151	10.25689
怀化市	34.09091	60.27397	0.335048	13.22329
淮安市	18.18182	55	0.055303	8.172019
淮北市	20.45455	55.6962	0.066792	9.213746
淮南市	18.93939	55.23013	0.056447	8.696535
惠州市	26.51515	57.64192	0.220606	9.970513
吉安市	25	57.14286	0.118563	10.74547
济南市	41.66667	63.15789	0.739778	12.94527

续表

城市	度数中心度	接近中心度	中介中心度	特征向量中心度
济宁市	20.45455	55.6962	0.067898	9.306081
嘉兴市	26.51515	57.64192	0.183696	10.02491
江门市	18.93939	55.23013	0.067465	8.364431
焦作市	27.27273	57.89474	0.118204	11.99017
揭阳市	29.54545	58.66667	0.225722	11.55353
金华市	18.93939	55.23013	0.046372	8.715959
景德镇市	15.15152	54.09836	0.028605	7.517407
九江市	18.93939	55.23013	0.050297	9.12059
开封市	25	57.14286	0.124694	10.76883
昆明市	34.84848	60.55046	0.50958	13.04792
丽水市	15.90909	54.32099	0.029935	7.756886
连云港市	17.42424	54.77179	0.045842	8.109327
聊城市	21.9697	56.17021	0.097005	9.475793
临沧市	64.39394	73.74302	2.234732	20.9713
临沂市	20.45455	55.6962	0.077707	8.858481
六安市	23.48485	56.65236	0.105249	10.1885
龙岩市	18.18182	55	0.05389	8.098034
洛阳市	23.48485	56.65236	0.081705	10.76717
马鞍山市	22.72727	56.41026	0.093727	9.836728
梅州市	34.84848	60.55046	0.410495	12.91158
南昌市	17.42424	54.77179	0.03988	8.033129
南京市	48.48485	66	1.041602	14.56843
南宁市	22.72727	56.41026	0.107719	9.686334
南平市	15.15152	54.09836	0.028037	7.548387
南通市	31.81818	59.45946	0.297751	11.53917

续表

城市	度数中心度	接近中心度	中介中心度	特征向量中心度
南阳市	28.0303	58.14978	0.196298	11.64959
宁波市	55.30303	69.10995	1.351901	16.79485
宁德市	16.66667	54.54546	0.032333	8.170156
萍乡市	17.42424	54.77179	0.040181	8.576142
莆田市	18.93939	55.23013	0.037426	9.05486
濮阳市	22.72727	56.41026	0.114103	9.485885
青岛市	54.54546	68.75	1.430552	16.02629
清远市	28.0303	58.14978	0.20387	11.05136
衢州市	14.39394	53.87755	0.027383	6.990343
泉州市	25	57.14286	0.132124	9.949774
三亚市	35.60606	60.82949	0.525923	13.22541
汕头市	29.54545	58.66667	0.225722	11.55353
商洛市	35.60606	60.82949	0.414044	13.65864
商丘市	25.75758	57.3913	0.176806	10.53347
上饶市	20.45455	55.6962	0.06959	9.082494
邵阳市	38.63636	61.97183	0.497775	14.37358
绍兴市	40.15152	62.55924	0.58019	13.27828
深圳市	78.78788	82.5	3.276891	23.71001
苏州市	68.18182	75.86207	2.442935	19.51625
宿迁市	18.18182	55	0.052217	8.261045
台州市	18.93939	55.23013	0.046372	8.715959
泰安市	23.48485	56.65236	0.110052	9.806428
泰州市	30.30303	58.92857	0.284778	11.09757
天津市	68.93939	76.30058	2.607156	19.72059
铜陵市	37.87879	61.68224	0.490226	12.78575

续表

城市	度数中心度	接近中心度	中介中心度	特征向量中心度
威海市	68.18182	75.86207	2.428104	19.62905
温州市	17.42424	54.77179	0.036828	8.425195
乌海市	72.72727	78.57143	3.051883	20.48357
乌兰察布市	26.51515	57.64192	0.224521	10.09001
无锡市	63.63636	73.33334	2.017961	18.50026
吴忠市	42.42424	63.46154	0.858487	14.83357
芜湖市	24.24242	56.89655	0.120861	10.19759
西安市	28.78788	58.40708	0.179688	11.86502
厦门市	37.87879	61.68224	0.602521	11.77855
咸阳市	25.75758	57.3913	0.161632	10.77981
湘潭市	17.42424	54.77179	0.037013	8.615163
新乡市	25	57.14286	0.124694	10.76883
新余市	24.24242	56.89655	0.162795	8.879123
徐州市	25	57.14286	0.117878	10.74693
许昌市	23.48485	56.65236	0.083494	10.7697
宣城市	17.42424	54.77179	0.047209	7.997099
烟台市	49.24242	66.33166	1.079696	14.82668
延安市	30.30303	58.92857	0.216983	12.208
扬州市	31.06061	59.19283	0.295227	11.06379
阳江市	19.69697	55.46218	0.075971	8.571586
宜春市	21.9697	56.17021	0.079024	9.882788
益阳市	26.51515	57.64192	0.148101	11.33722
银川市	40.90909	62.85714	0.833394	13.8414
鹰潭市	15.15152	54.09836	0.023286	7.610599
永州市	32.57576	59.72851	0.300486	12.57256

续表

城市	度数中心度	接近中心度	中介中心度	特征向量中心度
玉溪市	31.81818	59.45946	0.333315	12.58111
岳阳市	18.93939	55.23013	0.052207	9.143375
云浮市	35.60606	60.82949	0.424721	13.07442
枣庄市	24.24242	56.89655	0.109039	10.57451
湛江市	34.84848	60.55046	0.401172	12.8976
漳州市	14.39394	53.87755	0.023948	7.143433
肇庆市	18.93939	55.23013	0.067465	8.364431
镇江市	46.9697	65.34653	0.910201	14.56622
郑州市	28.78788	58.40708	0.250983	10.58319
中山市	44.69697	64.39024	0.966057	13.06927
舟山市	52.27273	67.69231	1.104243	16.51612
周口市	25.75758	57.3913	0.147062	10.81641
株洲市	18.18182	55	0.041272	8.882665
珠海市	63.63636	73.33334	2.272654	18.10637
淄博市	44.69697	64.39024	0.884225	13.53339
遵义市	35.60606	60.82949	0.38907	13.60171

2015 年

城市	度数中心度	接近中心度	中介中心度	特征向量中心度
安庆市	20.45455	55.6962	0.063316	9.376884
安顺市	44.69697	64.39024	0.856487	15.76354
安阳市	24.24242	56.89655	0.132301	10.13059
巴彦淖尔市	31.06061	59.19283	0.30817	11.97588
蚌埠市	20.45455	55.6962	0.064869	9.257537
包头市	81.06061	84.07643	3.825893	22.9921

续表

城市	度数中心度	接近中心度	中介中心度	特征向量中心度
宝鸡市	23.48485	56.65236	0.116514	10.23836
北京市	71.21212	77.64706	2.676877	20.2931
滨州市	28.78788	58.40708	0.245436	11.08727
长沙市	47.72727	65.02463	1.156662	13.56813
常德市	21.9697	56.17021	0.079608	10.17206
常州市	51.51515	67.34694	1.16285	15.36079
潮州市	24.24242	56.89655	0.139699	9.910503
郴州市	19.69697	55.46218	0.067795	8.893328
池州市	18.18182	55	0.048721	8.474529
滁州市	17.42424	54.77179	0.048513	7.806124
德州市	21.21212	55.93221	0.100786	8.864612
东莞市	34.84848	60.55046	0.4143	11.93033
东营市	80.30303	83.5443	3.666225	23.01548
佛山市	52.27273	67.69231	1.425973	14.88218
福州市	27.27273	57.89474	0.200932	10.23088
抚州市	21.21212	55.93221	0.070998	9.615376
赣州市	29.54545	58.66667	0.255751	11.30192
广州市	62.87879	72.92818	2.212476	17.88729
贵阳市	25	57.14286	0.175543	10.37844
桂林市	24.24242	56.89655	0.130331	10.14539
海口市	25	57.14286	0.168675	10.38952
汉中市	37.12121	61.39535	0.464809	14.00979
杭州市	52.27273	67.69231	1.245359	15.48967
合肥市	24.24242	56.89655	0.128609	9.823983
菏泽市	27.27273	57.89474	0.173514	11.18011

续表

城市	度数中心度	接近中心度	中介中心度	特征向量中心度
鹤壁市	21.21212	55.93221	0.082016	9.538398
衡阳市	21.9697	56.17021	0.088934	9.699882
呼和浩特市	70.45454	77.19299	2.664519	19.91229
湖州市	24.24242	56.89655	0.117513	9.911345
怀化市	33.33333	60	0.331874	12.88498
淮安市	20.45455	55.6962	0.082065	8.843017
淮北市	20.45455	55.6962	0.070782	9.084804
淮南市	21.9697	56.17021	0.090572	9.538542
惠州市	26.51515	57.64192	0.19315	10.35147
吉安市	24.24242	56.89655	0.109326	10.51467
济南市	40.15152	62.55924	0.691641	12.26629
济宁市	21.21212	55.93221	0.068098	9.684566
嘉兴市	25.75758	57.3913	0.175746	9.644774
江门市	18.18182	54.77179	0.060984	8.110945
焦作市	26.51515	57.64192	0.119237	11.69978
揭阳市	29.54545	58.66667	0.244625	11.38027
金华市	19.69697	55.46218	0.056057	8.894676
景德镇市	15.90909	54.32099	0.032672	7.821322
九江市	18.93939	55.23013	0.048323	9.173648
开封市	24.24242	56.89655	0.111454	10.60785
昆明市	35.60606	60.82949	0.454398	13.59794
丽水市	17.42424	54.77179	0.03569	8.460846
连云港市	17.42424	54.77179	0.04234	8.206382
聊城市	20.45455	55.6962	0.078366	8.992056
临沧市	63.63636	73.33334	2.109679	20.80444

续表

城市	度数中心度	接近中心度	中介中心度	特征向量中心度
临沂市	21.21212	55.93221	0.100212	8.812391
六安市	22.72727	56.41026	0.089034	9.976082
龙岩市	19.69697	55.46218	0.06552	8.554095
洛阳市	21.9697	56.17021	0.072894	10.23369
马鞍山市	21.21212	55.93221	0.077624	9.297709
梅州市	35.60606	60.82949	0.446749	13.01843
南昌市	19.69697	55.46218	0.058687	8.677142
南京市	53.78788	68.39378	1.314433	15.91046
南宁市	21.21212	55.93221	0.090678	9.286121
南平市	18.93939	55.23013	0.047533	9.079762
南通市	34.09091	60.27397	0.376485	11.7594
南阳市	28.0303	58.14978	0.190482	11.73492
宁波市	54.54546	68.75	1.316629	16.38464
宁德市	18.93939	55.23013	0.045445	9.116322
萍乡市	18.18182	55	0.04481	8.837116
莆田市	21.21212	55.93221	0.058992	9.792577
濮阳市	22.72727	56.41026	0.105561	9.709112
青岛市	56.81818	69.84127	1.547118	16.54958
清远市	26.51515	57.64192	0.187434	10.47039
衢州市	15.15152	54.09836	0.025974	7.39022
泉州市	27.27273	57.89474	0.177086	10.53537
三亚市	34.84848	60.55046	0.459704	13.12822
汕头市	25.75758	57.3913	0.163378	10.3562
商洛市	35.60606	60.82949	0.428691	13.64022
商丘市	26.51515	57.64192	0.169929	10.84143

续表

城市	度数中心度	接近中心度	中介中心度	特征向量中心度
上饶市	20.45455	55.6962	0.070016	9.068868
邵阳市	37.87879	61.68224	0.487619	14.01422
绍兴市	38.63636	61.97183	0.540766	12.66385
深圳市	79.54546	83.01887	3.288616	23.9451
苏州市	68.18182	75.86207	2.421983	19.47968
宿迁市	15.15152	54.09836	0.029398	7.37631
台州市	19.69697	55.46218	0.049662	9.021824
泰安市	24.24242	56.89655	0.129442	9.999409
泰州市	31.06061	59.19283	0.319684	10.99652
天津市	67.42424	75.42857	2.378925	19.33846
铜陵市	18.18182	55	0.041352	8.497313
威海市	68.93939	76.30058	2.409188	19.86528
温州市	18.18182	55	0.039741	8.788976
乌海市	71.21212	77.64706	2.785492	20.08501
乌兰察布市	26.51515	57.64192	0.222708	10.07904
无锡市	63.63636	73.33334	1.969343	18.44206
吴忠市	43.93939	64.07767	0.918757	15.24587
芜湖市	23.48485	56.65236	0.109872	9.852961
西安市	28.0303	58.14978	0.163439	11.5637
厦门市	37.12121	61.39535	0.574414	11.45839
咸阳市	26.51515	57.64192	0.179151	10.98312
湘潭市	17.42424	54.77179	0.035924	8.671074
新乡市	25.75758	57.3913	0.138265	11.02679
新余市	18.93939	55.23013	0.090656	6.988194
徐州市	25	57.14286	0.142411	10.38979

续表

城市	度数中心度	接近中心度	中介中心度	特征向量中心度
许昌市	21.21212	55.93221	0.068173	9.968325
宣城市	18.18182	55	0.053675	8.286827
烟台市	54.54546	68.75	1.355065	16.24418
延安市	24.24242	56.89655	0.094665	10.64721
扬州市	32.57576	59.72851	0.356885	11.03065
阳江市	18.93939	55.23013	0.069653	8.390771
宜春市	21.9697	56.17021	0.082333	9.895873
益阳市	25.75758	57.3913	0.135704	11.10444
银川市	40.90909	62.85714	0.75147	13.99111
鹰潭市	16.66667	54.54546	0.031267	8.220608
永州市	31.06061	59.19283	0.275402	12.02402
玉溪市	32.57576	59.72851	0.352886	12.74954
岳阳市	18.93939	55.23013	0.05038	9.204556
云浮市	35.60606	60.82949	0.459439	12.86682
枣庄市	21.9697	56.17021	0.081543	9.795733
湛江市	34.09091	60.27397	0.408185	12.49193
漳州市	15.90909	54.32099	0.027717	7.769341
肇庆市	18.18182	54.77179	0.060984	8.110945
镇江市	48.48485	66	1.014543	14.50258
郑州市	28.78788	58.40708	0.260021	10.38282
中山市	48.48485	66	1.146263	13.96505
舟山市	54.54546	68.75	1.216343	16.98175
周口市	28.78788	58.40708	0.184027	11.96602
株洲市	18.18182	55	0.040445	8.924047
珠海市	64.39394	73.74302	2.295306	18.37636

续表

城市	度数中心度	接近中心度	中介中心度	特征向量中心度
淄博市	43.93939	64.07767	0.831455	13.33883
遵义市	32.57576	59.72851	0.298276	12.78683

2016年

城市	度数中心度	接近中心度	中介中心度	特征向量中心度
安庆市	21.21212	55.93221	0.070838	9.44844
安顺市	45.45454	64.70588	0.86408	15.86754
安阳市	25	57.14286	0.132223	10.42965
巴彦淖尔市	29.54545	58.66667	0.272049	11.34579
蚌埠市	22.72727	56.41026	0.080548	10.0668
包头市	78.78788	82.5	3.653329	22.0543
宝鸡市	23.48485	56.65236	0.111079	10.14187
北京市	71.21212	77.64706	2.651925	20.23966
滨州市	28.0303	58.14978	0.206984	10.80044
长沙市	49.24242	66	1.195518	13.95998
常德市	22.72727	56.41026	0.085503	10.27943
常州市	53.78788	68.39378	1.25222	15.85389
潮州市	23.48485	56.65236	0.12566	9.546693
郴州市	19.69697	55.46218	0.066958	8.759648
池州市	18.93939	55.23013	0.051719	8.673042
滁州市	21.21212	55.93221	0.08281	9.026116
德州市	18.93939	55.23013	0.070618	7.99917
东莞市	34.09091	60.27397	0.394978	11.17707
东营市	77.27273	81.48148	3.415848	21.86756
佛山市	52.27273	67.69231	1.397615	14.69559

续表

城市	度数中心度	接近中心度	中介中心度	特征向量中心度
福州市	30.30303	58.92857	0.284067	10.36139
抚州市	23.48485	56.65236	0.09304	10.26474
赣州市	29.54545	58.66667	0.2318	11.40157
广州市	65.90909	74.57627	2.310144	19.10294
贵阳市	26.51515	57.64192	0.192799	10.69855
桂林市	24.24242	56.89655	0.130561	9.964361
海口市	25.75758	57.3913	0.190984	10.45448
汉中市	37.87879	61.68224	0.556963	13.6879
杭州市	53.78788	68.39378	1.259069	15.87057
合肥市	23.48485	56.65236	0.153088	8.835256
菏泽市	29.54545	58.66667	0.227166	11.71403
鹤壁市	22.72727	56.41026	0.095114	9.912892
衡阳市	21.9697	56.17021	0.083206	9.717353
呼和浩特市	66.66666	75	2.198939	19.08149
湖州市	25	57.14286	0.135609	9.88532
怀化市	31.81818	59.45946	0.282201	12.31573
淮安市	21.21212	55.93221	0.094049	8.846442
淮北市	23.48485	56.65236	0.108367	9.834293
淮南市	22.72727	56.41026	0.09124	9.744967
惠州市	27.27273	57.89474	0.181526	10.52421
吉安市	23.48485	56.65236	0.100583	10.12667
济南市	38.63636	61.97183	0.605335	11.82543
济宁市	23.48485	56.65236	0.09978	10.22862
嘉兴市	27.27273	57.89474	0.2118	9.656795
江门市	18.93939	55.23013	0.067696	8.276421

续表

城市	度数中心度	接近中心度	中介中心度	特征向量中心度
焦作市	25	57.14286	0.100721	10.93764
揭阳市	28.78788	58.40708	0.228018	11.01093
金华市	19.69697	55.46218	0.057036	8.706774
景德镇市	15.90909	54.32099	0.032253	7.673917
九江市	21.21212	55.93221	0.06926	9.755311
开封市	25.75758	57.3913	0.129424	10.95405
昆明市	37.12121	61.39535	0.452158	14.04248
丽水市	16.66667	54.54546	0.031883	8.005844
连云港市	20.45455	55.6962	0.076314	9.046645
聊城市	20.45455	55.6962	0.077925	8.725185
临沧市	64.39394	73.74302	2.107626	20.85744
临沂市	21.9697	56.17021	0.099631	9.072755
六安市	25	57.14286	0.119961	10.53777
龙岩市	21.9697	56.17021	0.085582	9.006181
洛阳市	25	57.14286	0.102807	11.05331
马鞍山市	21.21212	55.93221	0.078953	9.076309
梅州市	34.84848	60.55046	0.425393	12.62798
南昌市	15.90909	54.32099	0.036307	6.875789
南京市	53.0303	68.04124	1.226246	15.58287
南宁市	21.9697	56.17021	0.099843	9.338273
南平市	18.93939	55.23013	0.047055	8.930416
南通市	38.63636	61.97183	0.516238	12.55388
南阳市	28.78788	58.40708	0.188527	11.92104
宁波市	55.30303	69.10995	1.324147	16.26726
宁德市	18.93939	55.23013	0.044529	8.967984

续表

城市	度数中心度	接近中心度	中介中心度	特征向量中心度
萍乡市	19.69697	55.46218	0.05553	9.269178
莆田市	21.21212	55.93221	0.057744	9.63126
濮阳市	24.24242	56.89655	0.1104	10.27567
青岛市	58.33333	70.58823	1.582765	16.87781
清远市	26.51515	57.64192	0.187122	10.29081
衢州市	16.66667	54.54546	0.028573	7.964267
泉州市	29.54545	58.66667	0.228806	10.94815
三亚市	36.36364	61.11111	0.50497	13.43317
汕头市	25.75758	57.3913	0.168142	10.12696
商洛市	35.60606	60.82949	0.419819	13.46231
商丘市	28.0303	58.14978	0.177959	11.40335
上饶市	21.21212	55.93221	0.086123	9.133331
邵阳市	40.90909	62.85714	0.630719	14.68762
绍兴市	40.15152	62.55924	0.579687	12.89952
深圳市	78.78788	82.5	3.188726	23.57137
苏州市	67.42424	75.42857	2.18277	19.29759
宿迁市	18.93939	55.23013	0.056725	8.517931
台州市	18.93939	55.23013	0.048406	8.494709
泰安市	25	57.14286	0.138432	10.13525
泰州市	31.81818	59.45946	0.317943	10.90109
天津市	66.66666	75	2.284833	19.06291
铜陵市	17.42424	54.77179	0.036784	8.061363
威海市	68.93939	76.30058	2.339927	19.7954
温州市	18.93939	55.23013	0.041766	8.911347
乌海市	67.42424	75.42857	2.281415	19.20223

续表

城市	度数中心度	接近中心度	中介中心度	特征向量中心度
乌兰察布市	28.0303	58.14978	0.270924	10.3747
无锡市	64.39394	73.74302	1.951458	18.58422
吴忠市	42.42424	63.46154	0.872691	14.40075
芜湖市	23.48485	56.65236	0.105724	9.598682
西安市	28.0303	58.14978	0.168658	11.48438
厦门市	38.63636	61.97183	0.595358	11.8852
咸阳市	24.24242	56.89655	0.132129	10.12815
湘潭市	18.93939	55.23013	0.048515	8.989766
新乡市	26.51515	57.64192	0.146124	11.15144
新余市	21.9697	56.17021	0.145084	7.461953
徐州市	25	57.14286	0.145711	10.16132
许昌市	23.48485	56.65236	0.086933	10.59475
宣城市	18.18182	55	0.053272	8.151291
烟台市	54.54546	68.75	1.287537	16.24934
延安市	25	57.14286	0.140701	10.42435
扬州市	34.84848	60.55046	0.43503	11.08427
阳江市	20.45455	55.6962	0.087682	8.654407
宜春市	22.72727	56.41026	0.083681	10.12248
益阳市	25	57.14286	0.121266	10.76008
银川市	40.90909	62.85714	0.695599	14.02942
鹰潭市	18.18182	55	0.036605	8.638366
永州市	31.06061	59.19283	0.289345	11.74391
玉溪市	34.84848	60.55046	0.42026	13.24207
岳阳市	21.21212	55.93221	0.06868	9.813677
云浮市	34.09091	60.27397	0.41326	12.219

续表

城市	度数中心度	接近中心度	中介中心度	特征向量中心度
枣庄市	23.48485	56.65236	0.090329	10.33266
湛江市	34.84848	60.55046	0.44924	12.44302
漳州市	19.69697	55.46218	0.049294	8.939652
肇庆市	18.18182	54.77179	0.060058	7.991072
镇江市	53.0303	68.04124	1.214788	15.6338
郑州市	28.0303	58.14978	0.269022	9.992104
中山市	47.72727	65.67164	1.060703	13.73877
舟山市	56.81818	69.84127	1.375277	16.92635
周口市	29.54545	58.66667	0.191734	12.06686
株洲市	18.18182	55	0.040524	8.779976
珠海市	63.63636	73.33334	2.18415	18.09384
淄博市	43.93939	64.07767	0.807395	13.24223
遵义市	32.57576	59.72851	0.307209	12.55612

2017年

城市	度数中心度	接近中心度	中介中心度	特征向量中心度
安庆市	21.96969604	56.17021179	0.08432842	9.522253036
安顺市	44.69696808	64.39024353	0.778620243	15.56156349
安阳市	24.24242401	56.89655304	0.124596693	10.01057911
巴彦淖尔市	28.78787804	58.40707779	0.27697134	10.58508396
蚌埠市	22.72727203	56.41025543	0.083761178	9.936935425
包头市	72.72727203	78.57142639	2.936346769	20.33984756
宝鸡市	25	57.1428566	0.118011802	10.66095066
北京市	71.96969604	78.10650635	2.789855242	20.36175919
滨州市	23.48484802	56.65235901	0.160520732	9.127851486

续表

城市	度数中心度	接近中心度	中介中心度	特征向量中心度
长沙市	50	66.66666412	1.24339664	14.0789957
常德市	23.48484802	56.65235901	0.092641264	10.38136196
常州市	53.78787994	68.39378357	1.261304617	15.79234886
潮州市	27.27272797	57.89473724	0.203026563	10.34170628
郴州市	21.21212196	55.9322052	0.07581903	9.308650017
池州市	20.45454597	55.69620132	0.065394178	9.149144173
滁州市	20.45454597	55.69620132	0.083981454	8.515753746
德州市	18.18181801	55	0.060760204	7.631316662
东莞市	34.84848404	60.550457	0.436391175	11.03285408
东营市	78.03030396	81.98757935	3.399937153	22.33591652
佛山市	51.51515198	67.34693909	1.371118546	14.34586239
福州市	32.57575607	59.728508	0.345690161	10.68855762
抚州市	24.24242401	56.89655304	0.105053455	10.3767395
赣州市	30.30303001	58.92856979	0.241364583	11.68258095
广州市	65.15151215	74.15730286	2.282010078	18.71358299
贵阳市	27.27272797	57.89473724	0.225418493	10.54471874
桂林市	27.27272797	57.89473724	0.178468317	10.85329437
海口市	25.75757599	57.39130402	0.191014305	10.35875797
汉中市	36.36363602	61.11111069	0.454392821	13.27042389
杭州市	55.30303192	69.1099472	1.329348803	16.32287788
合肥市	24.24242401	56.89655304	0.169368893	9.031406403
菏泽市	30.30303001	58.92856979	0.262034535	11.69342709
鹤壁市	22.72727203	56.41025543	0.095139667	9.640913963
衡阳市	21.96969604	56.17021179	0.079530373	9.688869476
呼和浩特市	54.54545593	68.75	1.277768254	16.40812302

续表

城市	度数中心度	接近中心度	中介中心度	特征向量中心度
湖州市	22.72727203	56.41025543	0.119014308	8.727583885
怀化市	35.60606003	60.82949448	0.383143485	13.28483295
淮安市	22.72727203	56.41025543	0.113531433	9.171485901
淮北市	22.72727203	56.41025543	0.091854624	9.706292152
淮南市	24.24242401	56.89655304	0.114301309	10.1565733
惠州市	28.78787804	58.40707779	0.251917303	10.15112495
吉安市	23.48484802	56.65235901	0.097539552	10.08345413
济南市	38.63636398	61.97183228	0.569452941	11.96295166
济宁市	21.21212196	55.9322052	0.076825991	9.201750755
嘉兴市	33.33333206	60	0.35654074	11.1382885
江门市	19.69696999	55.46218491	0.066980146	8.580047607
焦作市	25.75757599	57.39130402	0.129210189	10.91148376
揭阳市	31.060606	59.19282532	0.287595809	11.43131065
金华市	18.939394	55.23012543	0.050363991	8.335297585
景德镇市	17.42424202	54.77178574	0.041355237	8.080684662
九江市	21.96969604	56.17021179	0.074083716	9.969157219
开封市	26.51515198	57.641922	0.139913812	11.09149075
昆明市	39.39393997	62.26415253	0.589727461	14.15717316
丽水市	18.18181801	55	0.044966683	8.392596245
连云港市	21.21212196	55.9322052	0.079526789	9.125779152
聊城市	20.45454597	55.69620132	0.077214383	8.572449684
临沧市	64.39393616	73.7430191	2.077553749	20.66370773
临沂市	21.21212196	55.9322052	0.102585137	8.534480095
六安市	24.24242401	56.89655304	0.118401013	10.14749622
龙岩市	21.96969604	56.17021179	0.111525558	8.347667694

续表

城市	度数中心度	接近中心度	中介中心度	特征向量中心度
洛阳市	25.75757599	57.39130402	0.116754271	10.97647476
马鞍山市	23.48484802	56.65235901	0.128885031	9.320103645
梅州市	35.60606003	60.82949448	0.466982841	12.59376144
南昌市	14.39393902	53.87755203	0.02898185	6.263029099
南京市	54.54545593	68.75	1.327688813	15.93308163
南宁市	21.21212196	55.9322052	0.086506397	9.060163498
南平市	20.45454597	55.69620132	0.055473093	9.379817009
南通市	41.66666794	63.15789413	0.60585767	13.29773712
南阳市	30.30303001	58.92856979	0.22142683	12.19155407
宁波市	56.81818008	69.84127045	1.424321175	16.54594803
宁德市	21.21212196	55.9322052	0.058019049	9.658634186
萍乡市	21.96969604	56.17021179	0.071473293	9.967931747
莆田市	24.24242401	56.89655304	0.078387603	10.58756351
濮阳市	25	57.1428566	0.130030468	10.29983139
青岛市	58.33333206	70.58823395	1.555507064	16.97175217
清远市	26.51515198	57.641922	0.192368791	10.09890938
衢州市	18.939394	55.23012543	0.045314427	8.7351017
泉州市	31.81818199	59.45946121	0.288975149	11.09829617
三亚市	38.63636398	61.97183228	0.58310467	13.80563354
汕头市	24.24242401	56.89655304	0.141748339	9.581115723
商洛市	37.87878799	61.68224335	0.51445049	13.72272015
商丘市	27.27272797	57.89473724	0.171580419	10.95250416
上饶市	20.45454597	55.69620132	0.075011931	8.836114883
邵阳市	41.66666794	63.15789413	0.649057448	14.74435234
绍兴市	40.90909195	62.8571434	0.602564991	13.04074001

续表

城市	度数中心度	接近中心度	中介中心度	特征向量中心度
深圳市	80.30303192	83.54430389	3.223493814	24.12436867
苏州市	69.69696808	76.7441864	2.342126608	20.07676888
宿迁市	19.69696999	55.46218491	0.06099702	8.625406265
台州市	21.21212196	55.9322052	0.068941407	9.045154572
泰安市	21.21212196	55.9322052	0.099604189	8.624261856
泰州市	33.33333206	60	0.367064059	10.92052269
天津市	62.12121201	72.52747345	1.911338925	17.81926155
铜陵市	20.45454597	55.69620132	0.064048685	8.823436737
威海市	69.69696808	76.7441864	2.42933917	19.98763084
温州市	19.69696999	55.46218491	0.048596781	9.008341789
乌海市	57.57575607	70.21276855	1.439617991	17.36055374
乌兰察布市	37.12121201	61.3953476	0.623539865	12.62075996
无锡市	68.93939209	76.30057526	2.282277822	19.90151978
吴忠市	42.42424393	63.46154022	0.804847002	14.4725256
芜湖市	23.48484802	56.65235901	0.117521003	9.230585098
西安市	26.51515198	57.641922	0.1703251	10.59068108
厦门市	39.39393997	62.26415253	0.659000635	11.69120502
咸阳市	23.48484802	56.65235901	0.111503668	9.985239983
湘潭市	18.939394	55.23012543	0.048148844	8.836206436
新乡市	26.51515198	57.641922	0.153083399	10.93221092
新余市	17.42424202	54.77178574	0.051601928	7.339979649
徐州市	24.24242401	56.89655304	0.142947689	9.724149704
许昌市	24.24242401	56.89655304	0.096954793	10.49989891
宣城市	20.45454597	55.69620132	0.087889418	8.628067017
烟台市	52.27272797	67.69230652	1.11275208	15.7682333

续表

城市	度数中心度	接近中心度	中介中心度	特征向量中心度
延安市	23.48484802	56.65235901	0.104332961	9.970693588
扬州市	37.12121201	61.3953476	0.484764367	11.77355671
阳江市	22.72727203	56.41025543	0.115753926	9.235823631
宜春市	23.48484802	56.65235901	0.08795777	10.30774307
益阳市	24.24242401	56.89655304	0.111088142	10.43978786
银川市	44.69696808	64.39024353	0.837176204	14.81169796
鹰潭市	18.18181801	55	0.037900943	8.521416664
永州市	31.81818199	59.45946121	0.316618025	11.73761082
玉溪市	33.33333206	60	0.371058583	12.76738262
岳阳市	23.48484802	56.65235901	0.089752123	10.45599651
云浮市	34.09090805	60.27397156	0.422804385	11.99801922
枣庄市	24.24242401	56.89655304	0.110160157	10.28762341
湛江市	35.60606003	60.82949448	0.461722523	12.46340561
漳州市	20.45454597	55.69620132	0.053194664	9.220673561
肇庆市	20.45454597	55.69620132	0.082550734	8.58490181
镇江市	48.48484802	66	0.931895971	14.75051785
郑州市	29.54545403	58.66666794	0.26622051	10.13606358
中山市	43.93939209	64.07766724	0.934907973	12.33025265
舟山市	52.27272797	67.69230652	1.065209985	16.10874939
周口市	31.060606	59.19282532	0.221913546	12.44853878
株洲市	20.45454597	55.69620132	0.055981107	9.439157486
珠海市	71.21212006	77.64705658	2.7431674	20.52854156
淄博市	44.69696808	64.39024353	0.790918589	13.63337326
遵义市	31.060606	59.19282532	0.263524264	12.04280376

2018年

城市	度数中心度	接近中心度	中介中心度	特征向量中心度
安庆市	21.9697	56.17021	0.088814	9.294388
安顺市	44.69697	64.39024	0.804605	15.22962
安阳市	23.48485	56.65236	0.103718	9.772603
巴彦淖尔市	39.39394	62.26415	0.646225	13.45288
蚌埠市	23.48485	56.65236	0.099394	9.896861
包头市	57.57576	70.21277	1.444318	17.33218
宝鸡市	24.24242	56.89655	0.109903	10.26407
北京市	73.48485	79.04192	3.167319	20.61609
滨州市	23.48485	56.65236	0.166727	9.09923
长沙市	47.72727	65.67164	1.069005	13.74553
常德市	23.48485	56.65236	0.0946	10.22732
常州市	59.09091	70.96774	1.570835	17.26868
潮州市	27.27273	57.89474	0.193893	10.3219
郴州市	21.21212	55.93221	0.073914	9.229165
池州市	21.21212	55.93221	0.071785	9.212214
滁州市	22.72727	56.41026	0.109748	9.282337
德州市	20.45455	55.6962	0.090429	8.180391
东莞市	34.09091	60.27397	0.429432	10.51658
东营市	80.30303	83.5443	3.600546	23.19021
佛山市	51.51515	67.34694	1.33593	14.72186
福州市	34.09091	60.27397	0.415863	10.60141
抚州市	24.24242	56.89655	0.10024	10.30225
赣州市	30.30303	58.92857	0.236724	11.59453
广州市	62.87879	72.92818	2.091984	18.12714

续表

城市	度数中心度	接近中心度	中介中心度	特征向量中心度
贵阳市	27.27273	57.89474	0.230479	10.43151
桂林市	29.54545	58.66667	0.243422	11.10732
海口市	25.75758	57.3913	0.186541	10.27163
汉中市	36.36364	61.11111	0.471107	13.0157
杭州市	54.54546	68.75	1.246186	16.21906
合肥市	22.72727	56.41026	0.126804	8.382528
菏泽市	30.30303	58.92857	0.288218	11.30631
鹤壁市	22.72727	56.41026	0.098992	9.489002
衡阳市	21.9697	56.17021	0.083135	9.440723
呼和浩特市	49.24242	66.33166	0.901127	15.90131
湖州市	25	57.14286	0.162511	9.127111
怀化市	36.36364	61.11111	0.422236	13.19376
淮安市	23.48485	56.65236	0.141032	9.108617
淮北市	24.24242	56.89655	0.10673	10.18442
淮南市	24.24242	56.89655	0.118764	9.92897
惠州市	27.27273	57.89474	0.215577	9.507763
吉安市	24.24242	56.89655	0.103965	10.24421
济南市	40.15152	62.55924	0.607723	12.42577
济宁市	21.9697	56.17021	0.091213	9.238815
嘉兴市	37.87879	61.68224	0.481236	12.31819
江门市	19.69697	55.46218	0.063262	8.469001
焦作市	25.75758	57.3913	0.123441	10.68814
揭阳市	32.57576	59.72851	0.328688	11.73695
金华市	18.93939	55.23013	0.05514	8.037985
景德镇市	22.72727	56.41026	0.080814	9.917869

续表

城市	度数中心度	接近中心度	中介中心度	特征向量中心度
九江市	22.72727	56.41026	0.079695	10.09854
开封市	25	57.14286	0.123349	10.32314
昆明市	39.39394	62.26415	0.559449	14.04004
丽水市	20.45455	55.6962	0.053369	9.138525
连云港市	21.21212	55.93221	0.088139	8.854675
聊城市	20.45455	55.6962	0.082851	8.285174
临沧市	66.66666	75	2.24059	21.03674
临沂市	22.72727	56.41026	0.110261	9.156021
六安市	25.75758	57.3913	0.151148	10.3486
龙岩市	25	57.14286	0.167936	8.627458
洛阳市	26.51515	57.64192	0.137811	11.00651
马鞍山市	21.9697	56.17021	0.115608	8.296543
梅州市	37.12121	61.39535	0.518465	12.88125
南昌市	11.36364	53.01205	0.018697	4.868558
南京市	59.09091	70.96774	1.578268	17.24756
南宁市	24.24242	56.89655	0.132669	9.758192
南平市	19.69697	55.46218	0.044091	8.970282
南通市	44.69697	64.39024	0.762087	13.64254
南阳市	30.30303	58.92857	0.234715	11.89085
宁波市	59.09091	70.96774	1.484321	17.39784
宁德市	20.45455	55.6962	0.046945	9.270326
萍乡市	23.48485	56.65236	0.085602	10.31762
莆田市	20.45455	55.6962	0.044446	9.040537
濮阳市	23.48485	56.65236	0.104765	9.730835
青岛市	61.36364	72.13115	1.764592	17.85147

续表

城市	度数中心度	接近中心度	中介中心度	特征向量中心度
清远市	25.75758	57.3913	0.169921	9.854009
衢州市	21.9697	56.17021	0.061466	9.596515
泉州市	32.57576	59.72851	0.358704	10.33537
三亚市	39.39394	62.26415	0.624809	13.49701
汕头市	25.75758	57.3913	0.164212	9.947858
商洛市	39.39394	62.26415	0.605501	13.73864
商丘市	29.54545	58.66667	0.214999	11.58684
上饶市	21.9697	56.17021	0.083822	9.338907
邵阳市	43.18182	63.76812	0.704721	14.85421
绍兴市	40.90909	62.85714	0.596932	12.98231
深圳市	78.78788	82.5	3.166648	23.46651
苏州市	71.21212	77.64706	2.444488	20.59937
宿迁市	21.9697	56.17021	0.087114	9.247258
台州市	21.9697	56.17021	0.082367	8.99404
泰安市	21.21212	55.93221	0.093978	8.676834
泰州市	35.60606	60.82949	0.417386	11.5401
天津市	56.81818	69.84127	1.527865	16.49309
铜陵市	20.45455	55.6962	0.069295	8.535254
威海市	65.90909	74.57627	2.067051	19.01198
温州市	22.72727	56.41026	0.066078	10.03136
乌海市	44.69697	64.39024	0.732756	14.73235
乌兰察布市	43.18182	63.76812	0.892618	14.20087
无锡市	70.45454	77.19299	2.42052	20.37237
吴忠市	42.42424	63.46154	0.771709	14.36051
芜湖市	21.9697	56.17021	0.115608	8.296543

续表

城市	度数中心度	接近中心度	中介中心度	特征向量中心度
西安市	30.30303	58.92857	0.234761	11.49388
厦门市	43.18182	63.76812	0.760867	13.01396
咸阳市	24.24242	56.89655	0.131328	9.937589
湘潭市	18.18182	55	0.039474	8.386224
新乡市	25.75758	57.3913	0.146578	10.42377
新余市	15.90909	54.32099	0.025211	7.204186
徐州市	27.27273	57.89474	0.198503	10.47351
许昌市	25	57.14286	0.105117	10.67192
宣城市	20.45455	55.6962	0.085282	8.444403
烟台市	53.0303	68.04124	1.141318	16.01513
延安市	28.0303	58.14978	0.158249	11.39442
扬州市	38.63636	61.97183	0.542709	11.97981
阳江市	25	57.14286	0.148944	9.763872
宜春市	23.48485	56.65236	0.08737	10.18613
益阳市	25	57.14286	0.11874	10.58317
银川市	43.18182	63.76812	0.625843	14.79429
鹰潭市	18.18182	55	0.03487	8.395048
永州市	32.57576	59.72851	0.331239	11.83945
玉溪市	32.57576	59.72851	0.354278	12.35462
岳阳市	23.48485	56.65236	0.089746	10.31077
云浮市	36.36364	61.11111	0.515869	12.44737
枣庄市	22.72727	56.41026	0.091358	9.645182
湛江市	37.12121	61.39535	0.513566	12.73282
漳州市	19.69697	55.46218	0.055606	8.386807
肇庆市	21.21212	55.93221	0.091338	8.707328

续表

城市	度数中心度	接近中心度	中介中心度	特征向量中心度
镇江市	46.21212	65.02463	0.829055	14.1089
郑州市	31.81818	59.45946	0.304636	10.85004
中山市	42.42424	63.46154	0.80312	12.29099
舟山市	51.51515	67.34694	1.059573	15.59735
周口市	31.06061	59.19283	0.228376	12.23147
株洲市	20.45455	55.6962	0.054877	9.270536
珠海市	68.93939	76.30058	2.592202	19.87774
淄博市	42.42424	63.46154	0.683426	13.07401
遵义市	28.78788	58.40708	0.205714	11.3124

2019年

城市	度数中心度	接近中心度	中介中心度	特征向量中心度
安庆市	25	57.14286	0.122319	10.66327
安顺市	44.69697	64.39024	0.851455	15.35473
安阳市	26.51515	57.64192	0.196349	10.32992
巴彦淖尔市	39.39394	62.26415	0.682877	13.65152
蚌埠市	18.18182	55	0.056485	8.046523
包头市	45.45454	64.70588	0.737909	15.45205
宝鸡市	22.72727	56.41026	0.119727	9.575913
北京市	73.48485	79.04192	3.644229	20.91992
滨州市	21.21212	55.93221	0.100554	8.987285
长沙市	46.21212	65.02463	1.095721	13.52188
常德市	22.72727	56.41026	0.09282	10.03763
常州市	61.36364	72.13115	1.745834	18.68587
潮州市	31.06061	59.19283	0.276285	11.67347

续表

城市	度数中心度	接近中心度	中介中心度	特征向量中心度
郴州市	23.48485	56.65236	0.106563	9.94617
池州市	22.72727	56.41026	0.10368	9.628609
滁州市	19.69697	55.46218	0.077673	8.249063
德州市	22.72727	56.41026	0.119866	9.285529
东莞市	38.63636	61.97183	0.697034	11.24603
东营市	55.30303	69.10995	1.713511	16.42963
佛山市	52.27273	67.69231	1.447739	15.20508
福州市	45.45454	64.70588	0.945591	13.54661
抚州市	25	57.14286	0.115789	10.61042
赣州市	27.27273	57.89474	0.171449	11.04311
广州市	62.87879	72.92818	2.389582	18.26965
贵阳市	24.24242	56.89655	0.156541	9.656792
桂林市	32.57576	59.72851	0.318276	12.16268
海口市	30.30303	58.92857	0.399867	11.39729
汉中市	36.36364	61.11111	0.520266	12.91311
杭州市	59.84848	71.35135	1.591781	18.34663
合肥市	26.51515	57.64192	0.208465	9.226633
菏泽市	25	57.14286	0.160963	9.969922
鹤壁市	21.9697	56.17021	0.095128	9.429777
衡阳市	25	57.14286	0.121062	10.60079
呼和浩特市	35.60606	60.82949	0.403931	12.90213
湖州市	24.24242	56.89655	0.152805	8.861388
怀化市	36.36364	61.11111	0.422008	13.36837
淮安市	21.9697	56.17021	0.130653	8.57217
淮北市	23.48485	56.65236	0.118977	9.676075

续表

城市	度数中心度	接近中心度	中介中心度	特征向量中心度
淮南市	25.75758	57.3913	0.16787	10.37235
惠州市	24.24242	56.89655	0.143748	8.906255
吉安市	26.51515	57.64192	0.137551	11.13803
济南市	33.33333	60	0.381679	11.01867
济宁市	21.9697	56.17021	0.088833	9.403585
嘉兴市	40.15152	62.55924	0.58501	13.05801
江门市	20.45455	55.6962	0.082206	8.57259
焦作市	25	57.14286	0.143326	10.43501
揭阳市	33.33333	60	0.382933	11.98054
金华市	17.42424	54.77179	0.05255	7.144835
景德镇市	23.48485	56.65236	0.09271	10.26266
九江市	23.48485	56.65236	0.090951	10.41789
开封市	25	57.14286	0.121791	10.5985
昆明市	46.21212	65.02463	0.777208	15.2608
丽水市	19.69697	55.46218	0.056859	8.716837
连云港市	20.45455	55.6962	0.091352	8.744931
聊城市	31.81818	59.45946	0.420323	11.35608
临沧市	61.36364	72.13115	2.126069	19.65573
临沂市	22.72727	56.41026	0.107693	9.428975
六安市	26.51515	57.64192	0.175876	10.75818
龙岩市	25.75758	57.3913	0.20356	8.397911
洛阳市	23.48485	56.65236	0.091925	10.25618
马鞍山市	21.9697	56.17021	0.116796	8.419411
梅州市	35.60606	60.82949	0.525998	12.41722
南昌市	12.87879	53.4413	0.034097	5.136283

续表

城市	度数中心度	接近中心度	中介中心度	特征向量中心度
南京市	62.12121	72.52747	1.898486	18.7684
南宁市	25	57.14286	0.140103	10.22639
南平市	17.42424	54.77179	0.038872	7.863366
南通市	50	66.66666	1.005152	15.61667
南阳市	31.81818	59.45946	0.290414	12.43721
宁波市	64.39394	73.74302	1.903482	19.45728
宁德市	18.93939	55.23013	0.057717	7.932646
萍乡市	27.27273	57.89474	0.141039	11.57516
莆田市	25.75758	57.3913	0.16218	9.527755
濮阳市	24.24242	56.89655	0.134553	9.802259
青岛市	49.24242	66.33166	1.071203	15.27892
清远市	26.51515	57.64192	0.188348	10.065
衢州市	21.21212	55.93221	0.06436	9.199584
泉州市	37.12121	61.39535	0.572881	11.25907
三亚市	41.66667	63.15789	0.643248	13.99709
汕头市	28.0303	58.14978	0.21748	10.61415
商洛市	39.39394	62.26415	0.650499	13.84997
商丘市	24.24242	56.89655	0.125095	10.01895
上饶市	25.75758	57.3913	0.141307	10.72371
邵阳市	38.63636	61.97183	0.522061	13.88082
绍兴市	43.93939	64.07767	0.739153	14.02349
深圳市	78.78788	82.5	3.676973	23.57589
苏州市	71.9697	78.10651	2.74194	21.32283
宿迁市	21.21212	55.93221	0.097606	9.095403
台州市	18.93939	55.23013	0.069657	7.612855

续表

城市	度数中心度	接近中心度	中介中心度	特征向量中心度
泰安市	23.48485	56.65236	0.116059	9.701025
泰州市	31.06061	59.19283	0.293749	10.7198
天津市	34.09091	60.27397	0.308688	12.66327
铜陵市	18.93939	55.23013	0.062686	8.241076
威海市	40.90909	62.85714	0.632055	13.15977
温州市	22.72727	56.41026	0.077173	9.828996
乌海市	49.24242	66.33166	0.907107	16.32162
乌兰察布市	44.69697	64.39024	1.031054	14.7912
无锡市	70.45454	77.19299	2.591452	20.91718
吴忠市	43.18182	63.76812	0.880996	14.61422
芜湖市	20.45455	55.6962	0.100456	7.741464
西安市	29.54545	58.66667	0.208589	11.36422
厦门市	59.09091	70.96774	1.659881	17.74501
咸阳市	30.30303	58.92857	0.306777	11.35772
湘潭市	16.66667	54.54546	0.031921	7.844697
新乡市	22.72727	56.41026	0.110157	9.471202
新余市	13.63636	53.65854	0.016176	6.557634
徐州市	24.24242	56.89655	0.143733	9.853755
许昌市	24.24242	56.89655	0.115726	10.41249
宣城市	19.69697	55.46218	0.084572	8.09864
烟台市	43.18182	63.76812	0.716242	13.84545
延安市	25	57.14286	0.134863	10.6648
扬州市	40.15152	62.55924	0.599666	12.89652
阳江市	28.0303	58.14978	0.210686	10.62194
宜春市	26.51515	57.64192	0.132223	11.33799

续表

城市	度数中心度	接近中心度	中介中心度	特征向量中心度
益阳市	28.78788	58.40708	0.18533	11.87136
银川市	38.63636	61.97183	0.498979	14.34858
鹰潭市	15.15152	54.09836	0.024973	6.890271
永州市	31.81818	59.45946	0.29801	11.93103
玉溪市	44.69697	64.39024	0.855846	15.6524
岳阳市	21.9697	56.17021	0.076438	9.878909
云浮市	37.87879	61.68224	0.605543	12.81592
枣庄市	22.72727	56.41026	0.107693	9.428975
湛江市	38.63636	61.97183	0.582508	13.37609
漳州市	25	57.14286	0.166594	8.742618
肇庆市	25	57.14286	0.155291	9.745953
镇江市	41.66667	63.15789	0.661733	13.30917
郑州市	34.09091	60.27397	0.393941	11.47441
中山市	31.06061	59.19283	0.3105	10.34544
舟山市	50.75758	67.00507	1.018065	15.98493
周口市	27.27273	57.89474	0.165777	11.22699
株洲市	17.42424	54.77179	0.037035	8.068452
珠海市	74.24242	79.51807	3.394162	21.81982
淄博市	25	57.14286	0.18528	10.04611
遵义市	25.75758	57.3913	0.150344	10.60313

2020年

城市	度数中心度	接近中心度	中介中心度	特征向量中心度
安庆市	24.24242	56.89655	0.10174	10.313
安顺市	48.48485	66	1.03509	16.04241

续表

城市	度数中心度	接近中心度	中介中心度	特征向量中心度
安阳市	32.57576	59.72851	0.350849	11.84231
巴彦淖尔市	35.60606	60.82949	0.51814	12.24621
蚌埠市	23.48485	56.65236	0.099972	9.765075
包头市	57.57576	70.21277	1.37641	17.55916
宝鸡市	22.72727	56.41026	0.090728	9.662274
北京市	78.0303	81.98758	3.825779	21.94046
滨州市	25	57.14286	0.128291	10.14318
长沙市	37.12121	61.11111	0.571369	11.02167
常德市	21.21212	55.93221	0.068606	9.463734
常州市	62.87879	72.92818	1.692361	18.72523
潮州市	30.30303	58.92857	0.249311	11.28542
郴州市	21.9697	56.17021	0.093554	9.096046
池州市	19.69697	55.46218	0.054494	8.611468
滁州市	25	57.14286	0.157014	9.454429
德州市	21.9697	56.17021	0.093928	8.957373
东莞市	29.54545	58.66667	0.261195	9.791136
东营市	62.12121	72.52747	2.117194	17.64058
佛山市	43.93939	64.07767	0.901102	12.7263
福州市	49.24242	66.33166	0.977116	14.75499
抚州市	23.48485	56.65236	0.089392	10.00852
赣州市	28.78788	58.40708	0.1978	11.12674
广州市	54.54546	68.75	1.4449	15.93549
贵阳市	24.24242	56.89655	0.127931	10.02414
桂林市	31.81818	59.45946	0.279611	11.76328
海口市	27.27273	57.89474	0.216027	10.37241

续表

城市	度数中心度	接近中心度	中介中心度	特征向量中心度
汉中市	34.09091	60.27397	0.401969	12.16824
杭州市	56.06061	69.47369	1.253659	16.82131
合肥市	23.48485	56.65236	0.156976	7.9526
菏泽市	31.06061	59.19283	0.34543	11.13049
鹤壁市	23.48485	56.65236	0.104047	9.789889
衡阳市	24.24242	56.89655	0.108901	10.16672
呼和浩特市	37.12121	61.39535	0.448729	13.2798
湖州市	25	57.14286	0.169719	8.815372
怀化市	38.63636	61.97183	0.498559	13.69559
淮安市	25.75758	57.3913	0.203897	9.036492
淮北市	22.72727	56.41026	0.087278	9.73234
淮南市	24.24242	56.89655	0.116703	9.89151
惠州市	21.21212	55.93221	0.071287	9.053809
吉安市	23.48485	56.65236	0.088954	10.07236
济南市	40.15152	62.55924	0.623322	12.24721
济宁市	21.21212	55.93221	0.078607	8.936195
嘉兴市	37.12121	61.39535	0.451589	12.04404
江门市	20.45455	55.6962	0.092533	8.439994
焦作市	24.24242	56.89655	0.1102	10.12735
揭阳市	34.84848	60.55046	0.400568	12.42023
金华市	18.93939	55.23013	0.050045	7.943151
景德镇市	20.45455	55.6962	0.054312	9.162972
九江市	21.9697	56.17021	0.061914	9.774279
开封市	26.51515	57.64192	0.137383	10.90999
昆明市	41.66667	63.15789	0.553425	14.70014

续表

城市	度数中心度	接近中心度	中介中心度	特征向量中心度
丽水市	21.21212	55.93221	0.065842	9.175022
连云港市	26.51515	57.64192	0.176576	10.43881
聊城市	36.36364	61.11111	0.542287	12.5142
临沧市	62.12121	72.52747	2.04474	19.53148
临沂市	25.75758	57.3913	0.19743	9.593246
六安市	27.27273	57.89474	0.157792	10.93376
龙岩市	29.54545	58.66667	0.315808	9.020662
洛阳市	27.27273	57.89474	0.141188	11.18515
马鞍山市	21.9697	56.17021	0.125703	7.769615
梅州市	36.36364	61.11111	0.4591	12.79548
南昌市	13.63636	53.65854	0.037064	5.292311
南京市	64.39394	73.74302	1.868989	18.99195
南宁市	28.78788	58.40708	0.209949	10.90596
南平市	21.21212	55.93221	0.067199	9.117653
南通市	58.33333	70.58823	1.416707	17.22839
南阳市	30.30303	58.92857	0.219377	11.92817
宁波市	60.60606	71.73913	1.520884	17.94399
宁德市	18.93939	55.23013	0.063003	7.479089
萍乡市	22.72727	56.41026	0.079218	9.96474
莆田市	23.48485	56.65236	0.11377	8.879824
濮阳市	28.0303	58.14978	0.234876	10.50788
青岛市	59.09091	70.96774	1.742272	16.97529
清远市	29.54545	58.66667	0.225331	11.08241
衢州市	20.45455	55.6962	0.055645	8.755198
泉州市	40.90909	62.85714	0.639784	12.51473

续表

城市	度数中心度	接近中心度	中介中心度	特征向量中心度
三亚市	36.36364	61.11111	0.533426	13.19479
汕头市	28.0303	58.14978	0.208091	10.57174
商洛市	44.69697	64.39024	0.829026	15.04727
商丘市	31.06061	59.19283	0.263083	11.91426
上饶市	25	57.14286	0.112459	10.43052
邵阳市	39.39394	62.26415	0.52185	13.8414
绍兴市	48.48485	66	0.860856	14.95698
深圳市	68.93939	76.30058	2.796155	19.7566
苏州市	70.45454	77.19299	2.308667	20.65775
宿迁市	23.48485	56.65236	0.113427	9.606623
台州市	21.9697	56.17021	0.094861	8.505682
泰安市	22.72727	56.41026	0.108188	9.201241
泰州市	41.66667	63.15789	0.629532	12.81075
天津市	43.18182	63.76812	0.679285	13.50978
铜陵市	18.18182	55	0.055244	7.380712
威海市	46.9697	65.34653	0.858492	14.23708
温州市	22.72727	56.41026	0.069479	9.670712
乌海市	55.30303	69.10995	1.276996	16.85417
乌兰察布市	40.15152	62.55924	0.781411	12.96602
无锡市	71.21212	77.64706	2.413284	20.80836
吴忠市	45.45454	64.70588	0.967452	14.81855
芜湖市	21.21212	55.93221	0.115872	7.545529
西安市	27.27273	57.89474	0.134633	11.10518
厦门市	50	66.66666	1.077074	14.78952
咸阳市	27.27273	57.89474	0.195149	10.64116

续表

城市	度数中心度	接近中心度	中介中心度	特征向量中心度
湘潭市	18.18182	55	0.055823	7.453258
新乡市	26.51515	57.64192	0.137383	10.90999
新余市	16.66667	54.54546	0.034547	7.162958
徐州市	27.27273	57.89474	0.185314	10.37203
许昌市	26.51515	57.64192	0.122398	10.73229
宣城市	21.21212	55.93221	0.079753	8.52364
烟台市	50	66.66666	1.009271	14.93944
延安市	24.24242	56.89655	0.106192	10.13495
扬州市	52.27273	67.69231	1.084563	15.69622
阳江市	27.27273	57.89474	0.189535	10.3021
宜春市	24.24242	56.89655	0.082636	10.66788
益阳市	25.75758	57.3913	0.120363	10.8326
银川市	41.66667	63.15789	0.52083	15.14336
鹰潭市	14.39394	53.87755	0.029419	6.031339
永州市	33.33333	60	0.326382	12.09796
玉溪市	50.75758	67.00507	0.910428	16.45579
岳阳市	18.18182	55	0.036057	8.258181
云浮市	34.84848	60.55046	0.424303	12.15238
枣庄市	23.48485	56.65236	0.120107	9.365374
湛江市	43.18182	63.76812	0.78864	14.2695
漳州市	26.51515	57.64192	0.180927	9.266305
肇庆市	24.24242	56.89655	0.141426	9.380337
镇江市	50.75758	67.00507	0.987889	15.38072
郑州市	25.75758	57.3913	0.182941	8.975343
中山市	25.75758	57.3913	0.147403	10.40717

续表

城市	度数中心度	接近中心度	中介中心度	特征向量中心度
舟山市	61.36364	72.13115	1.593068	18.08825
周口市	32.57576	59.72851	0.276649	12.57977
株洲市	19.69697	55.46218	0.05135	8.60877
珠海市	65.15151	74.1573	2.45984	18.61674
淄博市	29.54545	58.66667	0.288129	11.2127
遵义市	27.27273	57.64192	0.184197	10.75979

2021年

城市	度数中心度	接近中心度	中介中心度	特征向量中心度
安庆市	21.9697	56.17021	0.071854	9.529227
安顺市	46.9697	65.34653	0.961314	15.55748
安阳市	36.36364	61.11111	0.445829	12.94181
巴彦淖尔市	34.09091	60.27397	0.426044	11.90384
蚌埠市	21.9697	56.17021	0.083951	9.106698
包头市	62.12121	72.52747	1.689603	18.21115
宝鸡市	22.72727	56.41026	0.091105	9.529409
北京市	78.78788	82.5	3.925906	22.08879
滨州市	26.51515	57.64192	0.159969	10.44824
长沙市	32.57576	59.72851	0.405501	9.860811
常德市	21.21212	55.93221	0.067737	9.40334
常州市	62.12121	72.52747	1.650061	18.17679
潮州市	31.06061	59.19283	0.257402	11.43764
郴州市	23.48485	56.65236	0.115478	9.431158
池州市	18.93939	55.23013	0.048324	8.253337
滁州市	25.75758	57.3913	0.16377	9.728992

续表

城市	度数中心度	接近中心度	中介中心度	特征向量中心度
德州市	24.24242	56.89655	0.133109	9.573225
东莞市	29.54545	58.66667	0.254805	9.686842
东营市	63.63636	73.33334	2.3226	17.96152
佛山市	43.93939	64.07767	0.868698	12.62677
福州市	50	66.66666	1.000628	14.84531
抚州市	22.72727	56.41026	0.082207	9.617952
赣州市	27.27273	57.89474	0.171979	10.50212
广州市	51.51515	67.34694	1.275493	14.63776
贵阳市	22.72727	56.41026	0.091187	9.690351
桂林市	33.33333	60	0.309459	12.17558
海口市	25.75758	57.3913	0.181777	9.953359
汉中市	35.60606	60.82949	0.417136	12.69053
杭州市	55.30303	69.10995	1.190047	16.52821
合肥市	26.51515	57.64192	0.203021	8.826665
菏泽市	31.06061	59.19283	0.290708	11.33843
鹤壁市	26.51515	57.64192	0.139445	10.86791
衡阳市	25	57.14286	0.122909	10.24609
呼和浩特市	37.12121	61.39535	0.47294	13.08185
湖州市	24.24242	56.89655	0.157995	8.414938
怀化市	39.39394	62.26415	0.518833	13.80085
淮安市	25	57.14286	0.18128	8.569415
淮北市	24.24242	56.89655	0.099308	10.17074
淮南市	23.48485	56.65236	0.109433	9.51956
惠州市	24.24242	56.89655	0.121714	9.873357
吉安市	21.21212	55.93221	0.068977	9.286214

续表

城市	度数中心度	接近中心度	中介中心度	特征向量中心度
济南市	40.90909	62.85714	0.665911	12.19412
济宁市	22.72727	56.41026	0.092394	9.32316
嘉兴市	40.15152	62.55924	0.536453	12.73768
江门市	19.69697	55.46218	0.06791	8.317409
焦作市	25	57.14286	0.124248	10.28578
揭阳市	33.33333	60	0.332731	12.03016
金华市	18.18182	55	0.044564	7.565888
景德镇市	22.72727	56.41026	0.078006	9.821047
九江市	21.9697	56.17021	0.06047	9.672138
开封市	27.27273	57.89474	0.146261	11.03788
昆明市	40.90909	62.85714	0.628032	14.65774
丽水市	18.93939	55.23013	0.049429	8.306109
连云港市	26.51515	57.64192	0.188761	10.24777
聊城市	35.60606	60.82949	0.509214	12.2588
临沧市	61.36364	72.13115	1.969479	19.31026
临沂市	24.24242	56.89655	0.161497	9.033217
六安市	26.51515	57.64192	0.150619	10.5667
龙岩市	27.27273	57.89474	0.241581	8.57228
洛阳市	28.0303	58.14978	0.13153	11.67538
马鞍山市	24.24242	56.89655	0.161048	8.351676
梅州市	36.36364	61.11111	0.444821	12.85816
南昌市	15.15152	54.09836	0.056516	5.497001
南京市	62.12121	72.52747	1.678404	18.11669
南宁市	33.33333	60	0.333706	12.01552
南平市	21.21212	55.93221	0.055989	9.187127

续表

城市	度数中心度	接近中心度	中介中心度	特征向量中心度
南通市	56.81818	69.84127	1.260246	16.83347
南阳市	30.30303	58.92857	0.208455	11.90345
宁波市	62.12121	72.52747	1.586327	18.23814
宁德市	25	57.14286	0.16849	8.595109
萍乡市	21.9697	56.17021	0.074929	9.623494
莆田市	25	57.14286	0.114744	9.733771
濮阳市	30.30303	58.92857	0.278328	11.01986
青岛市	58.33333	70.58823	1.544271	16.81162
清远市	28.78788	58.40708	0.205929	10.85043
衢州市	19.69697	55.46218	0.055051	8.166932
泉州市	42.42424	63.46154	0.670628	12.93739
三亚市	37.12121	61.39535	0.592483	13.16018
汕头市	28.0303	58.14978	0.195528	10.59211
商洛市	43.18182	63.76812	0.719816	14.71688
商丘市	32.57576	59.72851	0.321902	12.07635
上饶市	25	57.14286	0.110243	10.35459
邵阳市	38.63636	61.97183	0.468814	13.77804
绍兴市	50	66.66666	0.912053	15.24406
深圳市	68.18182	75.86207	2.68455	19.56837
苏州市	68.18182	75.86207	2.018213	19.94723
宿迁市	22.72727	56.41026	0.1111	9.186911
台州市	23.48485	56.65236	0.111609	8.915045
泰安市	23.48485	56.65236	0.123308	9.241456
泰州市	44.69697	64.39024	0.721065	13.56193
天津市	44.69697	64.39024	0.749595	13.69392

续表

城市	度数中心度	接近中心度	中介中心度	特征向量中心度
铜陵市	21.21212	55.93221	0.092457	8.134474
威海市	53.78788	68.39378	1.154274	15.90598
温州市	22.72727	56.41026	0.069644	9.56108
乌海市	64.39394	73.74302	2.120497	18.2919
乌兰察布市	40.90909	62.85714	0.805746	13.18965
无锡市	69.69697	76.74419	2.098589	20.47715
吴忠市	41.66667	63.15789	0.759894	13.82428
芜湖市	23.48485	56.65236	0.148533	8.037523
西安市	24.24242	56.89655	0.095945	10.08199
厦门市	46.9697	65.34653	0.876164	13.93301
咸阳市	29.54545	58.66667	0.25161	11.04148
湘潭市	19.69697	55.46218	0.059081	8.220696
新乡市	27.27273	57.89474	0.146261	11.03788
新余市	16.66667	54.54546	0.036726	6.924817
徐州市	26.51515	57.64192	0.159877	10.17798
许昌市	30.30303	58.92857	0.147288	12.28395
宣城市	20.45455	55.6962	0.073672	8.195569
烟台市	51.51515	67.34694	1.085818	15.13282
延安市	30.30303	58.92857	0.170425	11.8756
扬州市	53.0303	68.04124	1.091254	15.81754
阳江市	28.0303	58.14978	0.19673	10.50154
宜春市	22.72727	56.41026	0.075425	10.00802
益阳市	26.51515	57.64192	0.137707	10.89155
银川市	31.06061	59.19283	0.246881	11.95866
鹰潭市	15.90909	54.32099	0.049557	6.146483

续表

城市	度数中心度	接近中心度	中介中心度	特征向量中心度
永州市	32.57576	59.72851	0.289568	11.9408
玉溪市	54.54546	68.75	1.058124	17.42028
岳阳市	18.18182	55	0.039894	8.258987
云浮市	35.60606	60.82949	0.447509	12.30953
枣庄市	23.48485	56.65236	0.126748	9.12158
湛江市	41.66667	63.15789	0.704815	13.91937
漳州市	28.0303	58.14978	0.197448	9.758424
肇庆市	23.48485	56.65236	0.124844	9.192638
镇江市	53.0303	68.04124	1.076681	15.85393
郑州市	26.51515	57.64192	0.161797	9.954668
中山市	25	57.14286	0.146526	10.00933
舟山市	61.36364	72.13115	1.530811	18.04328
周口市	31.81818	59.45946	0.255793	12.25484
株洲市	21.9697	56.17021	0.07132	9.325624
珠海市	59.84848	71.35135	1.891344	17.14208
淄博市	32.57576	59.72851	0.330498	11.93834
遵义市	26.51515	57.64192	0.154654	10.60889
平均值	33.98	60.72	0.504	11.813

后 记

　　国家"十四五"规划和2035年远景目标纲要中将创新作为国家发展的核心战略，明确提出推动绿色技术创新，支持绿色、循环、低碳发展。绿色技术创新偏向性的识别与测度是其中的核心问题，也是目前学术界关注的焦点。研究该问题对于提升我国科技创新能力、挖掘数字经济增长潜力、推进绿色低碳发展具有重要的理论与实践意义。有鉴于此，本研究开展此项经济社会效益重大同时又极具挑战的课题研究。

　　为了能够顺利完成研究工作，2021—2023年，本研究团队召开30余次课题论证会议，并开展向国内绿色经济与产业组织理论的专家学者咨询交流活动10余次，以不断修改完善研究方案。同时，我们走访国内知名高校、研究机构开展调研活动10余次，收集和积累了大量的研究资料、意见和建议。在此基础上，课题研究框架逐步清晰，后续研究得以顺利推进，直至书稿全部撰写完成。

　　值此研究工作即将完成之际，研究人员在欣喜之余，更想表达由衷的感激之情。本研究获得云南省地方高校联合专项项目"绿色偏向型技术创新与云南绿色可持续发展：作用机制及政策条件"（立项编号：202101BA070001-170）、云南省一流学科建设项目"跨境数字经济"、云南省哲社创新团队项目"面向南亚东南亚跨境数字经济"的经费资助。研究条件和充足的经费支持，排除了研究团队的后顾之忧，保障了研究工作的坚持不辍。

　　另外，研究团队每位成员的共同努力和全心付出保障了研究和书稿撰写任务的圆满完成。其中，书稿撰写分工如下：刘阳负责总体框架设计、模型构建与分析，完成约4万字的书稿撰写任务；张萌（陕西学前师范学院数学与统计学院）负责约20万字的书稿撰写任务以及全书的校对工作；代晶晶负责文献查阅梳理和数据资料收集整理分析工作，完成约1万字的书稿撰写任务。

  最后，还要衷心感谢为本书正式出版提供支持和帮助的每一个人，尤其要感谢中央民族大学出版社编辑对本书不厌其烦、精益求精的修改和校对，大家的辛勤付出极大地提高了本书的学术水平和出版质量。

刘阳

2024年1月于昆明草海